《法律人类学论丛》 编委会

编委会主任： 吴大华

编委会委员： （按姓氏笔画排序）

于　涛　　王允武　　王伟臣　　王启梁　　尹　韬　　尹训洋
田　艳　　田钒平　　刘顺峰　　刘振宇　　孙　旭　　李远龙
张　青　　张晓辉　　邵六益　　虎有泽　　易　军　　周相卿
胡月军　　娜仁图雅　徐晓光　　高其才　　黄元珊　　曹务坤
梁利华　　彭　振　　韩　宝　　韩敏霞　　熊　浩　　潘红祥
戴小明

本 卷 主 编： 吴大华
副 主 编： 王　飞　　潘志成
执行副主编： 郭　婧

贵州省社会科学院第六轮重点学科
"民族法学与法律人类学"（ZDXK2503）项目资助

法律人类学论丛

（第九卷）

LEGAL ANTHROPOLOGY
REVIEW No.9

Wu Dahua/Editor in Chief
Wang Fei&Pan Zhicheng/Associate Editor
Guo Jing/Executive Deputy Editor-in-Chief

中央民族大学出版社
China Minzu University Press

图书在版编目（CIP）数据

法律人类学论丛. 第9卷 / 吴大华主编. --北京：中央民族大学出版社，2025.7. --ISBN 978-7-5660-2456-5

Ⅰ.D90-059

中国国家版本馆 CIP 数据核字第 2024UU8106 号

法律人类学论丛（第9卷）

主　　编	吴大华
责任编辑	舒　松
封面设计	布拉格
出版发行	中央民族大学出版社
	北京市海淀区中关村南大街27号　邮编：100081
	电　话：(010)68472815(发行部)　传真：(010)68932751(发行部)
	(010)68932218(总编室)　　　　(010)68932447(办公室)
经 销 者	全国各地新华书店
印 刷 厂	北京鑫宇图源印刷科技有限公司
开　　本	787×1092　1/16　印张：20.75
字　　数	300千字
版　　次	2025年7月第1版　2025年7月第1次印刷
书　　号	ISBN 978-7-5660-2456-5
定　　价	86.00元

版权所有　翻印必究

序

吴大华

法律人类学是一门运用人类学的理论与方法对法律问题进行解释和研究的学科。它处于法律学与人类学的交汇点，是一门交叉性的分支学科。作为19世纪中后期产生并发展起来的一门边缘学科，法人类学是传统法学和传统人类学的扩张与"互渗"，要求不同文化间相互理解与尊重，对法律进行动态性的研究，认同法律多元，认同非国家法律，要求运用国家法律与非国家法律寻求纠纷解决以维护社会秩序。

20世纪90年代以来，西方后现代法学思潮逐渐被引介到中国，这种思潮认为存在着多种可供选择和互不等同的概念体系或假设体系，在各自的体系里都可以解释世界，因为不存在权威性的客观的选择方法；它主张视角的多元性、多样化，倡导一种多元主义的方法论，允许各种法律理解的存在。受此影响，矢志于民族习惯规则、民间法调查研究的学者和学术群体日渐增多。正是在这样的背景下，法律人类学在中国逐渐得以传播。经过三十多年的发展，中国的法律人类学研究从无到有，得以蓬勃发展起来。研究的领域从最初的少数民族习惯规则拓展到民间法、乡村社会治理等诸多领域。研究的范式上，从以规则、制度为中心的研究范式逐渐转向了以纠纷、过程为中心的范式，从关注特定条件下法律制度的发展与现状转向了更为关注现实社会中的法律现象和法律问题。总之，三十年多来，中国的法律人类学研究在诸多方面都取得了令人瞩目的成绩。当然，存在的不足与问题也是明显的，例如，法律人类学在中国尚未形成明确的学科体系，在理论层面的贡献尚较欠缺，有影响力的学术成果数量仍显不足，专业人才比较分散、尚未形成核心团队，在国际法律人类学界尚缺学术地位。为了进一步推动中国的法律人类学发展，促进法律人类学研究经验的交流，不断繁荣中国的法律人类学研究，加强对外交流，在中国人类学民族学研究会和国家民委、民政部的支持与指导下，国内热心于法律人类学研究的一批学者于2011年成立了中国人类学民族学研究会法律人类学专业委员会，并从当年开始每年举办一次法律人类学高级论坛，到2023年年底已陆续举办了十二期论坛。为了更好地推进法律人类学的研究，法律人类学专业委员会决定出版《法律人类学论丛》，以此为契机，作为国内法律人类学研究与交流的学术阵地。《法律人类学论丛》第1—7卷已分别由中央民族大学出版社、民族出版社、社会科学文献出版社于2013—2021年出版发行。

希望《法律人类学论丛》集刊的创办，能够推动以下几方面的工作：

一是进一步推动国内学术界对国外法律人类学理论及研究成果的译介。

二是推动中国法律人类学理论和研究方法的创新。目前国内法律人类学的研究在一定程度上还只是用中国的资料验证西方的理论，中国的法律人类学研究对此应当予以反思，回应中国的时代使命，创造出更为贴切中国现状的理论和方法。

三是促进法律民族志成果的研究。我国有着法律人类学发展的独特而丰富的民族资源，但尚缺乏能与阿尔福雷德·拉德克利夫-布朗的《安达曼岛人》、埃文斯·普理查德的《努尔人》等相比肩的法律民族志精品成果。特别是在法律现代化的背景下，我们也同样面临着现代法律文化与我国各民族传统法律文化之间的冲突与调适问题，而法律民族志的研究能够更好地帮助我们认识自身。

四是促进法律人类学研究的视角更多地关注现实社会中的法律现象与法律问题，研究民间的"活法律"如何适应法律现代化和全球化的进程，探讨"活法律"背景下乡村社会、民族地区的治理问题，从而推动我国的法治建设和社会建设。

五是推动法律人类学研究内容的进一步丰富，从民族地区、乡村社会走向汉族地区、城市社会，运用法律人类学的方法研究一切非正式规则甚至是国家法律的运行实践，以寻求社会治理中的"活法"。

愿《法律人类学论丛》在学界同好倾力支持之下，能做出更多有价值的思考和探索。

是为序！

2023 年 12 月 30 日

目 录

特　稿

谈法律人类学与跨学科法治人才培养……………………吴大华 / 3
在田野中捕捉问题………………………………………………贺　欣 / 7

笔　谈

专题之一：法律人类学的经典阅读
为什么要阅读经典……………………………………………王伟臣 / 25
穿透知识的"迷雾"：认真对待法律人类学的经典阅读 … 刘顺峰 / 27
中国法律人类学经典百年回眸：启示与展望…………………尹　韬 / 31
历史与现实中的法律人类学经典阅读…………………………孙　旭 / 37
在学术传统中阅读法律人类学经典与前沿……………………侯　猛 / 46

专题之二：怎样研究守法
守法：法律作为一种行为影响因素……………………………戴　昕 / 52
透过守法研究理解法律实施……………………………………李　娜 / 60
寻找守法的影响因素和结构……………………………………肖惠娜 / 68

专题之三：法律人类学与跨学科人才培养
法律人类学的学科属性…………………………………………刘振宇 / 74
西部地方普通高校法学教育的更大可能………………………韩　宝 / 79

理论视界

人类学与法律………………………………………罗伯特·H. 罗维 / 85

非正式压力与个人的整合 ………… 卡尔·卢埃林　亚当森·霍贝尔 / 93

民族事务法治实践

用法治思维构建民族地区基层社会治理新格局 ………… 虎有泽 / 123
民族地区应急管理法治化建设的理论与实践 ………… 王　喜 / 138
乡村治理模式的法律人类学思考
　　——以黔东南贞丰县岩鱼村的"红黑榜"
　　与"文明超市"为例 ……………… 徐　斌　徐晓光 / 155
民族地区卓越法治人才培养路径研究 ………… 陈光斌　刘庆洋 / 169

田野观察

现代知识产权与传统民间习惯的矛盾纾解
　　——基于105份司法案例的实证研究 ………… 回亚茹　段　威 / 197
律师转任法官制度配套改革研究
　　——把自己作为方法 …………………………… 商建刚 / 217

学术视点

超越地方性知识：人类命运共同体视域下的
　　刑事法治图景建构 ……………………………… 尹训洋 / 245
"羁绊"中的力量：波斯比西的法律动力学研究 ………… 谢思思 / 267

书　评

《论法的成长：来自中国南方山地法律民族志的诠释》
　　评介 …………………………………………… 何元博 / 293
法律事实与文化价值的纠葛表达
　　——《法律与文化：一位法律人类学家的邀请》
　　　评介 ………………………………………… 欧玥皑 / 305

特　稿

谈法律人类学与跨学科法治人才培养[*]

吴大华[**]

首先代表中国人类学民族学研究会法律人类学专业委员会、中国法学会民族法学研究会向本次研讨会的成功举办表示热烈的祝贺!

一、法学与人类学的关联

法学和人类学代表了两种相互对峙却又彼此补充的智识模式。法学的核心就是研究法规范和法体系的构成、性质、意义、运行及其影响,是一门应用性极强的学科。而人类学以包揽一切学科著称,以人类作为它的研究对象,科学、哲学、历史、神学、古典研究,甚至法学,全都涉及了,以便为解释人类的全部复杂性提供线索。

法律人类学是运用人类学的理论和方法对法律问题进行解释和研究的学科,亦有法学和人类学、法律民族志学等不同名称。这些名称从某种意义上看,反映了不同时期、不同学派,主要是法学和人类学两个不同的研究视角对这门学科的认识。作为 19 世纪中后期产生并发展起来的一门边缘学科,法律人类学是传统法学和传统人类学的扩张和"互渗",要求不同文化间相

---

[*] 本文源于吴大华研究员于 2023 年 8 月 5 日至 7 日参加在贵州民族大学法学院召开的"法律人类学与跨学科法治人才培养"研讨会开幕式上的致辞。

[**] 作者简介:吴大华,贵州省社会科学院国家治理体系和治理能力现代化地方实践高端智库首席专家,二级研究员,博士生导师。

互理解与尊重，对法律进行动态性的研究，认同法律多元，认同非国家法，要求运用国家法律与非国家法律寻求纠纷解决以维护社会秩序。

田野调查是法律人类学和传统法学尤其不一样的一个特点。传统法学更多的是文本解读、条文解释，或是与当事人和法庭的接触；而法律人类学则强调深入到一个社区、一个地区、一个社会进行长时间的观察。摩尔根到易洛魁部落生活了很多年，变成了当地易洛魁部落酋长的干儿子，和当地人结拜成兄弟，学人家的语言，整个印第安化了。马林诺夫斯基也是这样，他去特罗布里恩德岛上观察长达三年，通过这样长时间的沉浸式观察，才能得到比较翔实的研究素材。通过解剖一个地区的一场纠纷或一个法律现象，跟踪相关过程，探索规则和纠纷背后的东西，如霍贝尔提出了"亲近又分离"的观点，即怎样摆正"我"和"当事人"、"观察者"及"被观察者"的关系。既要深入社会、文化内部，又不能完全投入，完全投入容易把自己的东西忘记。

田野调查方法对于我国的法学研究和现实问题的认识有着极其特殊的意义，田野调查方法在法学研究中的运用是发展法学理论和研究方法、认识中国社会现实的途径之一。通过田野调查可以把法律置于社会和文化的整体背景中进行研究，避免孤立地看待和研究法律。田野调查理应成为法科人才的基本功。

蒙云南大学厚爱，我自2006年开始指导该校民族法学（法律人类学）专业的博士研究生，主要研究方向是"法律在多民族地区的实施"。我与张晓辉教授、方慧教授等一致认为学好法律人类学，最基本的素质就是深入一线，开展调查研究，然后梳理、总结法律在不同地方的实施情况，"讲好故事"，故事讲好了，故事讲生动了，那么写文章、理解法律人类学理论也就迎刃而解了。同理，中国法律人类学若要得到长足发展，就要讲好中国法治故事。相较于传统规范法学的"从条文到条文"的研究思路，法律人类学更关注现实社会中的法律现象与法律问题，研究民间的"活法律"如何适应法律现代化和全球化的进程。因此，法律人类学研究无处不在，它更需要我们静下心来，围绕新时代中国法治发展进程的新目标与新要求，为建构具有中国特色、中国风格、中国气派的法律人类学知识体系而不断努力。随着中国文化自觉的日益清晰，以及法学交叉学科研究的日趋扩张，中国法治建设在吸收世界优秀制度文明成果的同时，越发重视"中国经验"。法律人类学研究需要站在真实的大地上，在研究方法要重视在场性价值，重视局内人视域，重视对基层的关怀。迈向法学研究的"田野"，在"田野"中观察实践、获得经验，不断地对法学研究作出反思，提升法学理论的有效性和实践性，构建中国特色的学科体系、学术体系和话语体系，这才是中国法律人类学研究的意义所在。

二、民族院校法科人才更应重视法律人类学知识的培养

民族院校是多民族的中国比较有特色的教育领域，民族院校除高校的职能外，有其特殊的历史使命，所以国家对民族院校特别的关心。我在多民族的贵州工作了36年，在省教育厅分管过民族教育，在贵州民族学院（现贵州民族大学）前后工作了13年，当了8年的院长，对此有独特的感受。我一直认为，民族院校法科人才的培养应有别于其他类型的高校（如研究型大学、财政、政法、医科、农林类大学）。民族院校法科人才的培养应围绕民族地区法治人才需求，建设具有民族特色、区域特色的法学学科，着重在民族法学、民族法律人才培养方面下功夫。目前民族院校法学高等教育存在的问题有：短期内专业设置过多且课程简单重复；教育质量监控不力，就业形势严峻；人才培养方式单一，难以满足社会多元化需求；法学教育与法律实践对接不充分；国际化水平偏低，很难适应法律职业竞争国际化的需要。由于民族高等院校在教育对象、教育宗旨、教育目标以及培养规格等方面的特殊性，决定了其法律人才培养模式与其他普通高等院校的法律人才培养模式不完全相同，必须采取高等教育一般规律与民族工作规律有机结合的方式。因而，民族高等院校与普通高等院校在法律人才培养模式上存在着不同。民族高等院校应当主要从两个方面培养卓越法律人才，以期更好地为少数民族和民族地区服务：一是加强培养应用型、复合型法律职业人才，二是为民族

地区尤其西部基层民族地区培养熟悉民族语言、风俗习惯、民族地方性知识的法律职业人才。

关于下一步民族院校法科人才培养，我有几点建议：

一是加强法律人类学知识的培养。民族院校法科人才培养应当在突出学科特色基础上打造学科优势。恰恰法律人类学符合特色学科特点，作为一门综合性、交叉性的法律特色学科，既要从其他相关成熟学科的研究成果和研究范式上借鉴经验，"后发赶超"，又要防止被其他学科所"湮没"。换句话说，法律人类学学科发展既可能会实现"为我所知、为我所用、为我所有"，也可能遭遇"不间不界、进退两难"的困境。这就需要法律人类学研究者继续深入本学科基础理论、基本概念、基本研究方法的研究，整合相关学科的优势资源，确立独特的研究对象、独特的原则和方法，突出学科优势，挖掘法律人类学的核心竞争力等。

二是提升法律人类学研究为国家法治地方实践服务的能力。法律人类学研究者要有自己的贡献，而这种贡献更多表现为回应社会难题、解决当下问题的能力。新时代法律人类学研究应更为注重与地方法治实践的融合，在全面推进依法治国的进程中法律人类学应当服务于国家法治建设的全局和地方法治建设的局部，以高质量的学术成果、优秀的专业人才满足国家和地方经济社会高质量发展的需要，为国家和民族地区各部门提供决策和咨询服务。

在田野中捕捉问题[*]

贺　欣[**]

我今天讲的这个题目是《在田野中捕捉问题》，主要是分享自己在田野中碰到的一些困惑和吃过的一些教训。很多同学和朋友常常会认为，在田野里面可能会存在着大量的问题。因为只要到田野里面去，自然就会碰到很多有意思的事情。拿回来，然后做些记录，就可以写成经验式的文章，但是这是对田野很大的误解。在田野的过程中去寻找问题，其实也是一种研究方式。我们有很多做学问的方式。主流的方式显然是在书斋里面去找问题，在图书馆阅读、研究文献中去找问题。在某种意义上来讲，田野是一种辅助研究的方式，至少我作为一个法学学者而非具有人类学专业背景的人是这么去看待这些问题的。

田野作为一种辅助的方式，它的提问方式和它找问题的方式会有什么独特之处？很多人到了田野，他发现了很多现象，有了很多新鲜的观察，有意思的问题，有价值的洞见。可是，他们不知道如何捕捉这些发现从而把它们变成真正的学术问题。如果大家留心的话，会注意到我用的是"捕捉"两个字，就是如何捕捉问题，那就说明这些问题是可能存在的，需要去很用心地琢磨，才能把它抓到。从某个程度上讲，它同做生意的人去捕捉商机，战士

---

[*] 本文源于 2023 年 12 月 8 日，贺欣教授以主讲嘉宾的身份应邀参加法律人类学云端读书会（"法律人类学世界"微信公众号）主办的第六期"法律和人类学通识大讲堂"上的主题演讲，主讲题目是"在田野中捕捉问题"。整理人：龙关平（贵州民族大学法学院 2023 级民族法方向硕士研究生），校对人：郭婧。

[**] 作者简介：贺欣，香港大学法律学院教授，研究方向为法律社会科学。

去捕捉战机，有很大的相似性。因为这些机会是需要努力地去意识到它的存在，然后要在某种特定的场合把它抓住。因此，通过这样的一种田野方式到实地去了解这个社会的基本运作规律、某特定法律的执行、某个社会机构的运作，以及某些因素的交互点，就知道自己应该去寻找什么问题了？很多人寻找问题的方式往往是读了一些书以后，就以"求同"为自己的研究思路。我认为，这种思路往往以失败而告终，或是很难找到有意思的问题。比如说，大家认为律师是做什么样的工作的？帮助当事人。那我们到田野里面去发现他们正在帮助当事人。那这时候，或许我们并没有获得新颖的题目。我想表达的是，要去寻找、捕捉问题的关键在于"求异"。实际上，就是看你怎么样能够在田野中找到一些和你读过的东西、了解的东西有所不同的地方。

首先从我自己一些失败的经验开始谈起，大概是在十年前，当时我受了某地的一位领导的邀请到他们那里去做调研。当时他说："你到我们这边来做一些调研，然后了解一下当地婚姻法的落实情况，就婚姻法和婚姻习俗的互动会不会引发一些有意思的思考。"后来，我去那个地方调研去了。到了以后，当地接待我的人员比邀请我去调研的那位领导还担心。他担心我的安全，想方设法地说在当地要找个人陪我一起调研。当时我需要从省会城市到一个很偏远的地方去。后来，他找来了一位律师。这位律师同时也是政协委员，他一路上对我非常照顾。最后，这位律师陪我到了那个城市后，我才知道，那个城市其实是他的家乡，所以他对当地的情况非常熟悉，完全可以满足我各种各样的调查要求。比如说，要访问哪些机构？去访谈什么样的人？去什么样的地方参观有意思？所有活动，他都做了详尽安排。在这个过程中，他都尽其所能地回答了无数个我想要了解的问题。在调查实地收集完一堆资料以后，我才发现，由于某些原因，原本打算做的研究没办法进行下去。最后，这个项目就搁置了。多年以后，我看到一篇文章写的是律师执业的特殊形态，正是我当时想做的那个研究。看完那篇文章以后我才发现，那时候我之所以进行不下去，是因为忽略了关键问题。为此，我特别感慨：自己花了那么多的功夫，费了那么大的劲，收集了材料，结果最重要的材料就在眼前，却视而不见。我又想起了那位陪伴我十天有余，除了睡觉的时间以外，时时刻刻都在我身边的那位律师。当时，若我想要访谈更多像他这样的律师，他肯定会想尽办法帮我联系，而且还会告诉我当地律师平时都是怎么办案子的？办得如何？以及这中间各种各样的故事。这些材料对当时的我来说，都是非常新颖的。为什么我会忽视这么重要的材料呢？为什么对田野里的关键问题视而不见？原因很简单，因为那时候的我对律师执业的相关文献及其研究现状把握不够，不知道律师执业已有的形态是什么，更没有想到新型律师的出现会对律师执业带来哪些挑战。

可以这么说，在田野里面能够捕捉到问题，关键在于对文献的把握、理解的程度，还需要形成理论脉络。之后，在田野中，碰到"差异"或新奇的事物时，我们是否能够马上敏锐地发现并捕捉住问题，继而专门研究。我刚刚分享的这个故事，是迄今为止我田野经历的最大的一个失误，但从另外一个角度上看，这个经历或许也有获得收获的一面。

尽管后来我没有做类似的研究，但是港大法学院的一位硕士生主动找到了我，与我分享了他正在做的关于 LGBT① 案件的研究。他从裁判文书网上下载了所有能找到的案例，并且读了很多我以前写的书和有关家暴的文章，特别受启发于家暴"删除"这个观点。他发现，法官在接受相关 LGBT 的案件时，也存在类似"删除"的行为；很多法官在审理这类案件时，可能会选择驳回或者视而不见，或者采取顾左右而言他的方式来处理。他会把我关于"删除"家暴的研究思路放在法官审理 LGBT 诉讼过程中。多数 LGBT 的诉讼请求是财产请求。因此，他还考虑到了诸如夫妻双方共同生活了很长时间，如何分割夫妻共同财产才清楚？按什么标准来分割？婚姻存续期间，赠与的财产是否要归还等问题。我认真读了他的研究成果，研究做得非常好，

---

① LGBT 是女同性恋者（lesbian）、男同性恋者（gay）、双性向者（bisexual）、跨性别者（transgender）等词组的英文缩写，中文又名"彩虹族""彩虹族群""性少数者"等。该词于 1988 年在美国首次出现。20 世纪 90 年代，"LGBT"作为中性词被用来称呼上述四个群体，以表示尊重。尽管 LGBT 群体内部对不同群体的接纳程度不一，且仍然存在争议，但"LGBT"一词的使用还是被认为具有包容性的积极意义，现今已获得了许多英语系国家中多数 LGBT 族群和 LGBT 媒体的认同及采用。——编者注

问题也很有意思，并鼓励他采取做田野调查的方式进一步观察。

在我出国留学之前，LGBT 的现象在国内基本上没有公开出现过。很多人认为，社会对这类群体的容忍度很低。但这位硕士生通过对 1000 多个判决书的研究，发现事实并非如此——社会的宽容度其实是很大的。他们不仅可以公开地生活在一起，有的甚至同居时间达到或者超过十年，而且还可以将双方的纠纷起诉到法院，并公开自己的身份。法院在审理过程中，实际上对他们的身份也存在某种程度的认可：第一个承认的方式是，法院没有直接拒绝受理这类案件；第二个承认的方式是，以它公开的、变通的方式来裁判。这个方式特别值得继续研究。另外，就社会对 LGBT 宽容度的转变就可以深入研究。我们可以观察这个转变的过程，还可以去做一些比较，例如，将缅甸、新加坡、美国和中国的案例做比较。简而言之就是，想要很好地捕捉到问题，不想错过问题，就要掌握这个问题的发展情况和趋势，把已有的研究成果研究得非常透彻，然后在这个过程中就可能会促发一些新问题出现。

再举一个发生在我第一次田野调查时的失败经历。最近，清华大学的赵晓力老师出了一本法律与文学的书。这本书中有一张我跟他当年在陕北田野调查时拍的照片，而那个失败的经历就发生在那个时候。当时能够跟赵晓力老师和强世功老师一起给朱苏力老师做项目，我感到很幸运。朱苏力老师还派我们三人到强世功老师的家乡去做田野调查。田野时间大概有七天到十天，期间发生了各种各样的事情，也碰到各种各样的有意思的人和事。其中最有名的一件事可能大家都知道——朱苏力老师还把它写成了《为什么"送法上门"？》这篇文章。这篇文章中的案例讲的就是农村信用社是怎么样到一个沙漠边缘的借款户家去催还贷款的经过。收集到这个材料的那天是非常具有偶然性的。那天早上，我们在小饭馆里边吃早餐边商量一会的工作计划。后来，看见旁边吃早餐的另一桌人就是信用社收贷的人，里面还有当地的公安局局长，我们就一起聊天，这才知道他们当时就要去催还贷款。当时，强世功老师就提议更改计划，暂不按之前的计划执行，先跟信用社的人去一趟。经过一天的跋涉，基本上把整个过程都完整地记录了下来。我跑前跑后，忙着照相、端茶、倒水之类的跑龙套的活儿，这些事情显然是当时我应该做的事。但是，这个过程中的感受，我到今天仍然记忆犹新。当时我想，这个案例发生在沙漠边缘，虽然那里风景独特，但我们跑了那么远就为了调查这么一个事情，实在搞不懂这里面的意义是什么，这些事情好像都再正常不过了。过程很简单，有人贷了款，你带着一帮人去收贷，然后找不到借贷人，就去找村主任从中斡旋，最后双方调解结案。我自己就觉得没有什么有意思的地方，也没有发现独特在哪里。我当时只是把那次调研当作学生要完成的社会调查这项任务。我不过是帮师兄们做点事情。可是，把这个故事送到朱苏力老师那里以后，朱苏力老师马上就写出了《为什么"送法上门"?》[①] 这篇文章，我还记得，当时朱苏力老师非常兴奋地告诉我们，这篇文章很快就被《社会学研究》接收了，主编还对他热情洋溢地赞赏了一番。最后，这篇文章也成为朱苏力老师《送法下乡》里面最重要的一篇文章。为什么朱苏力老师就可以发现其中的问题，我却视而不见？尽管我是把整个全过程记录下来，收集第一手材料的人，但为什么会出现这么大的差别呢？

原因很简单，因为朱苏力老师对中国法律发展的过程、国家的能力和局限性有非常清晰的认识，能够很敏锐地发现到问题的关键在哪儿。他不仅非常熟悉这方面的文献，更对国家和社会之间的关系非常清楚。法律并不是制定出来自然就会落实，而是需要某种权力枢纽——权力的网络才能够实现。强世功老师关于《权力网络》的文章也是如此，尽管那篇文章没有太多的"求异"的思维，更多的是"求同"的思维。他的观点可能源于读了福柯的著作。福柯讲的权力运作就需要网络。强世功老师发现了中国基层社会的司法若不依赖政府机构这个网络的话，就没有办法完成任务这个现实问题。所以，能够发现问题，能够把一些司空见惯、习以为常、毫不出彩的事情升华为一篇很有意思的文章，姑且不论是否是一篇著名的文章，我想这与对文献的了解程度和对整个社会格局的把握是息息相关的。

稍微再分享一点成功经验，当然，在某种意义上，也是失败的经验。很

---

① 苏力：《为什么"送法上门"?》，载《社会学研究》，1998年第2期，第47–57页。

多年前，我到珠三角做调研。那是在2008年金融危机之后，珠三角很多地区外资工厂由于资金短缺了，做不下去了，一些投资者就跑了。这些工厂的厂房都是租的，原材料也所剩无几，地也都是地方政府以很便宜的价格给的。其中不少是投资者卷款跑路，导致大量工人上街讨薪。讨薪讨不来，去找政府也没用，他们唯一的办法就是上街堵路。当时，我在珠三角的法院做调研，介绍我调研的同学就把上述那些情况告诉了我，并告诉我这样一个现象：当工人一上街堵路、闹事的时候，法院就得马上出动，到大街上去劝工人们不要堵了，应该到法院来起诉，法院会尽快处理，帮工人把钱拿回来。我觉得这个现象很值得研究，但不知道怎么着手去写。后来，我与我的合作者分享这个故事。他当时是加州大学社会学的教授，他听了这个故事后，马上就说可以写篇好文章。一是因为法院的格局变化，本来法院的办案的原则是不告不理，即一种被动式的司法体系。全世界基本上都是如此。但现在突然出现这样一个主动的司法机构，还到街上去劝人家赶紧来法院起诉，法院很快就能出判决结果。另外一个原因是，已有的相关研究，大多数都是集中于研究抗争者的行为。因为抗争者的行为比较好调查，满街都是抗争者。研究者很容易就能和抗争者面对面进行交流，他会想研究者诉说所有委屈、策略和手段。所以，田野调查进入非常方便。但是这个故事却提供了另外一方的主体，那就是政府，包括法院，他们是如何回应劳工抗争的。这就是《马路上的法庭——某基层政府对劳动者集体抗争的包容》[①] 这篇文章的来源。而这篇文章在发表后产生非常大的影响，也引起很多反响，要点就在于它抓住了现有文献没有关注的问题。而我们从这个问题切入，就提供了一种新的理解。

回到主题，把握住文献非常重要，能够找到现有研究的漏洞，并抓住学术发展趋势，这个问题就会成为转折点。一旦抓住这样一个转折点后，可能就扭转了之后其他类似研究的取向，还可能因此获得更多关注。关注法院及相关政府部门回应劳工抗争的内在逻辑和动作模式等这些问题，实际上成为

---

① 苏阳、贺欣：《马路上的法庭——某基层政府对劳动者集体抗争的包容》，载《北大法律评论》，2011年第2期，第482-500页。

一项具有路径突破的研究。

由此可见，是否到田野去，可能并不是最重要的，关键的工作是对文献的理解，对故事本身的学术敏锐度，这种学术的嗅觉才是最重要和最根本的。因此，我才会一而再再而三地去强调，不论是学生，还是年轻的同事，关键要从田野返回去，认真地阅读和理解文献，发现文献里面的漏洞。如果没有做到这一点，就直接到田野里面去的话，可能就会出现"胡子眉毛一把抓"，抓到很多东西，每个都觉得有新的理解，但最后并不能把文章真正给写出来。

关于有同学提到在"求异"的过程中，可能会有很多发现，如何选择"异"的问题。我认为，这时候可能需要看看"异"的新颖程度。这个新颖程度取决于跟什么文献对比。看哪些问题真正可能提出更大的问题。这时候，那就不仅要事先做好准备，事后还要继续去读文献，这可能要比去田野本身还要重要。能不能有所发现，永远是在这个文献和实际的经历之间反复推敲，左右摇摆的那个过程中出现的，没准哪一刻就会有发现了。我刚才提到过的关于"删除"家暴的那个故事如果说当时也算是一个成功的、一点点惊艳的话，也是跟我事后读文献有关。因为我当时去法院调研的时候，坐在法院里面，完全就被震撼到了。这在我的英文著作里面也提到过，是我到法院调研时碰到的第一个离婚案件。这个案件中的女方声称她的面目被打了600多次，然后当着她自己父亲的面挨打，当着儿子的面也挨打，声泪俱下。而我这个毫无经验的，所谓的法学教授坐在那里，剩下的只有同情，就没有别的想法，脑子基本上是被当事人的故事牵着走的。整个过程观察下来，也不知道到底怎么去写。当然会有油然而生的一种想法，就是想办法怎么样保护这个受害者。事实上这并不够，这个思路本身也很老套，也不够有意思。后来我又回去读文献，突然就发现在其他的国家的调解制度里面也有家暴的案例，然后我又仔细去做进一步研究。我发现，在中国调解中的家暴案件"删除"现象特别严重。原因很简单，就是法院的法官既是裁判员又是调解员，集两种权力于一身，所以在调解的时候很容易把家暴的事情忘到九霄云外去。实践中，法官不可能考虑家暴的原因在于，如果要考虑家暴的话，那也没法调解，考虑家暴就会影响法官想要调解这样的结果。如果调解和审判是分开的，这种情况就没有那么严重。

如果要做个总结的话，那就是文献重于田野，田野可以不去，但文献不能不读；如果只是去田野，那是不够的，一定要反复地读文献；去之前读，去的时候也在读，然后回来的时候还继续在读；这样才有可能找到有意思的问题。以上，是我今天讲的第一个问题。

下面，我想稍微强调一下观察能力。到田野里面去时，你若要捕捉问题的话，还是需要基本的观察能力的。当然，观察能力越敏锐越好，也跟前面一个问题是相关的。要有敏锐的观察能力，首先要对文献有所理解。如果完全不了解文献的话，观察能力是没有办法敏锐起来的。观察能力是需要训练的。例如，有的人可能交流能力比较差，到田野里很难跟人自来熟。"自来熟"本身就是一个能力。我有很多这样的朋友，特别是来自东北、北京的朋友。他们就有天然自来熟的能力，很快就跟所有人处得特别好。观察能力也是一样，有些人天生就有这种观察能力。我自己不一定有这种能力，但往往我会碰到一些同行，或者是学生，或者是我的助手，他们有这种能力。他们有一些观察让我觉得非常兴奋。我下面要讲的这些故事，其实也不一定是我自己的经历，有一些是我的助手和我的学生，以及我的朋友的经历。

最早的一次观察，是观察一件很简单的事。比如说观察陪审员。陪审员在法院里面做些什么工作？在中国法院体系里面，即使是在《中华人民共和国陪审员法》（以下简称《陪审员法》）出台以后，陪审员都是做非常辅助性的角色，不承担实质工作。但我们的观察是发生在《陪审员法》出台之前。那个时候，陪审员的角色其实更加边缘化，而且他们会对法院有很大的依赖关系。因为当时的陪审员可能很多都是退休的，或者暂时没有工作的人员，到法院来陪审可以获得一定的陪审费用。这时候的陪审员，观察的角度很平常，也不是非常困难。因为我们会发现，陪审员可能一早就来到法院等开庭。比如说，八点钟开庭的话，他们在七点三十分或者七点五十分就来了。大部分的陪审员可能就是站在走廊上等开庭。因为他们没有自己的办公室，跟其他当事人一样，是要等着的。但是，也有一些陪审员不是就这么简单地站在那里等,而是到法院的图书馆里面去打扫卫生和整理文件,甚至有时候还会招呼要来图书馆的其他法院有关工作人员。这就很有意思。为什么陪审员会做这些事情?他来法院不仅是一个法庭庭审的参与者,还与法院之间有很基本的依赖关系。他希望在某种程度上"讨好"法院或者是"讨好"这个法院的工作人员,给法院做出某种贡献,留给法院好印象。这时候你要认真去研究的话,就会发现,这个陪审员这么做,为什么其他陪审员没有这么做?这个陪审员年龄可能在四十岁左右或者四十岁多一点,因为害怕下岗,所以对这份工作特别期待。如果这样一个陪审员放到庭审过程里面去的话,在多大程度上会服从法官对他的安排?在多大程度上,他能够提出独立的意见?事实很明显,陪审员和法院之间的依附关系特别清晰,所以很难做到提出独立意见。这些事情就摆在那里,也很简单,如果你能够把它捕捉到,然后视为一个口子,就会发现更有意思的事情。

另外一个故事是最近发生的事情。这个故事是我的一个同事和学生在检察院调研的时候,想问检察官一些问题,恰巧就碰到了公安的同事来访。这位来访公安同事级别与检察官差不多,也没有公安的领导来,基本上是平级的一些中层干部。这个公安的同事来了以后,给检察官带了一盒茶叶。我觉得这其实是非常重要的一个细节。因为我们的公检法三家的权力次序基本上是按照公安、检察院、法院这样一种顺序来排序的,那很大程度上来讲,我们可以认为,公安是其中权力最大的,并强调侦查中心主义。因为公安有调查权。只要公安一启动调查,把证据找到,基本上这个案件就已经定案了,所以公安的权力是非常大的。所谓公安是"做饭"的,检察院是"端饭"的,法院是"吃饭"的。"做饭"的和"端饭"的权力显然是有巨大差别的,但是为什么会出现公安的同事会给检察官送茶叶这样的情况?原因很有趣,显然是这名公安有求于检察官。若仔细研究的话就会发现,公安的干警和检察官之间的地位发生了深刻的变化。原来讲的侦查主义,或者说公安是"做饭"的情况可能慢慢地被取代了。因为,检察院的权力变得越来越大。他们慢慢掌握了整个刑事审判里面最关键的权力。在认罪认罚里面,检察院有量刑建议权。因为他们的量刑建议权,所以会对公安取证、取证方式的有效性产生影响。因此，公安发现自己在很多情况下有求于检察院，就不敢轻举妄动。很多事情要去请教检察院，需要检察院的合作和帮助，这才出现了我们刚才讲的那个变化——公安的干警给检察官送茶叶而不是相反的情况。这时候，就需要特别敏锐的观察能力。你知道这个事情很小，它不是因为别的事情。但如果是因为别的事情，比如两个人关系特别好，也有可能。那么，你可以进一步的去询问到底是怎么回事，或许就可以从这里面打开一个缺口。因此，观察能力是需要某种因素促成的。

对文献的理解怎么样？对这个事情本身的理解怎么样？对这个世事是不是洞明？曹雪芹经常讲"世事洞明皆学问"，讲的就是这么个道理。因为社会科学或者法律人类学研究的对象就是社会的运作。社会的基本规律，你如果了解得不是很清楚的话，我想很难抓到很有意思的、很有洞察力的发现。

我们讲做学问，其实跟我们对社会的理解是不能分开来的。因为学问只是说它通过概念、分类和手段来研究这个社会而已，所以在根本上，就取决于我们对社会的理解、对学问如何做，这两者是高度一致的、不能分割的。我经常会跟学生讲，如果只是到学校读博士的话，可能并不适合研究法律社会学或者法律人类学，可能积累一些社会经验，有一些人生历练，这个问题会看得更清楚。这两者在某种意义上来讲，是有高度相关的。我在书里面也提过，如果对研究社会和理解社会没有什么兴趣的话，根本就没有必要来读社会学、社会科学、法律社会学。但如果对社会运作、规律，人与人之间的互动特别感兴趣的话，我觉得这个学科是属于你的，你应该去努力研究。

我最后再讲一个例子。我看到了一个外国博士生的研究成果，研究的是中国的死刑复核。死刑复核这个题目有它的敏感性，并不是说它不能研究。因为死刑复核是刑事审判实现惩罚和刑事正义的一个过程。关于死刑的数字是国家机密，这是法律规定的，这个我们也没有兴趣去了解。但是这个博士生他想了解死刑复核的过程，研究的却是死刑复核涉及的很多因素，比如，法官和律师。他对律师的观察，我觉得非常的敏锐。最高法院复核庭的法官都是资深法官，因为他们要么是在最高院有很多经历和很长时间的经验，要么就是从各地法院里面抽调上去的各地法院的精英，所以他们说话是非常慎重的。这位博士生在他的书里面引了这么一句话，让我觉得非常的震撼，文中写到，有一个最高法院复核庭的法官说："从来没有一个律师的意见让我觉得是有用的。"这个话透露出一个什么样的信息？首先最直接的是，死刑复核的律师有没有真正的提供有价值的意见？从这位法官非常肯定的言语中来看，显然是没有的。可以去进一步深究，法官是不是完全不需要这些律师的意见？显然不是。如果我们对这个死刑复核稍微有所了解的话，就会发现，死刑复核工作是非常细致的，法官是非常认真的，他们是非常有能力的。网上也发表过他们很多这类事迹。那么这位法官为什么会这么去看待律师？作者对这句话有很高的重视。他通过这句话进一步去研究死刑复核的律师组成问题。比如，什么样的律师会做死刑复核的案件？他很快发现，总体而言，并不是大咖律师，或者很有名的律师，大多数的律师是新手或者才刚毕业的学生，要不就是从来没有做过类似案件的律师来做。事实上作者也很清楚地指出，中国根本就没有死刑复核的专业律师，大部分律师都是有一搭没一搭，有案件就做，没有案件就不做。作者又进一步调查，比如，这个死刑复核律师花在每一个死刑复核案件上的平均时间是多少？这是死刑复核案件，这是一个非常重要的案件，是关于人的生死。没有经验和不成熟的律师，甚至不是专业的律师，若只是花很短的时间提出所谓的意见，这些意见在多大程度上是有价值的？多大程度上是能够帮助最高法院复核庭的法官重新审查复核案件的？大部分或者绝大部分的死刑复核律师，乃至于刑事案件的律师，都不是专业的律师，不愿意投入时间，没有特别的技能，提不出来什么有价值、有帮助的意见。刑事律师最大的敌人，并不是像我们常看到的西方文献刊载的，或者西方媒体报道的那样。刘忠老师在他文章里面就讲得很清楚，他当然也是引用别人的这种文献。

我要讲的意思就是，你要培养自己敏锐的观察能力和捕捉能力。一旦碰到那么小的缺口，就会发现，这里面可能藏着很大的文章，可以重新去审视一个职业定位是什么？他们的能力是什么？律师为什么会跟检察官、法官形成那么大的职业能力的差别？以至于最高法院的法官会说没有看到一个死刑复核律师的意见是有用和有价值的，而那些死刑复核律师又是那么努力地去寻找每个案件可能潜在的纰漏，以使他们的复核工作可以完整地做下去。因此，在田野里面，需要有一叶知秋的能力，管中窥豹的能力。这往往也是跟日常训练，就是对文献的理解和这个行业的理解本身分不开的。现在，我们发现，这两方面有这样一种结合能够帮助你更好地在田野里面去捕捉问题、发现问题，然后把这个问题做大。这时候你要碰到一些很大的问题，当然就会很兴奋。但如果你没有碰到这样的问题，就可以从一些小的问题开始，然后慢慢地作答，之后再去其他地方去找相关材料认证。因为回到刚才最早讲的话来讲，就是说，在田野里面去找材料，仅仅是我们找材料的一种方式而已，其他的方式也是完全可以找到这种材料的。只不过要看每个人的偏好是什么样。比如说刘忠老师，他就特别喜欢看档案，看传记小说，那么他就能够从一些律师自己的自传体中发现很多有价值的东西。我觉得这就很好。

如果在田野里遇到访谈人所说情况与实际不符合，我觉得可以有两方面来做回应。第一个原因是信任度不够的问题。你在田野里面，人家跟你说的可能是些他认为应该给你说的话，而不是他心里想说的话。他属于经常在社会学里面会讲到的——在表演的状态。他看你是一个什么样的人，然后在一个什么样的场合，他应该做什么样的表演。这个表演可能也不一定完全是他的真实的地方。在这种状态中，可能需要做的事情是增加信任去克服这种差异。如果说，他一直在讲官话或者假话，或者套话，你觉得没有什么意义的话，那我觉得这条路其实就不一定能行得通。补救的方法是第二个方面。我觉得，更多的是需要通过其他方式去观察。田野提供的特别大优势是让你去观察。田野可以让你从不同的方式去认证，这一点非常的关键。我在其他场合也提到过这一点。比如，有个法官跟我聊天，他就讲离婚案件第一轮，法官基本上就是给退回去的，根本就不会判离。那这时候他讲得有道理，或者分析得也非常的有道理，但是我并不是说马上就去照单全收，反而马上找机会去听庭审。几个庭审听下来，再跟法官进行进一步的交流。这时，就发现可以从侧面去认证他说的情况。因此，第一步需要去考虑的是，能不能够想办法去增加这种信任关系，能够使得他对你放心。你得让他了解你到底是一个什么样的人？你要通过他对你的"考试"。当他对你有进一步的了解，把你作为一个活生生的人，作为一个朋友来对待的时候，而不是你要拿他来做研究对象，拿他的东西来写，拿出去报道，然后可能对他产生负面影响，等等。他要克服这样的一种心理感受之后，我想你可以达到。他不至于那么明显地、不停地给你说那些完全不真实的东西。第二点是需要通过不同的渠道，不同的方式去认证的。

关于选择田野点这个问题，因为不同的人可能会有不同的困难，不一定是所有你想去的地方都是能去的。包括我今天想去某些地方做某些题目的研究，其实也去不了。在做某一些研究的时候，可能要看机遇。就是这些机遇，包括学校介绍信或者老师的推荐。但我对这种介绍信是非常的怀疑的。因为我在这方面吃过很多亏，所以我基本上是完全不用这种方式的。很多情况可能就是要看你的特定关系才能切入。你的关系也许是很偶然的。这就使得某一些你特别想研究的题目，不一定就有那样的切入点可以进得去。但我也有另外一个可行的方式，那就是长时间的投入。如果你特别想了解某一个题目的话，如果这个社区基本上是开放的，不是那么敏感的话，只要你有足够的时间，总是可以克服的。我可以给大家举很多这方面的例子，我在书里面可能也提到过。一位来自其他国家的女孩，比如一个女学生，她怎么能够研究中国的妓女的法律意识，这个美国的教授如何到非洲去研究中国企业的发展变化、管理方式和管理文化。这些我想都是极其困难的。包括我刚才讲的，研究最高院的死刑复核的那个例子，作者是一个美国的学生。说实话我都不知道他的中文讲得怎么样。我相信他能够讲一点中文，但是并不意味着他的中文就非常流利。你想，他到另外一个国家要去研究那么敏感的问题，然后他还可以捕捉到那么多重要的信息，做得还非常好，好到让我本人觉得很汗颜。所以，我觉得你需要做的是要给自己一点信心，再给自己一点耐心。就像一个战场，你怎么攻入这个堡垒，需要更多地去想办法。我这里没有办法给一种立竿见影的特效药，或者是一把钥匙，拿了以后就可以开门。你可能需要见机行事，依赖不同的资源，才有不同的切入点。因为我们这节课也是公开课，我也没有办法分享很私人的故事。如果是在我的课堂上，我就会讲一些很奇葩的个人经历。有的时候真的就是踏破铁鞋无觅处，得来全不费功夫。就是非常巧，因为某种关系就切进去了，可是在此之前，你就会不停地吃闭门羹，然后碰到很大困难。这可能恰恰就是说，你找的方法可能不是对的，还有一些捷径，或者可以使到巧劲的地方，你没有找到。你需要更多地去琢磨，然后也需要一点幸运，一点点"lucky"！

关于问题的来源这个问题，我认为，来源有多种。可能是来源于文献，也可以来源于个人生活，乃至是新闻。我想解释一下，为什么我会觉得这个文献重于田野？从根本上来讲，是因为我们做的是一个学术界的事情。学术界知识创新的依据讲的是在文献上的知识更新。因为只有在文献上产生的这种变化，有记录更新，才算是知识的一种创新。所以，它就是一个学术界的对话。如果说田野里面发生的事情可能很精彩，但事实上它在文献上并不重要的话，其实并没有办法形成特别重要的学术问题。这就是最根本的原因所在。所以为什么我讲文献会重于田野。很多人可能很了解田野。但是，我们作为一个学者来讲，不可能比田野里面的人更了解田野。比如说，我们研究出租车司机的一些事情，出租车司机可能比我们还懂，而且他懂得更多，但这并不意味着这个出租车司机就能成为很好的学者。他们在田野里面的实践中了解了很多实际的情况，这并不意味着他们把他们的经验写出来，他们就在做很大的学问，或者是有学术上的贡献。恰恰相反，我们只是需要了解出租车司机生活的某一些方面、某一些片段和某一些故事。我们放到这个学术里面的对照体系中，我们就会发现，这个故事增加了我们对某一些学术见解的理解。这就是说，为什么文献重于田野。

关于天赋重要还是努力重要的问题，天赋是需要的。但是我一直在不停地强调谈到做学问，我非常同意施一公的话，天赋是最不重要的一种能力。我不敢说自己的经验，因为我把我自己说得再笨再差，大家都知道我是北大的本科生。但是我培养了一些学生，他们就不是北大的本科生。通过我对周围年轻人的观察，我觉得能够出成就最重要的是长期的坚持和努力。我觉得有天赋的人，他会学得快一点，但是并不代表有天赋的人，他有持续学习的能力。如果持续学习的能力也可以视为一种天赋的话，那我同意这个天赋更重要。但那要简单的区分，我就自己特别执着地追求，我觉得是可以自己习来的。1996年我在去陕北的时候，说实话，我也是脑子一片空白，包里只放了一本书，是俞敏洪讲关于GRE单词的书。后来就会发现，可能自己也会到田野去，我也会有一些观察，然后也会通过这种观察来写文章。我觉得它是可以习来的，可以通过总结，可以通过反思，可以通过一步一步学的。我不觉得学术是完全由特别聪明的人来独占的。特别是从田野来讲，它需要大量的时间，然后需要很细致的观察，需要跟文献反复的理解、思考和拉扯。这时候我就发现，只要你舍得投入时间下功夫，然后有一定的领悟力，只要通过勤奋地去写作，去试错，是可以培养的。

在访谈的时候出现的权利关系，越往上走是越难的，这是一个基本的规律。如何改变？这时候需要回到刚才讲的这种信任关系，所以为什么说这个抗争者最容易研究，访民最容易研究，民工最容易研究。因为他们社会地位比较低。我在书里面提到过，在调研过程中遇见拉板车的、拉三轮车的，他非常开心跟你聊，情况就是这样。你要往上走到官员，早一些年可能还好，现在或者说更敏感的时候，到了省级的官员，哪怕原来关系很好，可能他们也会变得很慎重。你要到国家级，那可能就更难了。然后你要想准备控场的话，其实会比较困难。坦率地讲，我在这方面的经验不是很多。我往往会找其他的突破口，在突破口搞不定的时候，我就从别的方式去做。

田野调查时间多久合适？我在一篇文章里面有专门提到过以前人类学的研究特别要求时间，往往都是一年、两年、三年甚至更长时间。它需要非常细致、深入地观察。事实上，特别是对于我们这类"业余选手"，本来是做法律的，然后要进行一些田野调查的话。时间上肯定是受到很大的限制。时间短，就看你是什么样的题目，看你做了多少准备，有什么样的一种资源，这些都是相关的。我不觉得需要特别长的时间，从我自己的经验来说，我觉得有一个星期很多事情就已经处理完了。如果你的问题是非常清楚的话，你的准备是非常充分的话，这个时间足够了，这个是很重要的。我以前在其他场合也特别强调，你知道想问什么样的问题？你需要什么样的信息？你到了以后，去找什么人来谈？然后你要进入档案室的时候，知道翻看哪本书？复印的是哪一页？我觉得这个非常重要，事先如果是很清楚的话，这个时间并不是太长。

从我自己的角度来讲，现在出去做田野的话，能够待个一两周，都已经是非常奢侈的。时间长短不一定，要看你做什么样的研究。有的时候你必须要等当事人的话，一个一个地等，那可能就需要一两个月乃至两三个月。就像我有一个学生，做当事人的法律意识调查，只能在那个法院门口等。如果仅仅是想了解某一类案件的处理，我想有个几天时间找七八个人去问一下，然后参加一些庭审，找一些材料，基本就够了。

最后，我觉得"00后"去田野不会有什么问题的，我相信进入田野很多人很紧张，这是很正常的。因为我们大量的时间都是面对书本、老师、同学、图书馆。到社会里面去，需要面对活生生的人，是要跟人打交道，这本身就是一个很巨大的挑战。在课上，我会跟学生说，一个田野项目，需要一系列技巧，包括社交的技巧、交流的技巧、发问的技巧、记录的技巧、准备的技巧。这些东西他必须面对的，都不是死的东西。不像在图书馆查档案，或是在线上看材料，文献是死的，可以反复地去观看，但田野是完全不同的东西。田野里有很多机会是转瞬即逝的。很早的时候，赵晓力老师就跟我说过，田野最担心的事情是，去了以后语言听不懂，方言差别太大。等到差不多听懂的时候，却要走了，这是个很麻烦又难解决的事情。第二个问题是，走了以后才发现特别想要问的问题没有问到。很大程度上这是跟准备工作有关。自己研究的什么问题，心里面要清楚。特别需要注意的是，在田野调查期间的每天晚上，我们都要整理、撰写田野笔记，看看还存在什么问题，明天需要再问什么问题。经验都是慢慢积累起来的。我不同意按出生年份来界定一个人的田野能力。我认为，学生可以通过学习获得成长，只要有心去做，就不是很难的事情。

笔　谈

专题之一：法律人类学的经典阅读

2021年12月10日，由上海外国语大学全球文明史研究所主办、澎湃新闻·思想市场与法律人类学云端读书会联合策划的学术对谈"法律人类学的经典阅读"在腾讯会议平台顺利举行。本次活动邀请到了中国人民大学侯猛、湖南师范大学刘顺峰、哈尔滨工程大学尹韬、重庆大学孙旭四位老师作为对谈人。上海外国语大学王伟臣老师担任本次活动的主持人。以下为本次活动的对谈稿。

为什么要阅读经典

王伟臣[*]

本次对谈的题目叫作"法律人类学的经典阅读"。本次活动其实是对"法律人类学云端读书会"一周年的回顾、总结和展望。所以，在今天对谈正式开始之前，我想简要介绍一下这个读书会的缘起、宗旨和目前的进展。

首先，关于读书会的缘起。"法律人类学云端读书会"萌芽于2020年9月26日于上海师范大学主办的"法律人类学视野下的生活世界与多元规范"学术研讨会。作为此次会议的成果，有8篇文章先后刊载于《中国社会科学报》。更为重要的是，此次会议是自2010年以后，第一场以"法律人类学"为研讨主题的非年会型学术会议，由此第一次在国内聚集了一批关注法律人类学研究的"80后"青年学者。在会议的交流与讨论过程中，我们一致认为，有必要联合创立一个关于法律人类学的"线上读书会"。

2020年10月4日，由我发起了一次圈内的小型会议，参与会议的有湖南师范大学刘顺峰、哈尔滨工程大学尹韬、上海师范大学刘振宇、西南政法大学曾令健、甘肃政法大学韩宝、复旦大学熊浩以及时中国社会科学院社会学所林叶，一共8位青年学者。此次会议确定了三个议题：第一，读书会的名称为"法律人类学云端读书会"；第二，读书会的研读计划是每月读1本法律人类学书籍；第三，通过由刘顺峰创建的"法律人类学世界"微信公众号发布相关学术信息。

---

[*] 作者简介：王伟臣，法学博士，上海外国语大学法学院副教授。

其次,关于读书会的宗旨和目的。"法律人类学云端读书会"作为国内唯一的以定期阅读分享为基础的法律人类学专业学术组织,深感于目前国内学界对法律人类学了解之薄弱,特制定了一个为期3—4年的学术阅读计划。拟按照学术脉络,通过系统地阅读和讨论,以求实现三个目标:第一,完整梳理出法律人类学百年来的知识传统与发展脉络,即"法律人类学是什么";第二,深入讨论法律人类学的价值和功能,即"法律人类学能干什么";第三,为中国学生了解此项研究提供一份入门读本,即"法律人类学读什么"。

最后,再汇报一下目前的进展。截至2021年12月10日,"法律人类学云端读书会"共举办了12次线上研读活动,1次跨学科与谈,1次讲座(工作坊)活动。通过这前后13次的研讨活动以及"法律人类学世界"微信公众号的宣传,"法律人类学云端读书会"初步确定了在汉语学界有一定知名度的研讨法律人类学的学术品牌。围绕读书会创建的同名微信群,集中了近100位来自国内外各高校和研究机构的资深教授、青年学者、本硕博学生,形成了汉语学者研讨法律人类学的重要阵地。[1]

但是我们读书会目前还存在着不少困难和不足。比如,都是没有中译本的英文原著,精读特别吃力;如何挑选阅读书目,是否要遵从主流的学术史的梳理框架;阅读经典如何与理解当代中国法律实践相结合;等等。

有鉴于此,我们特举办今天的对谈活动。今天的对谈人有四位,其中,刘顺峰老师和尹韬老师都是我们读书会的发起人、核心策划人;孙旭老师也担任过领读人,是除了发起人以外参与读书活动最为积极的一位学者;侯猛老师尽管没有参加过我们的读书活动,但却是中国学界较早试图沟通法学与人类学的一位学术前辈(尽管年纪并不大),也是国内著名的学术品牌"社科法学连线"的发起人、主理人,也是《法律和社会科学》的主编。他们四位,有两位是法学博士,两位是人类学博士,既专注学理探究,又关注法律实践,相信他们对于今天的话题"法律人类学的经典阅读"肯定都有着独到的看法和观点,我也特别期待今天晚上能够谈出火花,实现思想的碰撞。

---

[1] 截至2023年8月25日,"法律人类学云端读书会"共策划、举办、协办各种类型的学术活动达95场。同名微信群的规模已近500人。

穿透知识的"迷雾":认真对待法律人类学的经典阅读

刘顺峰[*]

法律人类学的经典阅读,是一场有趣的知识之旅,其间既有扑朔迷离的关涉知识意义和性质的遐想,也有至关深刻的关涉知识价值和功能的反思。的确,法律人类学知识与所有其他知识一样,深藏在"迷雾"之中,只有穿透层层"迷雾",才能看到法律人类学的知识全貌。阅读法律人类学经典,就是一个穿透的过程。然而,如何才能穿透法律人类学的知识迷雾,有关于此,我认为可从如下三个方面展开:

首先,我们要了解"法律人类学的诞生背景"。按照学界通说,法律人类学的诞生与殖民主义这一关键词有着紧密关联。虽然有关殖民主义发展的具体阶段划分问题,学界尚存在争论。不过,可以确定的是,殖民主义于十九世纪中后期发展至顶峰则是一个不争的事实。殖民主义的发展,必然需要一套与之相"匹配"的知识体系,法律人类学在此种背景下便应运而生了。关于法律人类学,霍姆斯大法官曾有一句经典名言:"如果你的专业是法学,那么你便有了一条通往人类学的康庄大道。"

的确,早期从事法律人类学研究的代表性学者,如梅因、摩尔根、麦克伦南、巴霍芬等,均受过法学知识训练。但是,现代意义上的法律人类学的嚆矢,则始于美国人巴顿(R. F. Barton)于1919年发表的《伊富高法》。很

---

[*] 作者简介:刘顺峰,法学博士,湖南师范大学法学院副教授。

显然，我提出的这个观点，与目前人类学界、法学界关于该问题的基本观点有所不同。关于该问题的详细讨论，可参见我发表的学术论文《法律人类学的嚆矢——以巴顿的伊富高法研究为考察中心》（载于《民间法》2021年第28卷）。学界传统观点认为，马林诺夫斯基才是现代意义上的法律人类学的奠基人，盖因他所开创的参与观察方法、学习部落社会语言、与被调查对象打成一片等"范式"，对后世人类学与法学研究产生了重要影响。然而，究竟哪个"标准"才是判断法律人类学诞生的标志，以及这个"标准"本身是否科学、客观与真实，学界却关注甚少。这无疑阻碍了有关法律人类学理论与经验的更深层次的学术对话与讨论。

其次，我们要把握学界对法律人类学的认知定式。虽然马林诺夫斯基的作品很早就被传播到国内学界。然而，时至当下，我们有关法律人类学的认知还停留在一些概念术语和几个代表人物层面。比如，就概念术语而言，有参与观察、部落社会、地方性知识等，就主要人物而言，主要有马林诺夫斯基、霍贝尔、格尔兹等。围绕这些基本概念与代表人物，同时结合中国法学与人类学的基本理论，学界又大致形成了三个有关法律人类学的基本学术判断：一是法律人类学就是研究少数民族的习惯规范；二是法律人类学的学术价值在于方法；三是法律人类学的代表人物是马林诺夫斯基和霍贝尔。

法国学者诺兰（Norbert Rouland）在其名著《法律人类学》中曾非常清晰地勾勒了法律人类学的历史。从诺兰的描述中，可以看到，法律人类学的理论、知识与方法都是非常体系化的。不仅如此，法律人类学的代表性学者，不仅有马林诺夫斯基、霍贝尔，还有沙佩拉、格拉克曼、博安南、纳德尔、阿贝尔等。因此，我们阅读法律人类学经典的必要性就呈现出来了。通过阅读经典，我们会对法律人类学的历史演进过程有更加全面的认识。

比如，我们在法律人类学云端读书会第三期曾阅读过沙佩拉的《茨瓦纳法律与习惯手册》，通过阅读该作品，我们不但厘清了沙佩拉的学术关系图谱，还基本把握了他所提出的理论与方法。以方法问题为例，之前由马林诺夫斯基所开创的方法是"参与观察"，也就是通过观察来发现问题与分析问题。然而，沙佩拉提出的"根据报道人的报道"来展开研究，可否作为一种方法？想必是值得进一步讨论的。再以理论问题为例，他所编写的这部手册，作为非洲法院审理案件的参考，此种理论与实践的关联，对于后世法律人类学家从事理论研究也定然有着重要的实践意义。比如，《努尔法律手册》《北罗得西亚巴罗策人的司法程序》《祖尼法》，以及由侯猛教授领衔翻译的《法律和人类学读本》等经典作品，均是我们要了解这门学说体系应该要阅读的作品。较为遗憾的是，这些作品目前都没有中文。

当然，这也带来了另一个问题，即翻译了什么作品，就很容易将该作品视为经典，或者代表作。比如，在国内很受关注的《原始人的法》，虽然它是霍贝尔的作品之一，但它并不如霍贝尔与卢埃林合作的《晒廷人方式》那么具有法律人类学"风格"。在这部作品中，有很多有价值或者说有意义的问题，还有待国内学界借由研究来进一步"开放"出来。

再次，我们要清楚法律人类学知识传统的建构意义。关于该问题，我在前几年已经做了一些思考，也专门发表了一篇文章《法律人类学知识传统的建构——格拉克曼对部落社会法律概念与术语本体论问题的探究》（载于《民族研究》2017年第1期）。纵观法律人类学发展史，早在20世纪50年代至70年代，法律人类学界就有学者尝试着去建构一套法律人类学的知识传统。尤其是到了20世纪70年代，法律人类学在西方学界遇到了危机，由此，如何让这门学科持续下去，便有很多学者展开了思考，其中就包括格拉克曼。

当前我们在阅读法律人类学经典的时候，一方面，会想着如何去理解西方的法律与人类学知识传统；另一方面，也会思考如何建构中国意义上的法律与人类学知识传统。我认为这两个命题应该是互相不受影响的，它们一个是理解，一个是建构。当然，建构的前提，是建立在理解的基础之上的。通过阅读法律人类学经典，我们可在未来的理论、方法和范式等各个领域里面形成一套新的，或者说更加清晰的关于法律人类学的认知。

不过，在此我想借用王铭铭教授的一个观点，即我们对很多西方的基础性概念，甚至理论，一定要突破"碎片化"的认知进路，比如，"地方性知识"这一概念的适用有其特定的情境。用朱苏力教授的话来说，即语境。然而，如何认真考虑语境问题，是我们所有从事严肃的知识生产的学者都需要回应的现实问题。在我看来，只有从阅读经典原著中才能把握语境与情境，特别是情境分析法的真谛。的确，情境分析方法是一个非常有价值的分析方法，也是真的可以拿来分析很多问题的研究方法。在该方法基础上形成的另一个方法——延伸个案法，虽然也很重要，但却甚少受到关注。所以，我们在对这些方法予以溯源的过程中，有必要完整地将其演进过程勾勒出来。

此外，法律的文化解释、历史解释，以及其他解释范式，对于把握法律的渊源、性质与功能等法理基础问题也有着不可忽略的价值。而对这些解释范式的把握，都必然离不开阅读经典原著。

总之，法律人类学的经典阅读，既是在阅读经典，即藉由阅读获得更加系与专业的知识，建构自己的法律人类学知识资源库，又是在与经典对话，即让自己的"问题意识"与经典的理论、方法与经验对话，从而发现新的问题。凡此过程，就是一个不断穿透知识"迷雾"的过程。纵然其间充满艰辛，但幸福的喜悦却会在艰辛之后纷至沓来。由此，我们需要做的便是，认真对待法律人类学的经典阅读，随时准备着穿透知识的"迷雾"。

中国法律人类学经典百年回眸：启示与展望

尹 韬*

刚才刘顺峰老师给我们的对谈奠定了一个基础，让我们看到法律人类学有哪些经典的思想，这个大致历程是个什么样子的。

我的发言题目叫作《阅读法律人类学经典的重要意义》，主要探讨近100年，法律人类学和中国相关研究的互动关系。朱晓阳和侯猛两位老师于2008年主编出版的《法律与人类学：中国读本》已经对中国的法律人类学进行了很好的总结，我是承接着这本书所提出的问题展开。

我们可以从文明交流的角度来探讨西方法律人类学与相关中国研究的关系。文明也有好几种讨论，一种文明是亨廷顿式的、割裂式的文明，另一种就是文明间的"交流共生"，是涂尔干的外甥莫斯的说法，即文明之间是相互学习的。做学术也是一样的，"西学东学，盛则俱盛，衰则俱衰"。不只是站在自己的角度去看怎么样，而要看我们从别人那里学到什么。我想中国文明几千年，能够保持活力的一个很重要的原因就是它不断地向其他文明学习。

十九世纪以来的西方主流的社会科学理论很大程度上是基于一种观念：西方文明是西方文明，非西方文明是非西方文明。这些研究很大程度上都是把西方作为历史的顶点，然后把其他社会排在历史的阶梯之外。但这种观点在很大程度上忽视了一个基本问题，就是欧亚大陆长期以来是相互交流的。

---

* 作者简介：尹韬，人类学博士，哈尔滨工程大学人文社会科学学院副教授。

中国的法律人类学一方面基于中国文明自身的状况，另一方面其实也在借鉴已有的西方学术研究。文明之间的交流和共生，更多带有一种互惠式的人类学的意义。

法律人类学是以田野调查为基础来研究法律实践的一门学问。从调查方法来说，田野调查不同于文献研究和数据分析，也不同于简单的走访，它强调在一个文化中长时间地浸泡。从研究内容上说，法律人类学强调研究法律的实践，因此它和研究法律条文，进行法律思辨，回答何为好的法律这种法学研究也有区别。

它有两个基本关怀，首先是反思十九世纪以来只将民族国家颁布的法视作法的"法律中心论"的思考模式。也就是说，我们不能只将民族国家所颁布的、写在纸面上的条文视作法律，而是要认识到任何一个地方都有一些维护自己社会秩序的方式。比如说瞿同祖认为，在中国传统社会，巫术也具有法律的功能。其次是研究不同法律，即大写的"法律"之间的相互关系及其变迁历史，也就是所谓的"法律多元"。它不是静态地把法作为一个单独的、跟社会变化、社会情境都不相关的事情。

中国法律人类学的第一个阶段，也就是民国时期。这里我主要讲到中国社会学和人类学的奠基人吴文藻的弟子的相关研究，即通俗所谓"燕京学派"。1929年，吴文藻先生回到燕京大学任教。在1930年代中期，吴文藻先生如孔子那样在英、法、美、德这些地方周游。在英国，他和他的学生费孝通一起参加马林诺夫斯基的席明纳（Seminar），在法国，他拜访了莫斯等人类学家。在对欧美主要的学术传统进行学术考察，并撰写相关论文的基础上，他最后觉得中国的社会科学的发展还是要靠功能主义理论。他更看重这一理论的什么问题呢？主要是其中马林诺夫斯基倡导的田野调查方法。田野调查与访谈、问卷调查不同，它强调长期的沉浸式的参与观察。和中国之前"只读圣贤书"的士大夫传统有所不同。不过类似于司马迁写《史记》、曹雪芹写《红楼梦》、蒲松龄写《聊斋志异》这个传统，即注重走访和体验，即将"读万卷书"和"行万里路"结合起来。吴文藻看到功能学派的田野调查会弥补中国传统学术只靠文献治学的一些问题。

在民国期间，对中国当时的法律人类学有很重要的影响的西方学者如下。第一个是梅因，他提出了"从身份到契约"的社会转型的总体判断。当然，这背后也有关于不同法律之间的比较，即现代法律和传统法律、西方法律与印度习惯法的比较。再一个是前面已经讲到的马林诺夫斯基，他最重要的贡献是开创了法律的田野调查研究方法，谈及了初民社会"互惠"的问题。最后一个是拉德克里夫-布朗，他是涂尔干学派的追随者，讲社会团结和社会整合等。布朗在1935年访问燕京大学，并上了两个月的课，林耀华先生是他的助教。

这几位西方学者对吴文藻的"四位高徒"，即瞿同祖、费孝通、林耀华和黄迪这几位先生的研究影响都很大。

从瞿同祖先生的著作和晚年自述里看到，他受到布朗的影响，把法律放在社会当中进行研究。他谈到中国法与礼的互动历史，即法律的儒家化。从法律人类学的一般理论来看，他有一个很重要的贡献，就是探讨不同"法律"的互动以及变迁过程。这之所以重要，是因为当时的人类学家多数在做静态的部落法律研究。在这方面，瞿同祖先生也是受到他的老师陶希圣和史学家陈寅恪的影响。

如果说瞿同祖研究历史上的礼与法互动，费孝通则更多研究的是民国时期礼治、法治的问题。在《乡土中国》中，他提到昆明郊区的一起通奸案件，意在说明民国政府外来的法律没有落地，当地原有的习惯又不起作用的情况。这种结论在此后西方的法律人类学研究里也有所出现，朱晓阳老师用格尔兹"法律的语言混乱"来描述这种现象。

另外一位就是林耀华先生。他在法律人类学方面的重要贡献就是探讨一种"个案式"的研究方法。《金翼》中有一章涉及"山林纠纷"。林耀华是一个具有前瞻性的学者。他并不是在简单地思考中国社会怎么样，而是探讨如何在社会科学的一般理论方面有所贡献。他和同学费孝通有一个明显的区别，费孝通注重学术的经世致用，林耀华讲求学术的趣味。这个趣味就是学术的一般贡献。他在这本书里面把人物、事件、过程与社会背景等等都放在一起研究。

可以看到，如果从法律人类学的角度来重新审视"燕京学派"的经典研究，探讨他们与当时国际的法律人类学之间的关系，会是一个非常有趣的问题。

接下来是建国时期的法律人类学的研究。今天的学界相当程度上忽视了这个阶段的法律人类学研究，因为学界基本上认为这个时候的学术是以政策研究为导向，学理性比较欠缺。

中华人民共和国成立初期几乎所有的人类学家、社会学家等都在进行民族方面的研究。法律人类学主要是集中在由政府所主导的少数民族社会历史调查当中。少数民族社会历史调查受到西方两个经典研究的影响。一个是摩尔根的《古代社会》，谈到蒙昧社会到文明社会的演变；另一个受到摩尔根启发的恩格斯的著作《家庭、私有制和国家的起源》，涉及家庭结构的演变、私有制的兴起以及生产工具的变化等内容。

少数民族社会历史调查固然有理论先行的不足，但它毕竟是在杨成志、费孝通、林耀华等一批专业人类学家领衔下进行的，有其自身不可忽视的贡献。如果说它之前功能学派的研究相对忽视历史维度，少数民族社会历史调查则比较重视历史。另外，它还有一个可以说毁誉参半的主题，就是注重阶级斗争。在20世纪70年代后，西方法律人类学逐渐开始从历史和权力的角度研究民间法，可中国学者在20世纪50、60年代就在进行类似的探索。

以从西南到东南再到东北等地区的《黎族社会历史调查》《广西瑶族社会历史调查》和《鄂温克族社会历史调查》为例，这些社会历史调查都是"集体式"的田野研究。它们认为每个民族都有自己的一套内生制度，比如说黎族的"合亩制"和"峒"，广西瑶族的"石牌"，鄂温克的"毛哄"。其最初形态是有一套所谓的原始民主的制度，阶级不明显，财产是共有的，头人更多是为大家服务，如果他不为大家服务，那么就要被杀死。可以看到，解放初期中国的学者当时不是简单地复制西方那些静态的部落研究，而是从政治和经济的角度，长时段地研究这些民族内生制度的演变。

今天来重新审视少数民族地区所谓的原始民主，它类似于大卫·格雷伯所说的一些观念。如果有一种权力的雏形出现的话，这个社会会把它扼杀在摇篮之中。但是随着它们内部商品经济的发展和与外部封建统治的接触，原有的社会秩序遭到破坏，人变得自私自利。这是社会历史调查的一个基本"套路"。今天的学术研究已经证明这种简单的社会进化的观点是错误的。但是，它的政治经济学的视角却仍然有价值。即涉及一个社会与周边的社会是什么关系？这种外来权力的、社会的、经济的关系如何导致一个社会的变化？这是具体问题，也是一个非常重要的理论命题，而不是说非常抽象地、空洞地去谈一个社会怎么样。

1964年以后，中国进入一个动乱的时期，在学者们进行"灵魂深处闹革命"的时候，西方的法律人类学研究却在继续推进。1974年，由曼彻斯特学派马克斯·格拉克曼和维克多·特纳在奥地利召开了一场法律人类学会议，包括了许多著名学者。其中一位是费孝通的师妹中根千枝，她后来对中国人类学的复兴起了重要作用。他们关注的焦点是如何从静态的结构功能的研究，转向社会过程的研究。这是当时西方整个社会科学理论的一个基本趋势。如果瞿同祖、费孝通、林耀华，或者做社会历史调查的学者跟这些人聚在一起，应该有不少共同语言。可惜的是，这些中国学者几乎没有从事学术研究的空间了。

20世纪80年代后，中国的法律人类学逐渐得到恢复。到20世纪90年代末21世纪初，出现了一批标志性成果。其中有两个重要事件。第一个是在1994年，两位少壮派的法律学家梁治平和邓正来共同把格尔兹的《地方性知识》这篇雄文翻译成了中文；第二个事件是在1997年，王斯福和王铭铭两位人类学家在北京的友谊宾馆组织了一个名叫"乡土社会的秩序、公正与权威"的会议。法学、人类学、政治学、社会学等不同学科对法律人类学感兴趣的中、青年学者参加了这次会议。

在这个时期，中国的法律人类学也受到西方理论的影响。其中之一就是格拉克曼，尤其是他的"延伸个案研究方法"。而这又是通过格拉克曼学生的学生、美国社会学会前会长迈克·布洛维的介绍来完成的。布洛维的理论被清华大学的几位老师引进中国，他的不少文章和书籍还被翻译成中文。他前些年还被邀请到中国讲学。另外一位是刚才提到的格尔兹。他的《地方性知识》为今天中国学界的"文化自觉"提供了理论基础。还有一位是罗伯特·雷德菲尔德,他是芝加哥大学的人类学家,派克的女婿,也来过中国,与费孝通和林耀华都有交往。他主要的理论是"大小传统",即不把文明视作铁板一块,而是讲文明内部有大传统和小传统的区分,需要研究它们的互动关系。梁治平老师的《清代习惯法》就受到雷德菲尔德的影响,研究清代官方律法与民间法的互动关系。还有一位在中国法律人类学界有影响的西方学者是法国思想家福柯,他主要的贡献是从权力治理模式的演变看近代西方的变迁。朱苏力老师的《送法下乡》就受到福柯的影响,谈法律如何作为一种现代民族国家的权力,跟地方的权力系统如何互动和妥协。

这一时期的中国法律人类学,还有两个比较有代表性的著作,一个是朱晓阳老师的《小村故事》,一个是赵旭东老师的《权力与公正》。前者研究的是滇池边的一个村子,从"延伸个案研究方法"着手,看一个村庄从中华人民共和国成立前到世纪之交的权力变迁。它不是静态地描述当地法律观念和法律制度是什么,而是结合了人物行动和历史变迁的维度。除此之外,国内学者如应星和卢晖临等在自己的个案研究中也用到了"延伸个案研究方法"。赵旭东主要受到法律多元主义的影响,在其专著里提出"权威多元"的概念,认为地方解决纠纷的方式有多种。

从以上简略的叙述中可以看出,近一百年来,西方法律人类学和中国社会科学之间存在着紧密互动。这两者之间不是非此即彼,而是相互借用的关系。在强调学术本土化的同时,也要看到,哪怕是瞿同祖、费孝通和林耀华这些大家,也从西方学术那里得到恩泽。除了立足自身的学术传统,中国学者也得不忘包括西方在内的学术传统学习,这样才有可能在未来的日子里创造属于自身的经典作品。

历史与现实中的法律人类学经典阅读

孙 旭[*]

在人类学的学术史中去讨论法律人类学经典阅读的意义,就会发现,法学和人类学总是在相互充实、相互增益,正如两个学科都认可经典著作《礼物》[①],广义的法学和人类学,法律人类学和人类学,法律人类学学者和人类学学者之间,也是礼物的关系。

这样持续的相互馈赠,如刘顺峰老师所言,就是在不断地填满法律人类学的缝隙,并且是在中国乃至世界范围,重建或者重新理解法律人类学的发展叙事。它极大地挑战了范式革命或断裂的论说,让我们能够看到学术不断地继承、反思、反复取舍和复兴的过程。而且这个过程,特别需要步入那浩繁又美好的经典中,通过发掘、阅读、对话、沟通、引介、研究等多般身体力行的方式才能获得。

这是一个"反复映照、相互解惑"的过程。通过法律人类学经典的阅读,反哺我们对于人类学史、人类学理论概念发展的认识;同样,对法律人类学经典阅读,也要置身人类学的发展过程与时代情境中,才能获得更好的理解。这个过程始终是相互缠绕而不断深入的。

这几年,通过法律人类学的阅读和教学,我开始了对人类学史的再认

---

[*] 作者简介:孙旭,人类学博士,重庆人文社会科学高等研究院副教授。
[①] 1970年英文版的《礼物》的封面,很好地凸显了这一意向,两只手相互递出,似要相握,彼此交换。Marcel Mauss: *The Gift: Forms and Functions of Exchange in Archaic Societies*, Law Book Co of Australasia, 1970.

识。同一时期,受到贺照田老师的影响,他在《学术史对我意味着什么?》①中的说法对我很有启发。简单来说,就是要做及物之思,思考得有对象,和我们的感受相关联,不是抽象的理论推演,是和个人与时代的关系紧密切合的。这也就引出了为己之学,研究的生长、研究的问题意识、研究解决的困惑,都和自己的期盼与苦恼,自我的不断碰撞、自我的成长有关。

那么就先从我自己的体验出发。最初的苦恼和我的博士研究有关,当时我想做一个关于地方社会组织清代中期以来变迁的整体研究,探讨平权社会的生成机制,在一个历史过程和人群纷繁复杂的日常生活中,理解个体与集体的关系。我当时借助的是一些非常地方性的概念,如宁老、腊汉、兜、古楼、款、闲话、口述活动与碑刻的规约……也参与观察了许多的纠纷和调解,了解了许多的社会秩序维持机制,随之而来的困惑却在加深。

一方面,我当时对理论框架的认识,也就是英国的结构功能的各种变体很有限,非常担心落入一个稳定均衡、国家与社会、习惯规则与成文法二分的结构中,把问题简单化。同时,我也不想做一个只见社会不见人的研究,但当时并没有找到方法把研究过程中遭遇的那些人的欲望、追求、私利、豁达、无畏、胆怯、执着展现出来。更进一步,我对当时感受到的侗族社会特别可贵的品质,就是人们在急遽的历史变迁过程中,何以要不断地自我牺牲和让渡权利,发明各种机制,努力把集体和相对平权的状态维持下来,这样的行为具有什么样超出这个地域的意义,也未能有意识地表达出来。

这些问题,一直萦绕着我,也使得我的研究一直在历史人类学、政治人类学中摇摆,却并没有特别进入法的人类学研究的领域。直到后来对法律人类学的学习,才让我能重新审视这些地方性概念,实际关乎的是一些人类学探讨"社会"机制的基本概念,例如世系群、年龄组、无法庭社会、玩笑关

---

① "对我而言,学术史是一个理解学术,也理解自己的过程。况且,就我所感,我发现我们周围缺少的不是思想,而是感受和学术经验,我们有的只是学术感慨。这样,思想就不能对学术经验开放。我觉得思想的不及物状态,而不是思想缺少思辨力和体系,是当前思想者最紧迫的问题。要摆脱思想的不及物状态,除自己去尝试规范性研究,获得亲身感外,阅读学术史,延伸和复杂化自己的亲身感,我以为也是摆脱思想不及物状态的途径之一。"贺照田:《学术史对我意味着什么》,载《中外文化与文论》,2000年第0期,第14-20页。

系等。这些概念，不仅能够把法律和生活诸方面联系起来。赋予"法"以整体性意义，而且超越了法律人类学的论域，通过跨文化比较，指向了一些更基本的人类学命题：道德与情感、人性观、冲突与秩序、个体与集体的存续等。这也说明了法律人类学背后更深层次的关怀，即我们对人的理解，无论是对宇宙观的理解、思维的认知，还是对社会组织机制的构建，根本上都是去把握人的秩序感，这是广义的法的人类学研究的基本追求。

当然，这么说的时候，我是带着"后见之明"看学术史的，在法律人类学的阅读过程中发现早期法律人类学的研究，已经界定了很多重要的认识和方法，但也发现后来人类学的发展，因为对其不重视，可能也没有特别地阐明重要性，通过阅读法律人类学经典，有助于我们重新发现人类学发展中被忽视的地方，再思考人类学的基本关怀和整体视野。

对此，基于法律人类学云端读书会的几次阅读，举三个例子。

马林诺夫斯基与"活生生的人"

马林诺夫斯基的《原始社会的犯罪与习俗》[①] 堪称法律人类学经典，提出"互惠"观，强调打破刑法、民法二分的西方中心的方式看待非西方社会，重视法律与习俗的关系，都对后来的研究有启发。但我在这里要提的是另一小问题，就是马林诺夫斯基和涂尔干、莫斯，英国人类学和法国人类学的异同。

要谈这个，就要特别关心他这本书的出版年份——1926年，此前一年，莫斯的《礼物》刚结集出版。马林诺夫斯基紧跟着使用了他的资料而提出交换理论的莫斯之后出版专著，绝不是偶然。我们可以关心一个特别的脚注，在书的第25页："……实际上在我看到莫斯的批评之前，我已经完成了上述文字，并且那些批评实则并非与我的见解相左。作为一个田野调查者，当他的观察被充分地展现以便让他人从中超越并反驳他的结论，尤为可贺。更难能可贵的是，我发现自己较为成熟的判断已引导我的独立研究获得了我与我

[①] 马林诺夫斯基：《原始社会的犯罪与习俗》，原江译，云南人民出版社，2002年。

高尚的朋友莫斯的相同的结论。"① 他的脚注直指学术见解上和莫斯之间的联系，认为"礼物"或"交换"可能是他比莫斯更早提出，至少是同时期都想到了。这样的标榜也符合马林诺夫斯基自负的性格。不过后来当我们再去认识这件事情的时候，通常会批评马林诺夫斯基，认为他的互惠理论把重要的交换关系通过经济理性的方式庸俗化了，不如发展出了一种比较深度的社会理论的莫斯。

但我觉得马林诺夫斯基对于法律、规范和人性的探讨仍然具有认识论革新的意义，它通过对法和秩序的考察，力图说明如何理解人的问题，即对"活生生的人"以及"活生生的人"如何在集体与个体之间生活的持续关注，突破了涂尔干或布朗代表的社会研究。②

为了说明这一点，他在这本法律民族志中还借助了心理学，这就让马林诺夫斯基在当时十分重视实证和经验传统的英国中成了为数不多关注心理学问题的学者，这当然和他对老师里弗斯（W. H. R. Rivers）等人的继承和他去莱比锡的求学有关。他对心理学的关注，也让人看到了他和莫斯在同时代的相似性，当时莫斯也很重视心理学与人类学之间的关系。

当然二者仍存在区别。在马林诺夫斯基的理解中，心理学不是我们理解的科学意义上的心理机制、心理作用的研究，可能包含一点，但更多的是弗洛伊德式的，关于情感、价值、意义以及对个体动机及其能动凸显，以至于在《原始社会的犯罪与习俗》的字里行间，他明确表达出了对涂尔干和莫斯的集体主义和集体意识的批评。

他站在了这样一个位置上去看待集体与个体的关系，就如他所言，"实际上，原始人既不是极端的'集体主义者'，也不是毫不妥协的'个人主义者'——和普通人一样，他是二者的混合体"，③ 这就构成了活生生的人的

---

① 马林诺夫斯基：《原始社会的犯罪与习俗》，原江译，云南人民出版社，2002年，第25页。
② 在马林诺夫斯基去世后被出版的日记中，记录了他早在田野工作时期，就已经形成了捕捉并呈现"活生生的人"的人文主义追求："我将分析人文主义的要素，并拟定一个新纲要。活生生的人、活生生的语言、活生生的丰富多彩的事实才是核心……"参见勃洛尼斯拉夫·马林诺夫斯基：《一本严格意义上的日记》，卞思梅等译，余昕校，广西师范大学出版社，2015年，第319页。
③ 马林诺夫斯基：《原始社会的犯罪与习俗》，原江译，云南人民出版社，2002年，第35页。

活生生的生活。不仅特罗布里恩德岛的土著如此,我们每个人,亦都是如此,从现实出发去看我们的境况,跳出那些形而上的构想——例如自然状态或一切人对一切人的战争,性善或者性恶。这是马林诺夫斯基的人性论和研究追求。这与莫斯所代表的古典主义式的学术泾渭分明,也成了马林诺夫斯基开辟出的田野调查中最具魅力和启发性的内核。

实际上,时至今日,我们也没有特别地去重估马林诺夫斯基这本书的真正意义,可是从这样一个点看进去的时候,就会发现他确实是那个时代英国传统中的另类,可能很多人会觉得他把不同的学科引入到人类学中,并未加深人类学的科学性,反而令研究论述显得肤浅,但是我觉得至少是他对于心理学、对于"活生生的人"的强调,至今都激励着我们跨越理论和抽象的屏障,深入对生活经验与人心的体认。

埃文斯-普理查德、豪厄尔与民族志的现实价值

沿着英国人类学研究的路径,可以看到另外的一本有意思的书,保罗·菲利普·豪厄尔(Paul Philip Howell)的《努尔法律指南》(A Manual of Nuer Law),① 这也是法律人类学云端读书会专门阅读的著作。马林诺夫斯基的研究并没有特别代表当时英国人类学的状况,直到他和拉德克里夫·布朗的学生那一代才初具规模,其中由埃文思-普理查德为引领。普里查德在1950年代为英国广播公司做介绍人类学的系列讲座时,在说明当时的英国人类学整体状况时,主要列举的便是他们培养的学生所做的研究,其特点就是一方面涵盖全球各个地区,另一方面比较综合,涉及生活诸领域,但政治和法律显然偏多。②

这样的列举,并不是说这个时候法律的人类学研究是一个特别的门类,而是说,当时,英国因其殖民在全球体系中占据一个主导位置的时候,政治

---

① P. P. Howell: *A manual of Nuer law: Being an account of customary law, its evolution and development in the courts established by the Sudan Government*, Oxford University Press, 1954.
② 爱德华·埃文斯-普理查德:《论社会人类学》,冷凤彩译,梁永佳审校,世界图书出版公司,2010年,第9-11页。

和法律的人类学就成了英国去了解、把握整个非西方世界的状况并开展治理的重要的视角和方法。

回到豪厄尔的《努尔法律指南》,要理解这本书需要将之放在一个系列里,分别是《非洲的政治制度》①《努尔人》②和《努尔法律指南》。我记得读书会读到《努尔法律指南》的时候,王伟臣老师有一个问题是,已经有《努尔人》这一珠玉在前,为何还需要这样一本《努尔法律指南》,且这个书也不是很生动?

为回应这个问题,还是需要回到人类学知识生产和时代情境中去看一些细节,1940年的《非洲的政治制度》在政治学和政治人类学领域都具有奠基性地位,它从政治哲学的角度,列出了有国家社会和无国家社会两种类型,这是该书两位编者的老师——拉德克里夫·布朗无政府主义追求的一个学术构想,希望通过精细的民族志证实无国家社会依然可以有序。

《努尔人》在同一年出版,提供了一种无国家社会中社会秩序生成动态机制的扎实精巧的展示,可以说,普理查德关心的既是法律和政治问题,也不是法律和政治问题,因为这本书的一个学术目标,主要是针对非洲政治制度建立起的政治乌托邦构想,做出了一个民族志知识意义上的回应。

如果这是学理上的分析,那么还有另一重现实层面的分析。普理查德在《努尔人》序言一开始就指出,整个研究是在英-埃共管苏丹政府的要求和主要资助下进行的,可见这一研究从一开始就带有实用政治的目的。我们经常开玩笑说《努尔人》其实应该叫作《努尔牛》,在普理查德笔下,努尔人成了牛的寄生虫,他们的宇宙观、亲属关系、聚落生活都和牛这一重要的存在或财富息息相关。为什么普理查德会花那么大的力气、笔墨去书写努尔人的牛?从实用政治的角度出发,结合具体历史情境便好理解。

在法律人类学云端读书会上,导读的陈慧娴同学特别说明了这个普理查

---

① M. 福蒂斯、E. E. 埃文思-普理查德编:《非洲的政治制度》,刘真译,商务印书馆,2016年。
② E. E. 埃文思-普理查德:《努尔人——对一个尼洛特人群生活方式和政治制度的描述》(修订译本),褚建芳译,商务印书馆,2014年。

德和豪厄尔开展研究之前的努尔人地区的历史，由于殖民政府向努尔人征税，要求以牛纳税，引发了这一松散的游牧人群的逃避和反抗，也导致了殖民政府的军事镇压，对该地方的管理从间接转为直接。这段殖民历史不仅是《努尔法律指南》的写作的背景，也构成了《努尔人》不断将焦点转向牛的一个潜在的历史-政治原因，因而这本学术著作的重心就不仅仅是一个学理的论证，更在于提醒殖民政府如何尊重地对待努尔人围绕着牛而建立起的一个整体的社会文化生活。这一点也同样反映在了普里查德给豪厄尔所写的序言里，他认为这本书（《努尔法律指南》）相对于它的学术价值，更重要的是它的现实价值，尤其是其超出学术体系之外对于殖民地管理的影响。

普理查德的良苦用心，由一个曾经的殖民地官员，后来的人类学学生来完成，也反映出当时的英国殖民情境之下人类学者的某种操守，和其特别的时代性，人类学被视为殖民者的帮凶仅是在殖民情境中的一面，彼时也有人类学家在不断地通过直接或曲折的方式来对整个殖民治理提出批评，并希望真的通过研究改善殖民地人群的生活。我觉得这是那个时候的一种可贵的品质。

后来，马林诺夫斯基对心理学、活生生的人的关注，包括普理查德在内的一些学者对殖民治理的持续批评，由他们共同的学生，也就是马克斯·格拉克曼汇集，作为英国人类学的精神内核，星火传递。

林耀华的文明视野

最后我分享一下自己在法律人类学云端读书会导读《金翼》时的收获，就是其对文明的内在关怀。观察最近几年中国学术的发展，就会发现，在社会科学内部，很强调人文关怀、经史传统、文明视野和对经典的阅读、继承。就好像整个社会科学领域内部，都在呼吁新一轮的文明转向。

吴文藻以降，几个学生，都在关心社会学、人类学与中国文明经典之间的关系，费孝通和儒家，李安宅对《礼记》《仪礼》的社会学研究，瞿同祖对传统法律的研究，以及林耀华对传统人生史的写作和《史记》的关联。尽管这些中国学者都多少受到了彼时结构功能理论的影响，但却都不是对布朗式社会人类学的因循，而是立足于自身文明、文化和时代做出的创造性转化，时至今日仍具有厚重的启发。

就《金翼》来说，我关心的不是动态均衡的理论部分，而是它的认识与方法论，即怎样以中国人自己的文学形式去写中国人自己的故事，究天人之际、通古今之变，将天、地、人、心、身、家、国、天下的关联关系，以大历史中的小人物和小家族的故事表达出来，历史的纷乱和延续，社会的对立与和谐，命运的兴盛与衰败，个体的生与死，做人的好与坏都蕴含其中。

正如渠敬东对《金翼》的评论："不仅没有照抄照搬西方人类学的规范方法，也有意躲避掉了一些学科既定的描述和分析概念……似乎这样的风格不再是基于科学叙事的要求，而是中国人之社会生活的本质呈现。"[1] 林耀华先生自己也如是看，他在为《银翅》（庄孔韶）作序的时候，也指出："关于中国田野研究作品，不但应在形式上是人类学的，而且是人类学赞成的，即提供一个文化的视野——相同的与不尽相同的文化的体验和文化的展示，其中当然包含不容忽视的方法论问题，乃至人类学作品写作构成的文化特征。"[2]

通过《金翼》的阅读，以及其他几本法律人类学作品的阅读，极大地解决了我在博士期间的困惑，即如何在时代变迁，制度限定，生命激荡，人生沉浮中去书写田野中的人的活生生的故事，怎么写才能与他们感知到的超越性的生命实际相配合。

总结一下，对学科发展的重要问题和较早时期提出的一些观点，应予以特别地重视和重估，这是渠敬东老师针对社会学说的，但我认为这一点也是法律人类学云端读书会选择从学科诞生之初开始细密地阅读的一个很根本的价值。

比如尹韬老师特别提到的瞿同祖先生，他在1940年代通过《中国法律

---

[1] 渠敬东：《探寻中国人的社会生命——以〈金翼〉的社会学研究为例》，载《中国社会科学》，2019年第4期，第98-122页。

[2] 庄孔韶：《银翅：中国的地方社会与文化变迁：1920—1990》，生活·读书·新知三联书店，2000年，"林耀华序"，第1页。

和中国社会》开启了法律和社会现象、法律史和社会史结合的研究，并指出要在整体社会现象中认识法律，区分书本上的法律（law in book）和行动中的法律（law in action）。这些观点不仅到现在看来都不过时，还指引着我们新近的研究。其意义绝不只是要我们区分成文法和习惯规则，而是要我们回到中国传统社会的实际，把握其中的精神和特征，让我们思考如何在一个有着悠久文明的国家中做我们的法律人类学研究，这和在大洋洲、非洲、美洲做法律人类学研究是不太一样的。但另一方面，我们读域外的法律人类学研究，也会反过来刺激我们思考，我们太过习惯于文字的规则、法律和相应的制度实践，但我们怎么去关注和思考那些无文字的、口述传统的人群及其文明形式，怎么去研究和理解他们的法律实践。这二者是相互启发的。

最后我想还是回到莫斯的《礼物》，普理查德给《礼物》写过一个导言，他特别提到，经历了"一战"后，年轻的学人牺牲令法国社会学年鉴学派受到了很大的打击。莫斯此刻做的事情，是身体力行去实践他和他的舅舅涂尔干所提倡的社会团结与集体情感，尽管后来他很少有学术产出，却不断地编纂那些在战争中丧生的师友的论著，努力推动年鉴的发表出版，为年鉴学派的延续做了很大的贡献。[1]

我觉得，法律人类学云端读书会的阅读，每个人的参与，也是这样的身体力行，是对这个学科和团队的一份礼物。

---

[1] Marcel Mauss: *The Gift: Forms and Functions of Exchange in Archaic Societies*, Law Book Co of Australasia, 1970.

在学术传统中阅读法律人类学经典与前沿

侯 猛[*]

很高兴能够来参加法律人类学经典阅读对话活动。十几年前，我在北京大学社会学人类学所从事博士后研究，当时还是读了不少人类学的著述。但出站后集中阅读的时间大为减少，因此，我的知识理解力估计还停留在十几年前。不过在中国法学界，我是为数不多的对人类学有强烈感觉（感情）的学者。法学即法解释学或法教义学，强调文本分析，法律实证研究主要是定量研究，强调因果关系（因果推论）。（法律）人类学则强调理解意义。当我们看到或听到某个表述时，不同的人的反应和理解是不一样的。

举个例子。今天第一位报告人是刘顺峰老师。其他几位老师也总提顺峰、顺峰（Shun Feng）。我与刘顺峰老师至今尚未见面，不算熟悉。因此，当其他老师提到"顺峰"两个字时，我却会有别的联想。今天我寄了顺丰快递，中午和几位老师吃饭时，大家还聊起中国人民大学西门外曾经开过很火的餐厅就叫顺峰。因此，当大家讲"顺峰"这个词时，每个人对词的认知不一样，所理解的意义也是不一样的。这就是比较常见的人类学思维。

我是比一般法学者有更多人类学的思维或偏爱的。过去这十几年，我也一直在推动人类学在法学研究中的知识传播。2006年，我曾与博士后合

---

[*] 作者简介：侯猛，法学博士，中国人民大学法学院教授。

作老师朱晓阳教授一起举办过"法律和社会科学第二届研讨会——法学与人类学的对话"研讨会;① 2008 年,我们又共同主编了《法律与人类学:中国读本》(北京大学出版社);我自己也写过几篇人类学在法学(法律)中运用的论文。② 2022 年底,我还与肖炜霖、柏宇洲、林叶、罗彧合作翻译出版了穆尔(Sally Falk Moore)编的《法律与人类学手册》(商务印书馆)。这个读本也是收录了最近一百年以来的法律人类学经典文献。2023 年,我还与王伟臣、王启梁两位分别主编了《法律和社会科学》"法律人类学在中国(学说)"专号和"法律人类学在中国(田野)"专号。其中"法律人类学在中国(学说)"专号,还邀请国内外的知名法律人类学学者例如纳德教授撰写问答,值得一读。

结合今天的主题——法律人类学的经典阅读与研究,我想与各位分享如下四点:

第一,法律人类学阅读需要放在特定的知识传统框架下展开。这是受到孙旭老师刚才发言的启发。孙旭建议,应当在人类学的知识脉络下来阅读法律人类学经典。我是完全赞同的。结合我的学科背景和研究经历,我认为还需要在法律与社会(Law and Society)研究或法律的社会科学研究的传统中来强化阅读。为什么这么说呢?这里我向大家推荐一篇文章,发表在美国的《法律与社会科学年鉴》(Annual Review of Law and Social Science);《社科法学年鉴》《法律与社会的对话:口述史运动的产生和转变》杂志 2020 年年刊上。文章题目是《法律与社会的对话:口述史运动的产生和转变》(Conversations in Law and Society: Oral Histories of the Emergence and Transformation of the Movement)。这篇文章是对美国几十年法律与社会运动大佬的口述史研究。在所访谈的 23 位大佬中,至少有 6 位

---

① 侯猛:《"学科对话何以可能?——'法学与人类学的对话'研讨会综述"》,载《光明日报》2006 年 7 月 10 日,学术版。
② 侯猛:《法律和人类学研究:中国经验 30 年》,载《法商研究》,2008 年第 4 期;侯猛:《迈向以当事人为中心的法院研究——司法活动中人类学方法的运用》,载《学习与探索》,2012 年第 10 期;侯猛:《司法过程中的社会科学思维:以人类学为中心》,载《思想战线》,2020 年第 6 期。

是法律人类学家，包括纳德（Laura Nader）、穆尔（Sally Falk Moore）、梅丽（Sally Engle Merry）、西尔贝（Susan Silbey）、科马罗夫夫妇（Comaroff）。除了穆尔编的书由我牵头翻译成中文以外，后面几位学者的部分著述也翻译成了中文。①

中国与美国的发展历程高度相似。目前主要是法学界二十多年来兴起了法律与社会科学研究或称社科法学的运动。其所涵盖的研究进路包括法律社会学、法律人类学、法律经济学、法律认知科学、法律与文学等等。就研究力量来说，目前在全国范围内，法律人类学单独发展还较难形成气候。短期策略还是要走抱团取暖的道路，即加强与法律社会学在内的跨学科法律研究群体之间的合作。在这个意义上，法律人类学的经典阅读与研究，还需要放在法律与社会研究、社科法学研究的大背景下进行。

第二，法律人类学阅读是不是主要围绕经典，或如有老师所提倡的，先从经典开始？我有些不同意见。对于阅读经典？我也是完全赞同，也赞赏各位老师牵头举办的这么多期法律人类学阅读活动。经典阅读对于知识普及，特别是吸引年轻的同学们并激发他们的阅读兴趣来说，很有意义。但从学术训练来说，这样还不够。训练学生，我指的是有可能从事学术研究的学生，应同时从经典文献和前沿文献入手。经典文献是早期的经过历史沉淀的文献，阅读经典是打基础；而前沿文献则是研究的最新变化。跟进前沿，能够帮助学生学会如何去找选题，如何推进已有的研究。

以穆尔编的《法律与人类学读本》（*Law and Anthropology: A Reader*，正式出版时读本因故翻译为手册）为例，本书第一编 *Early Themes That Reappear in New Forms* 和第二编 *The Early Classic of Legal Ethnography: The Real Thing-Fieldwork on Law, Rules, Cases, and Disputes* 是经典文献，第三编可以算是前沿文献。实际上，本书收入的最新文章距离现在也有20多年。

---

① 例如，帕特里夏·尤伊克、苏珊·S. 西尔贝：《日常生活与法律》，陆益龙译，商务印书馆，2015年；安格尔·梅丽：《诉讼的话语——生活在美国社会底层人的法律意识》，郭星华译，北京大学出版社，2007年；约翰·科马洛夫、西蒙·罗伯茨：《规则与程序：非洲语境中争议的文化逻辑》，沈伟、费梦恬译，上海交通大学出版社，2016年。

严格来说,光读这本书也不能算是跟进前沿。因此,还需要经常性阅读晚近相关杂志上发表的法律人类学文献。只有同时推进让学生阅读经典和前沿,这样才能提升他们的理论分析能力和不同方法的运用。

第三,还要思考阅读法律人类学作品是为了什么?最纯粹的想法当然是为了体验阅读的愉悦感。但对于可能从事学术研究的学生来说,还是不够的。阅读也是为了写作、做研究。如何通过法律人类学阅读促进做研究,可以从两个方面来思考:

一是能够更好地帮助研究者进入田野作业。我的体会是没读人类学作品之前去调研,基本没有感觉,也都是走马观花。但是,在积累一定人类学阅读量以后再进入田野,就会感觉不一样。特别是有人类学背景的前辈带着你进入田野,就会更有问题意识,能够更好地形成人类学的观察立场和思维方式。2006年,我跟随朱晓阳教授去云南省腾冲县做林权调查。去之前,先去找了一些描述云南的人类学著作,例如费孝通的《禄村农田》进行阅读。另外,又随身带了人类学家巴利写的一本书叫《天真的人类学家:小泥屋笔记》,① 这对我的帮助就很大。一路调研中,我也在观察。例如,坐小巴车时,女司机说过三个月就报废了。行车过程中水箱漏水,最后热的都冒水蒸气了,而路途还遥远。抛锚了怎么办?女司机的办法是中途买几包烟,把烟丝倒进水箱中,从而堵住漏水点,撑过这段路途。这个例子是想说明,只有自己观察经历过,才能了解生活中的这些智慧经验。

二是能够更好地帮助研究者进行民族志写作。民族志写作是建立在田野调查的基础上,但怎么写是有专门的格式或套路的。费孝通说,好的人类学者甚至是好的学者,要能讲故事。讲好故事除了靠天资以外,还要去阅读前人已经留下的民族志经典。我们要通过阅读去理解前人为什么这么写,从而反思自己应该怎么写。记得有一段时间,我不太明白,为什么每一本人类学民族志,一上来都要交代地理、历史、人口、经济等基本情况,甚至放上地图。是不是人类学的整体论要求这样?这话当然不错,但没有抓住问题的关

---

① 奈杰尔·巴利:《天真的人类学家——小泥屋笔记》,何颖怡译,上海人民出版社,2003年。

键。后来，阅读多了才慢慢明白，不是所有的基本交代都是必要的。对于一项民族志研究来说，第一章的基本交代，是为了呼应或回应后面几章的问题。换句话说，如果不是呼应或回应后面的问题，前面有些交代就是不必要的。例如，如果后面不涉及性别问题，前面交代男女比例的信息就没有必要。

简言之，阅读要能够促进做研究，特别是要帮助学生完成硕士和博士论文写作，讲好故事。同时，这样也能够促使更多学生进入法律人类学的教学与研究，完成包括法律人类学在内的社科法学教育和知识再生产。

第四，如果让法学专业的学生去做法律人类学研究，可以做哪些问题呢？做法律人类学研究，就是或主要是去做边疆研究少数民族习惯规则研究。这是偏见。法律人类学研究可以也应该研究当代、城市中的问题。以我的研究领域为例，可以从事以下两方面研究：一是在法院（政法机关）做人类学研究。研究者要进入法院，观察法院的人与事，做法院民族志。法国人类学家拉图尔就做过法国最高行政法院的民族志，[1] 可以参考。另一个是在法学院做人类学研究。这个我们都有天然优势，可以观察法学学科和学者，发现和批评法学教育和法学知识的再生产。

以上就是我的大致想法，让我们一起努力，共同推动法律人类学在中国的发展。

---

[1] Bruno Latour: *The Making of Law: An Ethnography of the Conseil d'Etat*, Polity Press, 2010.

专题之二：怎样研究守法

2022年11月11日，由法律人类学云端读书会举办的"法治的拼图"系列对谈活动第三讲于腾讯会议云端成功举办。本场对谈的主题是"怎样研究守法"，三位主讲人分别是北京大学人工智能研究院长聘副教授戴昕、云南大学法学院副教授李娜、澳门科技大学法学院助理教授肖惠娜。活动由上海外国语大学法学院副教授王伟臣主持，共有海内外各高校、科研院所的青年教师、博硕研究生、本科生近300人参加。

守法：法律作为一种行为影响因素

戴 昕[*]

一、引论

我所理解的守法研究，其实就是探究在我们看到的形形色色的行为背后，法律这种因素起到了什么样的作用，产生了什么样的影响，特别是法律实际上对行为的影响与我们原本预期它应当产生的影响之间存在什么差别。很显然，这是一种社会科学的视角，将法律理论的研究重心放在社会行为层面，而这与规范视角的法律研究当然就有很大差别。

传统的基于规范视角的法律研究，并不正面提出、论证或验证行为理论，往往只是隐含了一个有关法律和行为之间关系的假设：法律规定 A 行为合法，B 行为不合法，那么人们就会去做 A、不做 B。但为什么是这样？是因为法律的规定改变了人们的思想信念，还是法律的外部约束让人们受到强制，还是因为其他原因？当然，更重要的是，法律上做了规定，行为就一定会按照规定的内容或方式调整或变化吗？

这些问题是传统的具有较强形式主义色彩的规范法学研究不太讨论的。而社会科学视角的法律研究，其核心关注就是行动中的法律（law in action），即必须在能够观察到的现实社会行为中理解法律到底发挥了什么作用。如果

---

[*] 作者简介：戴昕，北京大学人工智能研究院长聘副教授、博士生导师。

从这样的视角出发，我们就会发现，其实研究立法和执法，或者说立法和执法活动本身，说到底也都需要从对"守法"的理解出发。这是因为，立法者和执法者的决策，仔细分析，都是基于有关人们会否以及如何守法的行为预期做出的。立法者制定规则的时候，肯定是希望规则能够改变行为，并且因此必然也会考虑规则会不会改变行为，会怎么改变行为，实际的影响和预期影响之间会不会有差别。执法者也是一样的，执法者要参照规则内容，并且参照立法者对效果的预期，开展执法活动，但掌握什么样的执法尺度，采取什么样的执法动作，肯定也需要结合执法者对人们的守法倾向的理解和预测来具体决定。

因此，我们在研究立法、执法的时候，必然也需要研究守法。但有趣的是，立法、执法、司法的研究很多，而且形成了专门的领域，但守法研究则似乎没有。这可能是因为立法、执法、司法活动都有一个明确的、具体的机构载体，可以去集中观察。但守法是在广泛、分散的社会行为层面观察的，没有一个集中的对象，这或许是专门说自己"研究守法"的人比较少的原因——尽管，在我看来，研究立法、执法、司法，说到底其实也都是研究守法。或者说，如果想起霍姆斯的法律预测理论，或者"坏人—预测"理论，他说的坏人是一个不同于好人的、不受法律之外的道德良知约束的人，在决定做不做一件事的时候，只关心法律的约束会给他带来什么样的后果。霍姆斯认为，从这样一个坏人的角度出发，法律就是法院的判决实际上会给他带来的后果，他对法律的关注仅仅在于他在考虑这种后果的情况下应当怎样选择自身的行为。从霍姆斯的这个理论来看，甚至"法律"其实说到底都无非只是守法。

我们同学在学习的过程中是需要储备一些理论的。理论对于大家实际上是一种工具。打个比方，当看到小山一样的经验事实，我们不知道从哪儿爬上去。那就先搭一个脚手架，有个着力点，就能往上走，看到一些在底下看不清楚的东西。但如果用的这个脚手架只能让你看到事物的一个侧面，你想换个角度，那就再换一个理论框架，到另一个侧面去看。理论说到底是用来帮助我们理解、回答问题的。如果我们的目标是分析真实世界，那就不必执着于某种单一的理论,最好能够多掌握些理论。我在这里向大家介绍四个我认为有助于理解守法问题的简单理论视角:1. 基于威慑的守法;2. 基于信息的守法;3. 基于多方、多元控制的守法;4. 围绕规则自主安排的守法。我认为我们分析问题,必须有一个清晰的框架,再由简入繁展开分析。

二、基于威慑的守法

威慑理论的基础是理性选择。人们为什么守法呢?是因为法律对在考虑是否要守法的行为人发出了有关违法成本的威胁。法律告诉人们,如果你不守法的话,就会承担法律制裁为你带来的成本。因此从理性人的角度,根据冯·诺依曼与摩根斯坦的预期效用理论,他要比较预期效用,看是选择违法还是守法的预期效用更高。要理解预期效用,可以将人们在各种不确定情形下做出的决策都想象成是在买彩票。如果可以押的彩票球有两种,摸白球中奖的可能性为60%,中奖的最高奖金为10000元;摸红球中奖的可能性只有10%,但奖金为1亿元。到底选择摸红球还是白球呢?此时理性人就不会只考虑中奖的概率或中奖后的奖金的绝对大小,而是要考虑不同选择对应的预期价值,也就是用中奖概率乘以奖金规模。

那么根据这一理论,一个人选择守法还是违法,也是做同样的思考。如果选择违法,则有 p 的概率给他带来结果 O_1,有 1-p 的概率带来结果 O_2。把 p 乘上 O_1 加上 (1-p) 乘以 O_2,即可得到违法的预期效用($p*O_1+(1-p)*O_2$)。同理,也可得到守法的预期效用为 $q*O_3+(1-q)*O_4$。当违法的预期效用小于守法的预期效用时,人就会选择守法。[①] 所以我们可以知道,人选择守法或违法是一个理性选择,取决于法律是否可能改变预期。

有关法律威慑,最有代表性的当然是贝克尔的理论,其核心内容就是法律提高了犯罪等违法行为预期成本,由此会对行为人产生威慑作用。而法律创造的预期成本由两个因素决定,一是立法设置的惩罚规模(magnitude of

---

① p 是指概率,O_1 是第一种结果,O_2 是第二种结果,O_3 是第三种结果,O_4 是第四种结果,q 是守法行为带来某个特定结果的概率。

sanctions），二是执法/司法活动执行惩罚的水平（level of enforcement）。而在这个很简单的理论框架下，如果在两个国家，法律对特定犯罪行为的规定相同，但一国之中的此类犯罪行为比另一国中发生得更频繁，那可以怎么解释呢？在一个变量确定的情况下，之所以威慑水平不同，根据贝克尔的理论，就非常有可能是因为执法水平不一样。

用这个基本的威慑逻辑，可以理解很多现实中的守法或者不守法现象。比如，早先中国消费品市场上欺诈消费者的行为很多，刚开始可能是完全没有制裁性的法律，但后来有了，威慑还是不足，人们就意识到是执法水平没跟上，也就是说基于威慑的守法，是需要立法和执法同时保障的。而反过来，如果执法水平足够高，那么即使把处罚的严厉程度降下来，威慑水平也可能仍然够用。比如现在在公路上超速违章等，几乎是百分之百被抓，因为有摄像头，但我们发现现在很多地方开始首违不罚、先提醒再处罚了，没那么严了，这就是因为即便减轻处罚力度，处罚的频率上来了，威慑也够了。

基于威慑的守法应该是最容易理解和想象的一种守法逻辑，虽然看上去过于简单化，但实际上能够帮助我们在许多场景中抓住最核心的法律影响行为的机制。

三、基于信息的守法

但毫无疑问的是，在很多现实场景中，威慑未必能够如此简单地实现。比如著名的以色列幼儿园实验研究中，研究者将参与实验的幼儿园分成两组，一组规定家长接孩子迟到就要罚款，另外一组不对迟到家长罚款。根据威慑理论的预测，引入罚款的这一组幼儿园，家长迟到的情况会大大改善，因为罚款制度应当起到威慑作用。但结果恰恰相反。在前一组幼儿园引入了惩罚制度后，家长迟到的情况反而变得更多了。研究者对此的解释是，惩罚规则的引入，不只是简单地增加了迟到的违法成本，而是向社会互动中引入了新的信息。原先家长不知道迟到的后果，害怕幼儿园万一不高兴了，会采取极端行动，比如勒令孩子退学等，但现在幼儿园已经说明，迟到只会罚款，不会产生更严重的后果，那么家长就明白不需要担心更严重的后果。同时，这一规定也让家长认为，只要愿意付钱，幼儿园就愿意提供额外托管服务，不需要觉得自己迟到是给老师添了麻烦。因此，可以看到，法律即使意图创造威慑，其对行为的实际影响如何，却还取决于法律为社会互动场景中引入了何种信息，而这些信息会对人们如何行为——例如是否选择守法——造成影响。这就引出所谓"基于信息的守法"。

所谓基于信息的守法，是指人们遵守法律，很多时候不见得是因为害怕违法受到制裁。很多时候，法律只是提供信息，告诉人们应该怎么去做。人与人之间不见得总有特别严重的利益冲突，但是即便没有利益冲突，也需要有效协调行动，才能避免磕磕绊绊。比如两辆车同时来到胡同的两端，但是这个胡同只能过一辆车，这时我们希望有一个基本的规则告诉大家，所有人都贴右边走，或者所有人都贴左边走。此时我们看到，法律的作用就是提供信息，告诉大家怎么去协调行动。这在博弈论里，叫作提供一个聚焦点（focal point）。与囚徒困境那样只有单一占优策略均衡的博弈结构不同，许多其他结构的博弈有多个纳什均衡，[①] 因此处于博弈中的各方无法预测对方会怎么做，也不知道以什么样的方式相互协调配合。所以这时，需要法律来提供一个信息，作为聚焦点。这是一个很重要的理论，我们发现守法其实不是被迫的，其实人们都有守法的需求，关键在于需要法律告诉大家，怎样能够协调配合。

更一般地，许多论者强调，法律本身具有表达功能，表达的意思当然就是把信息注入法律所处的社会场域。一方面，法律可以通过传递信息的方式创造聚焦点，用来协调人的行动；另一方面，法律提供的信息，例如明确权威机关对行为规范属性的看法，也可能改变人们的想法，并由此改变人们的行为。

---

① "纳什均衡"是博弈论中的一个基本概念，指的是策略互动中，双方在给定对方决策的情况下都不会改变自身策略，由此进入一个稳定的状态。

四、基于多方、多元控制的守法

（一）基于多方控制的守法

守法在外观上表现为个体的行为与法律要求一致，而这种一致性往往是社会控制的结果。那么控制的主体是谁呢？在经典的理论中，学者提出，至少有三类可能的控制主体。

首先，有些人在没有任何他人干预、介入的情况下，也愿意去守法，这就是所谓第一方控制，即个体可能把法律的要求转化为内在的道德要求，即使别人不干预、不强制，自己也会"慎独"，会自己要求自己守法，否则自己心里不痛快。其次，有些时候守法是第二方控制的结果，这里所指的意思是我和你双方交往，不指望第三人监督我们，各自不要欺骗伤害对方，只要我们互相知道，彼此合作是有利的，并且知道我们之间的合作关系是长期的，我会反复与你打交道，那么这时我们双方就都会有动力遵守要求双方合作、不互相欺骗的规则。这是因为，我们互相都明白，如果自己为了短期的利益一时选择坑蒙拐骗，注定下次再见时，对方就不会选择合作，甚至想办法制裁自己。所以，双方各自以未来的报复相互威胁，由此各自遵纪守法，这就是所谓第二方控制。

而第三方控制理解起来比较简单，就是我们通常理解的守法，即如果个体违反了规则，就会有外部的、第三方的权威出手制裁，让我承担后果。第三方包括权威执法者、司法者，当然也可能包含社会公众等非正式执行者——当个体违法时，他可能不仅要面临法律制裁后果，很多时候也还会遭受社会制裁，例如社死。

（二）基于多元控制的守法

而多元控制，指的是能够实现行为控制或规制效果的有多种社会因素。人的行为在社会生活中面临各类约束条件，除了法律之外，还有市场、社会规范和架构。其中，法律是所有这些因素当中策略性最强的、能动性最强的因素。法律很多时候除了试图直接以奖惩控制、约束人们的行为、实现守法之外，也往往会借助其他三种规制力量对行为产生影响，直至实现预期的守法效果。比如说法律规定禁止性骚扰，在现实中不同单位通过雇主竞争（市场）、社会谴责（社会规范）、开放办公环境、监控（架构）等方式来落实。法律的真正落地——或者切实实现守法——往往是经由其他机制实现的。

五、围绕规则自主安排的守法

（一）私了算不算守法？

在 20 世纪末、21 世纪初，中国社会公众乃至很多法律人，说起中国法治水平低，一个最重要的表现，就是中国人有事儿特别喜欢"私了"。但其实后来研究深入了，大家就都知道，所谓法治水平更高的社会，比如美国，绝大多数纠纷也都最晚会在开庭审理之前"私了"，或者说和解。其实，所谓私了，是人们在围绕法律订立的规则，以之为起点，通过协商自主安排解决相互之间的问题。这也叫作在法律的阴影之下进行协商，这本身也完全可以被理解为是一种守法的表现。

但问题在于，有的时候，有些规则号称是不希望人们绕开的。比如说民事法律中也有一些是强制性规则，但强制性规则真的那么强制吗？你真的不能绕开吗？如果绕开了强制性规则，还算不算守法呢？

（二）禁易规则

在抽象意义上不允许人们绕开的，在法律理论中有时候叫作禁易规则，即特定法益即使在自愿的双方之间也不允许发生转让。比如身体的权利、血液的权利、器官的权利、性自主权、人身自由等等，在现实中就是这种情况。在这种规则之下，我们就必须完全遵守法律。

但是我们做守法研究，会思考一个问题：即便这种情形中，要是人们实在做不到守法，又应该怎么办？现实当中，人们被法律禁止满足的，往往是通过交易对特定利益重新配置的真实需求。比如有学者非常犀利地指出，我们通常很难见到禁止人们吃蟑螂的法律，因为基本上没有人有这需求，所以法律不需要禁止。但法律需要禁止人们卖血，需要禁止人们卖器官，需要禁止人们出卖性服务，等等，原因是真实世界是有人需要的，有人需要卖，有人需要买。

这样的禁易规则，如果法律不允许人们绕开它，那么人们要满足需求，是不是就只能违法了？其实也不见得。比如，伊斯兰教的教义禁止放贷款挣利息，但伊斯兰国家仍然有活跃的金融信贷交易，只是人们需要把借贷交易在形式上重新搭建为一系列买卖，这样就不会违反教义。再比如肾脏在绝大多数国家是不能通过市场交易的，但现实是有需求的，因此就有人组织交换，大家都是自愿交换，只要找足够多的人进行链式的配对，就可以完成交换。这样的交换也没有违反禁易规则。这实际上也是绕开规则。但是很明显，禁易规则是更难通过"绕开"的方式实现守法的，人们为此付出了大量的交易成本。而即便付出了巨大的成本，也无法满足整个社会的全部需求。因此，这时，我们就要反思这个规则本身，或者规则的执行，是不是有问题。这时候我们发现，守法的思考，最终还是回到了立法和执法层面。

透过守法研究理解法律实施

李 娜[*]

"如何研究守法",这个问题很大,比较难以给出系统性的回答。接下来我主要是从自己的研究体会做个浅谈。先简要介绍一下我自己是如何走向守法这个领域的?

其实之前比较长的一段时间里,我一直在做基层执法研究,也在不同的行业做过实证调研。但是期间出现了很多短暂的困惑和迷茫:比如说执法的现实问题在很多行业、领域是普遍、共通的,并不是某个领域中所特有的。例如,对执法不理想、执法困境的解释在文献中逐渐出现趋同,或者说具有解释力的理论、结论变得相对集中。最为迷茫的是对于"如何改善执法,或者说如何更好地执法",好像最终能给出的结论都是那么一些。所以我个人面临的困惑是:到底什么样的执法研究才是对现实有帮助的,或者说在理论上是可能有突破的?最终我觉得要回答如何更到位地执法,关键前提还是要回答如何有效地评价执法活动。那么用什么标准或尺度来评价?是数字可见的违法率、处罚率、见诸媒体的冲突性案件,满意度调查,执法案件评议结果……还是什么?

正是在这样的困惑和思考当中,我逐步接触到"守法/合规的研究"。那时候我发现在英文文献中,当下称得上守法研究的领军人物很多在20世纪八九十年代就已经做过很好的执法研究或者说规制研究。他们从执法研究逐

---

[*] 作者简介:李娜,云南大学法学院副教授。

步转向守法的研究其实也是一个自然的过程，因为解释和探讨"为什么守法或者违法"成了回答执法问题的另一个面向（the other side）、另一种可能。所以我的博士选题定在了守法这个领域，可以说最初的起因是在执法那里。至今我仍然认为执法和守法的研究是硬币的一体两面，但我想说的是，守法这个领域比我想象的更为广阔，更有趣，在智识上也颇具挑战。

今天想和大家分享的内容，主要是三个方面。第一个是何为守法，以及研究守法的目标是什么？第二个是如何更好地认识和研究守法？第三个是未来可以努力的方向。

一、何为守法？研究守法的目标是什么？

（一）定义守法

首先，何为守法呢？我始终认为，如何下定义可能就决定了一个研究的起点或者说研究的格局。定义守法关键是要把"法律"与"行为"这两个核心要素之间的关系确定下来。

第一种定义方式是"由规则指向行为后果"（Law→Behavior）。从法理学教科书来看，守法的含义是指国家机关、社会组织和公民个人按照宪法法律的规定，行使权利和履行义务的活动。换言之，就是行动者的行为要符合法律设定的要求和预期。这种定义方式有一个隐含的逻辑，就是"守法是一个应当的结果"。既然是一个应当的结果，当然没有值得深入讨论的必要。因为遵守法律是不需要被论证的，而不遵守法律自然就会产生相应的法律后果，或者引发相应的法律干预。这是由"行为模式+法律后果"这个结构决定的。这种应然性的观点在法哲学领域也得到了印证。法哲学的讨论集中在义务、伦理道德、信仰、法治精神与守法之间的关联。可以说，从规则指向守法的行为方式，构成了我们认识或者讨论问题的一个基本起点。但是，这样的定义方式容易带来一种追逐二元对立的讨论，即要么认为行为者出问题，或者是法律出问题。

第二种定义方式产生于对前一种方式的反思。因为越来越多的经验研究表明:守法不只是一个法律事实、一种结果,它也是一种社会行动的逻辑。法律与行为之间是一个交互的过程,相互影响、相互塑造,也相互改变(Law & Behavior)。例如,美国有学者研究发现,在部分法律的立法过程中,原本作为立法调整对象的行为主体(特别是商业组织)往往会运用各种方式和资源游说、影响立法过程,使立法内容——特别是关于合规性的界定——变成对自身有利的制度安排。"[1] 由此来看,守法具有的内涵(meaning)是可以被建构出来的。正因如此,我们在给守法下定义时,有必要将法律和行为之间的关系从二维延伸至三维甚至多维。在超二维的空间中,有许多要素、要素的不同组合方式、不同的权力关系会影响和塑造最终的行为样态以及规则的样态。如果这样来理解守法的话,其实它和执法、司法的过程有着诸多相似之处。

以上是我归纳的两类界定守法的方式。回到一开始说的,如何下定义可能决定了研究的起点、研究的格局。如果永远将守法放在一个"结果"的位置,放在"行为模式+法律后果"的结构当中,那可能接下来我要分享的内容对大多数人来说就没有太大意义。

(二) 研究守法的目标是什么?

弄清楚自己的研究目标是作为研究者的一种研究自觉。有的同学觉得守法研究有趣,可能是因为某篇文章中对行为的分析,特别是心理学、社会学、人类学,或者政治学、经济学的讨论,让人觉得非常有意思,眼前一亮。满足了法学之外的一种好奇。但是这并不能成为研究的持久动力,一来我们自己无法真正地去实施其他学科同样的研究路径,二来无法解决来自法学内部的理论困境。如果回到法学自身,研究守法的目标可以是什么?我的理解归纳为以下两方面:

一方面,守法可以成为一个国家法治建设的高级阶段。因为守法是一种理想坐标,它其实是可以指向立法、执法和司法的。换言之,守法不是法治

---

[1] 参见 [荷兰] 刘本:《合规:从法律和社会学角度的解读》,载蒋姮主编:《合规:全球公司发展新趋势》,中国经济出版社2012年,第98页。

国家建设的末梢，相反，它可能影响到法治治理体系实施中的其他各个环节，制造出积极有利的或者破坏性的影响。所以认真回答守法的问题，就可能去回答如何更好地立法、更好地执法、更好地改善司法。这就是现实的研究目标。同时，作为一种理想目标，守法指向能动，指向如何寻找高效率、低成本的建构性要素。这也可以成为现实的研究目标。

另一方面，对守法的讨论还会延伸到一些更深层次的东西，例如，什么是更能被认可和接受的行为方式？什么是被期待的秩序形态？什么是行动者所追求的意义（比如良善、幸福感、尊严体面等等）？而所有对这些问题的追问可以让守法研究最终都指向"什么是可能更好的制度/决策？"有人可能会觉得，我说这些，长途跋涉最终还是会回到法律本身。但是这个跋涉的过程本身已经丰富了对法律的认识和研究。

总之我认为，选择类似上述这样的目标去研究守法，才能有更大的格局，也才能从琐碎、微观的行为研究中跳脱出来，看到远方。

二、如何更好地认识和研究守法？

（一）研究的核心

研究的核心可以围绕但不限于以下的方面：

一个核心是着眼于探究何以守法或者何以违法的机理/事理。应该聚焦于探讨原理性的东西，而不仅仅是现象本身。

另一个核心是通过守法回答"法律实效、法律效益"在哪里？有多少？是什么？

还有一个核心是通过对守法过程的研究，提供多面向的对法律运作的解释可能。请注意，这里谈到的是研究的核心，而不是研究的目标。

（二）从理论框架的角度

现有的文献提供了许多理论路径，我在文献的基础上结合自己的实证研究体会，曾经提出过一个包括三个维度、七个要素的分析性框架，2018年发表在《法学家》杂志的第 5 期。最近几年我和我的团队在做的实证研究基本上都是围绕着这个框架展开。我相信这是一个有价值的、可供延伸的理论框架。

这个分析框架主要包括三个重要的维度。一是守法意识的层面。守法意识是守法的主观维度，包括认同和道德义务。其中，前者指向行为人对"法律应该被遵守"的内在认可，而后者指向行为人所抱持的道德义务感，即"遵守法律是正确的事情"。二是守法能力，这是构成守法的客观维度之一。即便解决了意识问题，守法的程度还会受到行动者能力程度的客观限制。比如说，如果普法的过程忽略了对受众能力的认识和评估，普法的效能肯定是会大打折扣的。而能力要素往往没有受到理论界和实务界的足够重视。不论是作为个体还是组织、机构，影响其守法能力的关键要素体现在两个方面：关于法律的知识，以及所拥有的达至守法状态的资源。三是守法的条件和环境。这个客观维度更多强调行动者外部的现实条件。我们要考虑社会系统中许多现实条件和要素的影响。这种环境性的因素包括三个核心方面：法律体系、法律威慑以及社会文化心理。

当然，这个分析框架是概念性的，其中可以放入更加多元的变量，作为三级或四级的维度。

（三）从方法论的角度

首先简要介绍我的博士研究。它以中国的建筑行业为例，研究关于建筑安全的法律是如何被实施的。采用的是全过程式的研究尝试，涵盖了从立法到执法、从外部监管到组织内部的自我监管，以及在复杂组织中合规管理自上而下的传输，最终延伸到行动者个体的过程。在现有的很多文献当中，学者往往聚焦于规制机构如何去执法，或是被规制的对象如何应对规制。但是在研究方法上会受制于一些局限，例如，我们得到的经验材料可能依赖于官方的统计数据、研究者自己做的问卷调查（主要依靠受访者的自我报告），或是集体座谈、一对一访谈等形式。这些方法存在的风险是：我们看到的、听到的那些事实，其实无法与具体的实践加以印证。还有，研究很难呈现互动的过程。所以我选择做全过程式的研究,当然这是一种费时费力的尝试。虽然不尽完美,但是在一个相对完整的过程式研究当中,获得了不少宝贵的研究体验。有关内容可以参见我的一篇英文论文(内容略)。

接下来我想从方法论的角度,总结归纳一些可能对大家会有启发的研究视角和策略:

第一,在法律和行为之间来回穿梭。在做守法的研究,特别是实证研究当中,要保持着一种警觉,即我们需要在法律和行为之间来回穿梭,解释我们所看到的现象。我觉得这是一个有用的视角。

第二,在自上而下和自下而上的视角中来回穿梭。这点跟上一点是相互呼应的。因为法律总体上就是一种自上而下的视角,大部分研究潜在地也有自上而下的角度。但如果从行为研究来看,又是一种自下而上的角度。所以我觉得需要在自上而下和自下而上的角度之间来回穿梭,去讨论一些复杂的行为和法律现象。

第三,如果可能,尝试把外部视角和内部视角结合起来。特别是规制型或者监管型的法律实施,从外部来看是规制执法(regulation),从内部来谈就是自我规制(enforced self-regulation)或者说自我合规管理(compliance management)。这其实是一体两面的东西。当然,如果在一个研究当中无法兼顾二者,也要意识到自己的研究仅仅是站在一个单项维度。

第四,考虑把主观世界和客观世界结合起来。我认为守法是一个主客观相结合的系统。例如,我们考虑执法的时候会考虑如何执法才能达到威慑。但在我看来,威慑和威慑感是两个不同的概念。前者往往指向一种客观的行动或者行动后果,后者则是指威慑在主观层面的影响力。执法资源的有限性是全世界公认的现实,执法不可能全覆盖是监管者以及大部分监管者都有的认知。所以,如何在有限的执法或监管行动当中释放出足够的威慑感,其实是值得去认真探究的。实际上有效的执法应该是能够形成一种威慑感,就像一个"影子"一样,如影随形。(我在《法律和社会科学》上发表过一篇文章正是对这一问题的讨论)

第五,尝试把微观层面和中观层面相结合。因为做守法研究会观察到很多很微观的东西,但我们的探讨和答案却可能指向不同的领域当中的一般性问题。我在《思想战线》发表过一篇文章恰恰是做出的一个尝试,就是从非常微观的建筑工地上的违规行为向中观层面去推进、去延伸。

第六,要注意,在实际的研究当中,研究个体的守法,和研究组织或者机构的守法之间是存在着差异的,不能一概论之,或者说用完全相同的分析框架。

以上这些研究视角或者说策略供大家参考。

三、未来努力的方向

最后谈一下我所思考的未来努力的方向。

(一) 发展有效的认识论

所谓的认识论,即在每个人的知识地图当中,到底要选择什么样的坐标。因为这个坐标决定着我们的思路,也决定着我们的方法。大部分人并没有觉得守法应该是一个可以专门拿出来进行讨论或者研究的领域。正因如此,我才觉得有必要发展对于守法的全新认识,并且逐步系统发展出有关守法和守法社会建构的法学理论。在这其中,我认为,弄清楚"守法何以实现"应当成为法律和社会科学研究的一个核心问题。如果我们秉承更大的格局、视野和思路来展开探讨,那么,守法研究也可能是新时代法学研究的创新路径之一。

(二) 发展有效的实践路径

首先,对守法的研究需要指向实践,否则理论的探讨本身就无法形成共识。法律实施本身是一个广大的范畴,那么有效的研究路径应该是回到社会情境,指向实践,才能真切把握法治实践面临的实际挑战。从这个意义上讲,我们会发现守法的田野无处不在。

其次,我们在田野当中要着眼于先去探索更多的事理,而不是只关心法理。做守法研究，不要急着抽象出中观理论。现阶段做守法研究，可能更多的是要探索 what happened，而不一定马上就要做 how 这个层面的研究。换言之，不要轻视把事理讲清楚。就目前中国的法治实践来看，立法技术日益成熟，执法和司法活动也不断加强和规范，但是对于什么才是促成社会大众（公民、组织、机构）自愿践行法律的内在力量和动员机制，现有的认识、探讨和具体对策方面的准备和积累尚显不足。

参考文献

[1] 李娜. 守法社会的建设：内涵、机理与路径探讨 [J]. 法学家, 2018 (5): 14.

[2] 李娜. 作为"影子"存在的执法 [J]. 法律和社会科学, 2017 (1): 17.

[3] 李娜. "积习难返"：日常性违规的生成机理及其后果 [J]. 思想战线, 2018 (3): 8.

[4] LI, NA & Benjamin van Rooij. Law Lost, Compliance Found: A Frontline Understanding of the Non-linear Nature of Business and Employee Responses to Law [J]. Journal of Business Ethics, 2022. 178 (3): 715-734.

寻找守法的影响因素和结构

肖惠娜[*]

我主要分享自己做研究的方法和心得。做研究过程中那些你必须跳的坑包括以下三个。第一个是议题试错。很多人在一开始做研究的时候都会考虑我究竟要研究什么样的议题。第二个是田野漫漫，我的田野过程非常艰辛，这跟我研究的主题"税收的守法"有非常大的关系，因为它非常难获取到数据。第三个是理论苦海，要跳脱理论束缚，让自己的研究与前人的研究不一样，不重复别人的研究成果。如何做出理论贡献，这也是我觉得非常难的一个地方。

对于我来说，一开始选择税收守法这一议题，是因为我的导师提到了中国假发票的问题，于是我就做了很多相关的阅读，甚至还去研究了中国发票历史。我起初想的是研究执法，因为假发票可能会涉及违反发票制度，后来我发现发票本身是税收守法或不守法的非常重要的外在形态。于是，我去读了很多关于规制的理论。比如澳大利亚的 John Braithwaite 等人做的回应型规制的模型。另外在寻找议题的过程当中，我还去做了很多田野调查。我先去调研了税务机关，去观察他们的执法，因此之后我也写了一篇关于税务机关执法的文章，但我觉得这篇文章好像并没有非常突破性的东西。在阅读中我发现，规制和守法其实是一体两面，它们是相互影响的。那我就想可不可以从纳税人的角度去思考这个问题。我会觉得守法本身是更有趣的，再加上后

---

[*] 作者简介：肖惠娜，澳门科技大学法学院助理教授。

面自己所做的一些调研，发现自己或许可以在守法领域做出一点点理论贡献。大部分的初学者都有可能会面临如何寻找议题的问题，而且这个问题可能会伴随着整个研究过程。哪怕你已经确定要研究守法了，还要考虑究竟要研究守法的哪个方面，比如考察守法的影响因素，如程序正义、正当性或威慑理论等。

一、议题试错

其实我一开始做研究的时候是非常懵懂的状态，并不知道这个领域里有什么理论，就跑去做调研了。我还是希望大家可以对守法理论有一个清晰明确的认知后，再去做社会调研，让理论指导你更好地去做社会调研。我的经历就是在田野和理论之间不停往返，这是比较辛苦的地方，但对我来说，这也是我必须经历的过程，只有这段经历才能够让我真正理解要义。所以我开头才说，可能有一些坑是大家必须去走的！当你已经对某一个领域比较了解的时候，那么可能就会更容易地找到议题。比如说我暑假带学生一起做的遵守防疫措施的课题，以及为什么去中心化加密经济会遵守中心化的监管。当你很了解某一个领域的时候，你是受议题驱动的，也就是说会自然而然地从守法的角度去观察，我会想知道在这样的一个领域里面，我究竟能够获得什么新的知识，或者是我有没有可能有新的发现。所以我其实就已经避开了前面选择议题的过程，这可能相对会更好一些。所以我祝愿大家都能够从问题或现象的混沌当中找到属于你自己可以去进行长久深入研究的议题，然后不停地在不同的领域里面去验证，去尽量做出一些自己的贡献。

二、田野漫漫

我的田野调查非常辛苦，一方面是因为我并没有很多的经验，另一方面是我研究的内容比较敏感，所以很难找到受访者。现在总结起来，教训就是田野调查时应该利用自己的优势，找到某一个地方做深入的人类学考察，观察某一个行业如何应对税收法律制度,如何感知税务部门的威慑,是否认可国家税收制度。因为我是福建人,又在福建泉州工作过两年,所以我就运用银行同事的关系,跟着他们一起去做调研,这其实就减轻了很多困难。我到晋江不同的鞋企去进行观察、调研。调研发现有企业从来没有纳过税,从这家企业的外观也是完全看不出里面是鞋厂,进去之后才发现三层楼全部都在制鞋,他们从来没有去税务机关登记过。当然我也有发现一些挺守法的企业。那企业之间的守法程度为什么会差别这么大?这些企业究竟在考虑些什么?当时我每天搭着摩托车,走街串巷,在调研中我也面对着很多质疑,很多人有防御心理,并不想对我透露太多。所以我说失望的田野,从税务部门再到这里,田野调查的道路坎坷。

田野调查,其实是需要有一个设计的。而这个设计必须建立在你已经阅读了很多理论的基础上。所以大家尽量多地去了解这部分的理论,这会有助于大家的田野调查。我在做田野调查的时候发现守法行为本身是需要去界定的。大家必须清楚几个问题,一是自己究竟要研究什么样类型的守法。那比如说我当时很快就锁定要研究增值税,因为在我们国家增值税是很重要的一个税收;二是你要怎么去界定违法和守法。我当时调研主要是通过一些侧面询问的方式去界定企业的纳税守法的程度;三是行为的测量。测量方式一般会有三种。第一种是税务机关的执法数据,因为执法机关的数据是完全公开的,通过公开数据就可以看多大程度上这家企业被执法了。但是这种方式会存在一个非常重大的偏差,在于执法并不是持续性的,我们并不能保证所有的企业都被执法过,有一些企业经常被执法,有些企业就没有,所以通过这样的方式,我们并不能很有效地测量每一家企业的守法的状况。这也是这种方式目前运用不多的一个原因。第二种方式是访谈、观察,在沟通当中去了解研究对象。第三种方式是沉浸式、长时间的观察,又叫参与式的测量。澳门大学社会学系的徐建华老师和学生做的一个研究是关于地摊执法的,学生跑去广州摆地摊,自己亲身体验城管执法。所以说田野调查是非常有趣的一个过程,它会是一个很宝贵的经验。

守法的影响因素,我就不再赘述了,我觉得如果你有志于做这个领域的话，你必须自己非常仔细地去阅读，才能够真的获得。

另外，我的研究是定性的。定性研究里面会面临一些质疑，因为我的研究只采访了35个企业，我要怎么样去说服别人，我所采访的这些企业是具有代表性的呢？这篇文章"How many cases do I need？"写得很好，在人类学或者社会科学的调研当中，案例的多少并不是别人挑战你的理由，重要的是你所收集的数据是稳定的，是能够支持你的结论的。哪怕你只有一个案件，但是它是特定的，它是能够证明这个世界上存在这样的一个东西，它都是值得我们去揭示出来的。

三、理论苦海

我经历了很长时间的理论苦海。我找到了议题，也收集到了数据，但是我该怎么样去超越现有的理论研究呢？我导师说在一开始的时候先给自己一个小小的目标，做出一点小小的贡献就可以，但是我会发现"小小的贡献"也是很难的一件事情。我想跟大家分享几个可以帮助大家去进行理论贡献的方式。

一是类型化（Typology）。我经常做类型化的研究。我在做守法研究的时候，会发现违法的机会和违法成本这两个点是其他学者没有提到过的。所以我会做一个2X2的类型化分析，从中会发现一些很有趣的东西。比如说在表里我们可以看到策略型遵守和互惠型遵守。

二是通过一种模式（Pattern），去考察守法的情况。我今年发表了一篇文章，我当时纠结的点在于我是要一般守法理论层面上考察税收守法，还是只关注税收领域中的守法理论。这也是我想提醒大家的地方，当大家在进行理论创新时，你可能要做一个抉择，是要在一般化的角度去研究还是落入某一个领域，比如说落入税收守法这样一个已经非常成熟的领域，去回应其他学者的理论。

三是去验证（Test）别人做过的研究在中国是否可以成立。比如最近我跟一些本科生的同学做的一个研究，我们去观察人们为什么遵守防疫规定。

有学者在其他国家做过这样的调研，即究竟为什么要遵守防疫规定？其实这是一个比较新的领域。国外学者已经调研过，具有公开现成的问卷，我们就可以参考它的公开的问卷和研究成果。接着我们去验证学者在其他国家所发现的内容，在中国是不是也存在。我们独特的一点还在于，其他学者是研究国内人员对于防疫的认知或者为什么会遵守防疫规定，但是我们研究跨境人员，原因在于跨境人员同时感受了两种不同的防疫政策和执法状况，所以我们可以做一些对比。

四是发现不同的原因（Cause）。比如说我在做的一个研究，就是研究关于区块链的虚拟货币交易平台会多大程度上遵守国家的规则。因为他们从事的行业是离国家非常远的，这时候，威慑其实不是很重要了，而是其他的因素很重要，这就是我们要去发现的。所以我们可以通过寻找不同的原因去做研究。但寻找不同的原因，可能需要找到一个相对比较新的领域去进行验证，而且得找到一个不同的原因，才算是成功。在这个过程当中，你需要不停地进行打磨。

总而言之，就我的经历而言，我经历了议题的不停试错，又在田野里面不停迷茫，最后在理论的大海里面迷失了很长一段时间。所以我今天的分享，与其说帮助大家去避坑，更想告诉大家，你们做研究的过程中可能会面临一些困难，但唯一的解决方式就是你得去做、去实践、去积累经验，你才可能有收获！

专题之三：法律人类学与跨学科人才培养

  2023 年，中共中央办公厅、国务院办公厅印发《关于加强新时代法学教育和法学理论研究的意见》，提出要推进法学和相关学科交叉融合发展，培养高质量复合型法治人才，优化法学学科体系。为共同促进民族法学和法律人类学研究，以及跨学科法治人才培养的繁荣发展，由中国人类学民族学研究会法律人类学专业委员会和贵州省法学会法学教育研究会主办，贵州民族大学法学院承办，贵州众芳律师事务所和法律人类学云端读书会协办的"法律人类学与跨学科法治人才培养"研讨会于 2023 年 8 月 6 日在贵州民族大学法学院召开。来自北京师范大学、重庆大学人文社会科学学院高等研究院、上海外国语大学、上海师范大学、江苏师范大学、甘肃政法大学、贵州师范大学、贵州民族大学、黔南民族师范学院、广西财经学院等十余所高校及贵州省社会科学院、贵州众芳律师事务所、国浩律师事务所等 20 名法律人类学领域和实务部门专家、学者参加了本次研讨会。专题三选自此次会议"圆桌讨论"环节第一单元"法律人类学如何培养跨学科法治人才"部分学者的精彩发言。

法律人类学的学科属性

刘振宇[*]

各位老师、各位同道：

大家下午好！

发言的题目比较长，显得比较乱。其实是想说三个方面的问题，当然也是表明我个人的立场。

我的第一个立场：法律人类学不算"跨学科"。虽然我知道很多人会觉得法律人类学跨了法学和人类学两个学科，但是我们有很多研究法律史的同仁，大家会觉得法律史跨了法学和历史学吗？不会的。因为如果大家觉得它跨了法学和历史，法律史可能就会在法学院中面临一个尴尬：我们法学院到底要不要留法律史这个专业？所以我个人一直觉得，法律人类学就是法学研究的有机组成部分。由此，所要关注的议题就是"作为内在于我们法学的一个领域，或者说可以认为成为一个法学下设的二级学科，它可以为我们跨学科的法治人才提供什么样的支持"。刚才很多老师已经在理论上和实务上给出了很多有益的合理建议，我在这里也只是给出一些我自己的一个肤浅的看法。

首先，"法治人才"不等于"法律人才"。刚才潘志成老师结合自身带教经验提及，他觉得法理学、法律史的学生毕业之后，可能要比部门法的学

---

[*] 作者简介：刘振宇，上海师范大学哲学与法政学院副教授，法学博士。
整理人：贵州民族大学法学院 2020 级法学硕士研究生周小丽。

生在法律实务当中，尤其是律师实务当中，表现更好一些。我觉得这个反差值得关注。我们现在叫"法治人才培养"，以前叫"法律人才培养"，一字之差，区别很大。法律人才实际就是我们的技术性人才培养，一个人可以把案子判得很好，一个人可以很快地发现案件事实中的争议焦点；所指向的就是我们现在所有法院基本上肯定都涉及的规范。一上来就让人先读法条，没看过法条不要跟我说话。这种人可以针对具体的法条给出一个很妥当的解释。无论是采用内部解释的视角，也就是法教义学的视角，还是采用外部解释视角，也就是社科法学的视角，但总而言之，是针对规范作出的解释。此处所考虑的是，一个规范能够被解释成什么样子，以至于在实践中可以对本方更加有利。这是法律人才培养的模式。而现在，叫"培养法治人才"。《庭外·落水者》里面有一句话："你到底是想当一名好律师？还是想当一名好律师？"一位好律师的法律技巧一定是很强的，甚至可以在某种意义上把黑的说成白的。比如《风骚律师》里面，他可以帮毒枭去辩护、脱罪。从技术层面出发，他明显符合好律师的标准，甚至非常符合律师制度的内在职业伦理。但内在的道德直觉却提醒我们，作为一名好律师，这远远不够——好律师不是单纯在法律技术方面特别好的律师；当然，技术好是很根本的，但还要再加一个"艺术"在上面，这就不可避免地涉及一般法律理论、法律史等等。

其次，在这个意义上，和人类学类似，法学到底是归在人文领域还是归在社科领域，我觉得可能是一种极具误导性的"提问"。尤其是考虑到法学作为最传统的四大职业之一，像现在这样将之单独地归为社会科学，可能限制了法学学科建设和法治人才培养。在社科领域，法学的人文意象是十分强烈的。重新回到亚里士多德的经典表述："已成立的法律获得普遍的服从，而大家所服从的法律又应该本身是制订的良好的法律"，无论是守法的角度，还是立法的角度，"人"都是其中的核心要素之一，"服从""制定"都需要作为主体的"人"。因此，在这个意义上，我会认为法律人类学就是非常标准的法学，它不是跨学科的，内在于"法治之学"。我们在解决"法治之学"的时候，必须去关注嵌入法律系统当中的人，不能只去看其中的规范。这不仅仅是说等到我们毕业了、进入法律实务当中，我们见了当事人才需要关注人，而是说在学校进行法学专业学习的时候就已经要注意这一点。毕竟，好多同学迈入法学之门的时候，是想当一名正义的使者，怀揣着这份热情进入大学中来的。哈特在《法律的概念》中有一个经典的对比，就是"劫匪用枪指着银行职员，让后者把钱交出来"和"税务官员敲门，让住客把钱交出来"的区别。哈特选择用内在视角处理这个问题。但这个对比还可以有另外一种解读：一个强力（power）让一个人"被迫"交出财产这一现象本身，本没有"合法/非法"的区别，是"劫匪"和"银行职员"的身份使之存在了违法性，而这一违法性归根结底是对"劫匪"这一"人"的判断，身份的正当性为行为的正当性提供了庇护。正义，并不是局限于"规范"的。

我的第二个立场，需要对"法学的跨学科"进行二阶观察。鉴于对"法律人类学是否跨学科"这一问题的回答差异，"跨学科"实际上是一个未定的概念而非确定的概念。先前诸位师长学友都已经谈论很多，考虑到时间原因，我再简要地表达一下我的观点作为过渡。关于"跨学科"事宜的讨论，需要回应"什么是跨学科"和"如何实现跨学科"两个关联性极强的问题。

对于前者来说，个人以为有如此四点：（1）问题导向，现在的社会是一个复杂的社会，多元多样风险，我们用一个单一学科很难解决实际当中存在的问题；（2）创新导向，每一个学科都是历史已经存在的，我们学科的知识都是来自过往的经验，它无法直接面向未来，比如说最近我们法理学里"数字法学"很火，姑且不论"数字法学"本身论证得怎么样，但是确实我们既有的很多理论在应对数字法学尝试解决的这些问题的时候，是不够给力的；（3）就业导向，毕竟从法学培养的角度，要想一个法学院申请下去，你的就业率不能太差，法学年年被亮红牌，很多学校甚至现在已经在考虑怎么砍掉法学专业了，无论法院、检察院还是律所，对于新进人员的要求也在逐步提高；（4）个体导向，就是作为培养对象的学生在学习法学专业的时候，是被一群没有跨学科培养的、既有的不跨学科的法学院培养出来的老师所教授的，绝大多数没有跨学科背景的老师如何培养跨学科的学生，不可避免地是一个系统工程。

对于后者,常规有三种观点,分别是:(1)凭借知识跨学科,即学习另一个学科的知识;(2)凭借思维跨学科,即学习另一个学科的学术思维;(3)凭借方法跨学科,即学习另一个学科的研究方法。个人对这三种观点,都是存疑的。比如说,知识,刚才潘老师也有提到,先学法学出身,再修读个其他专业,或者反过来,好比现在的法律硕士(非法学)专业。我自己有个学生本科是建筑工程的,他现在也在律师事务所学习,在建工团队。但是,他本科学习的建工的知识对他有用吗?答案未必是肯定的,甚至很大程度上是否定的。复合型人才,重要是将法学的知识和其他学科的知识有机整合在一起,这就需要思维的更新。可是,思维的更新是以跨学科思维为基础的吗?答案恰恰是否定的,因为一个不以法学思维处理法律事项的人,无论他是否法学背景,我们都不会认为此时的他是一个法律人,更不要说是法治人才了。方法也是一样的。如果说文科之间(先搁置人文和社科的二分)的方法还具有跨越的可能性和可行性,文科和理工科的方法如何跨越?近年来很火的"数字人文",更贴近"人文知识的数字化";而"计算法学"也不会强求研究者必然会编程,毕竟,即便是计算机出身的人对另一个计算机出身的人所编写的程序尚且未必读懂,"算法黑箱"就是一种必然。因此,如何实现跨学科依然是开放性的问题,答案尚在风中。

即便如此,法律人类学依然是有意义的。甚至可以说,恰恰因为如此,法律人类学的意义才更为彰显。这就是我的第三个立场:法律人类学能够为法学学生的"跨学科"埋下可能性的种子,直面复杂性。

不能说规范法学不处理复杂性问题,但是它处理复杂性是采用单一的标准,法律规范的标准。法律人类学在处理复杂性的时候,采用的是多种标准,注意到了规范的多元性。在这一点上,不得不说,我还是保守的,不接受"法律多元"这个概念。此处的复杂性,起码包括两个。第一,是直面法律系统自身的复杂性。我经常开玩笑地说,一位民法学者和一位行政法学者可能聊不到一起去,因为民法思维和行政法思维虽然都是法律思维的呈现,但本质上是两种思维,一个觉得政府管得太多,一个觉得政府管得不够好。当然,这肯定是玩笑话,做不得真。只是极端一些,呈现法律系统内部的复杂性而已。大家都是过来人,连续几年的法学课程下来,所有的法律都有所涉猎,如何能做到雨露均沾?个人精力是有限的,绝大多数人都会有个人的倾向。第二,是直面生活世界的复杂性。学生不仅仅是学生,学校生活和日常生活是没有办法区隔开来的,或者说,作为一种"职业",学生的学习生活本来就是其作为"人"的生活的一部分,要意识到生活环境的复杂性,每个人都是不一样的。刚才韩宝老师也提到,我国西部的生活环境、法治环境和东部有所区别。很多事情,只能依赖于个体去介入式体会。"我即世界"没有错,"世界即我"则是虚妄。第三,是直面社会身份的复杂性。初入校门,是学生,只有一个身份;离开学校,基本上两个身份锁定,"成年人+法律人"这个转换,是在大学期间完成的。我们的学生基本上都是在大一前后完成成人礼,而成年人的字典里没有"容易"二字,"负担"之一便是公民责任。这是一个宏大的话题,在此不予展开。个人的观点是,自此开始,个人要为自己的选择承担责任,而不能转嫁他人。考虑到如今很多同学的研究生目标院校尚且不能自行选择,"张某某"从一个"现象"变成了"现象级",就觉得此事任重道远。毕业后,选择法律职业,就成了法律人,也不要回到那个只懂"技术"不懂"技艺"的过去时去了。多从狭小的办公室里走出来,用双脚丈量祖国的大地,了解国情民情社情。

由此,在法律人类学的视角下,法学教育就存在另外一种可能。最近电影《封神·朝歌风云》里有一句话很火:"你是谁的儿子不重要,你是谁,才重要。"当我们用一个内在于法治的视角去观察社会的时候,法律人类学可以让我们"介入"而非"疏离",并"沉浸"其中。我期待进入法学院学习的学生,可以在法学专业的学习过程中找到自己的兴趣,找到属于自己的、到底为什么要学法学或者不学法学的答案,诱发属于他们自身的内生动力。而法律人类学的尝试,已经初见成效。现在下面坐的这些同学,便是这些种子。他们在法律人类学的学习中,激发了对于法律的兴趣;他们的提升,不是源于考试、保研这些外在的评价,这使得他们能够更为勇敢地面对未来的不确定性。一个人,唯有透过法学来认识自己,才有可能成为一个跨学科的人,因为他自己已经深刻地意识到,生活不是单一系统的碎片,而是多彩缤纷的。

西部地方普通高校法学教育的更大可能

韩　宝[*]

我过去念法学，前前后后在5个法学院学习过，这些法学院既有头部法学院，也有像我学校甘肃政法大学这样的二流法学院，明显的感觉是这些法学院的人才培养是没有办法做到一样的。由此出发，我大概讲五个方面的内容，一是我为什么会选择"西部地方普通高校法学教育的更大可能"这样一个题目。第二个我想说一下西部地方普通高校它的法学教育，在哪些地方是短时间内可能没有办法改变的，或者即便有改变但成效可能也不大。第三个方面，基于这样的现状，怎样才能够把自身的比较优势发挥出来；我个人在教学上又做了怎样的尝试。第四个方面，在学生的整个培养过程中，教师能够做什么。最后如果还有时间再说一点啰嗦多余的话。

在常见的中国地图上，左侧黄色的就是我们的西部。西部地区的法学的教育，无论从学科布局，还是科研成果的产出等都是没有办法跟东部这边相比的，前面吴大华老师、徐晓光老师他们都有讲到这个问题。这也是我们目前所面临的比较大的挑战。这也是我想要说的第二方面的内容。

下面我再谈第一个大的问题，这有两个方面。首先是，在西部，我们地方普通高校的法学教育可能会面临这样一个问题：人家会问你，你把学生招进来，培养了四年之后，你发现他比当时高中毕业的时候能力还弱了，那么大学期间的培养是不是比较失败？像我学校现在招收的本科生，他们都是超

---

[*] 作者简介：韩宝：甘肃政法大学民商法学院教授，法学博士。
整理人：贵州民族大学法学院2021级法学硕士研究生张婷婷。

过一本线20分招进来的。另一个事实是，无论怎么样去讲，像我所在的学校，它就是一个二本的法律高校，可是在我们甘肃当地，它的基层司法人员，大量的是我们学校的毕业生。现在我所在的学校，我们一年要毕业1000多个法学本科生，还有300多个法学研究生，我们省的法检系统、律师行业都有我们很多很多的校友，之前谁说过一句话"到处都是咱的人"，太形象了。我想表达的是，学校可能不好，但是的确是这一部分学生他们才构成了当地基层司法实务部门的核心与中坚，而且比重还很高。这个不是瞎说的，我们前两天到我们省下面的一个县级市的检察院调研，他们检察院大概有50名干警，我们拍的照片里穿制服的有12个，全是我们学校的毕业生；而前排这4位穿制服的，是他们院的班子，全是我们学校的，后面一排还有他们检察院一些部门的负责人……我说这些不是我官迷，炫耀我们学校培养了这么多干部，而是想说的确学校在人才培养上要花大气力，因为这些学生以后是要做事情的，说大一点，他们是要建设中国法治的，那么你的培养质量如果上不去，以后怎么办？这一部分学生一开始如果就没有培养好的话，他在司法实务中是不是就会影响我们后来的司法的质量。当然，这可能是我想太多了，我只是想说学生的培养是非常重要的，因为在基层司法实务人员中他们的占比非常高。

究竟怎么样才能够把学生培养好？保障"出口"的质量？在平常的课上，我是这样做的——郭老师这次会的议题是学科交叉，我可能没办法做那么多——对于本科生，一是课程教学研究生化。比如我给本科生上民事诉讼法课，主要是补充一些教科书上没有写进去的内容，教材之外写讲义，一学期的讲义有1000多页，教科书我觉得学生可以自己去看。有时候，当有来自实务部门的校友来找我，我也会拉他们去给学生分享实务上的发展情况及具体的做法。个人觉得学生的知识面要比较广，不能只知道法学这一点点。比如学管辖，但是如果对我们国家的法院体系都不知道，这怎么行；另外，有一些内容教科书还没有办法完全写进去，比如法律职业伦理，就需要在课堂上进行补充。第二个，我特别希望同学们多参加实践，这方面主要是鼓励同学们去参加学校的实习。实习的时候，如果我是带队老师，我就会推荐他们先读如西安交通大学丁卫老师的《秦窑法庭》这样的书。实习回来，同学们如果愿意，可以选本人做他们的学年论文指导老师，但要求是需要写他们的实习。学年论文写完，我还是很欢迎和期待他们再来选我做他们的毕业论文指导教师，继续深挖他曾经写过的学年论文。

研究生我是这样做的，一是以比较慢的速度去读经典。因为兰州地理位置比较偏，在对理论前沿的把握上，坦率地说，我自己是没有办法做好的，当然也就没有办法很好指导同学们；但是慢读经典相对而言，只要肯花功夫就能做到。过去的这一年，我们读的是韦伯的《经济与社会》，两周一次，从2022年年底到现在还没有读完。这种笨办法还是有一点效果的，我举个例子。我的一个学生，今年研三（研究生三年级），刚开始的时候，我觉得这小孩有点笨，但是他在读了一年之后，我发现他讲韦伯一套一套的，比我都熟练，这个让我挺高兴的。另一个研究生，也在伟臣、顺峰组织的"法律人类学云端读书会"里，通过参与读书会的活动，我发现她读书很快，也很有质量，像维特根斯坦的书她一个礼拜能读一本，她过去这一年多读了30多本这种书，我很佩服她。对研究生的另一种训练是多做经验研究。如果说理论不好把握、有难度，可是经验素材是新鲜的，你可以从在地经验出发，找一点自己熟悉的去挖掘。我心写我手，总能做出一点点的东西。最后，郭老师讲跨学科法治人才培养，我想至少有一点是完全有必要的。即同学们可以依各人的兴趣，在法学之外，再看一点自己比较感兴趣的其他学科的内容，比如人类学、社会学、经济学等等。我现在有一个研三的学生，她本科是念传媒的，我看她把法学和传媒这两个结合在一起，对哈贝马斯、福柯等人的理解很有想法，虽然说我们的学科民诉她学得不太好，但就跨学科这一块，我觉得她做得很有意思。

尽管研究生的自主性比较强，但我觉得，在整个培养环节，老师的作用还是比较重要的，学生们还是需要引导的。我是属于比较独断的老师，整个议程大概都是由我来设定；尽管有时候也会征求同学们的意见，但是我经常否决他们。之所以去指定，主要还是觉得自己对指定的内容相对熟悉一些，对他们指导起来可能方便点。最后，在这个过程中，学校、学院还是要有比较大的自由度，能够支持和包容这样相对开放的研究生指导与教学模式。

最后是一段或许多余的话。西部地方普通高校的法学的教育，我们到底需要怎么样去办？现在这张 PPT，屏幕左侧是雅斯贝尔斯《什么是教育》，这本书里他谈了很多的教育理想；右侧是布迪厄的《国家精英》，这里面讲的是如我们的清北（清华大学、北京大学）这样的学校——对于二流学校的学生来说早已被框定死了，很难再去突破。那么，对于西部地方普通高校的学生是不是就不该谈理想、谈情怀、谈使命，天生就该吃土？我想适当的时候，雅斯贝尔斯讲的这点理想情怀还是该有的，因为毕竟这么多的基层司法实务工作者，如果他们一点使命、一点情怀的感觉都没有，那法律一点意思都没有。我觉得只有这样的理想情怀教育，我们才能走得更远。

理论视界

人类学与法律*

罗伯特·H. 罗维（Robert H. Lowie）**

王伟臣　任一飞 译***

相较于人类学和其他学科的关系，人类学与法律的联系似乎比较松散。但我们也不能否认这种联系的存在，至少在这两个学科的某些特殊阶段的确存在着这种联系。人类学和法学都关注制度：法学是解决现实问题的学科，但如果有法学家想要超越这种对策性研究，则必须关注其他国家的法律制度，随之也必定会考察一些基础性的法律要素；而文化历史学家（historian of culture）也不能武断地将复杂文明中的法律概念排除在思考之外。

有不少法学家都研究过原始法律，这里主要介绍其中的几位佼佼者。梅

---

* 原文刊载于威廉·菲尔丁·奥格本（William Fielding Ogburn）、亚历山大·戈登威泽（Alexander Goldenweiser）主编的《社会科学及其相互关系》（Robert H. Lowie, Anthropology and Law, in William Fielding Ogburn and Alexander Goldenweiser, eds., The Social Sciences and Their Interrelations, 1927, pp. 50-57.）。这是译者目前检索到的英语世界第一篇关于法律人类学的学术综述。而当时，马林诺夫斯基的《原始社会的犯罪与习俗》也才刚刚出版不久。所以，罗维写作这篇综述的年代正是法律人类学"小荷才露尖尖角"的时代。因而这篇综述的重要价值在于，它呈现了法律人类学在初创时代的学术缘起、研究视角以及理论关切。此外，作者罗维作为文化人类学大师，同时也是博厄斯的大弟子，秉持着美国人类学文化相对主义的立场，提醒我们注意，不能简单地用英美法学标准去理解他者的法律文化。——译者注

** 作者简介：罗伯特·H. 罗维（Robert H. Lowie, 1883 年 6 月 12 日—1957 年 9 月 27 日），奥地利裔美国人类学家、北美印第安人研究专家、美国国家科学院院士，英国皇家人类学研究所、巴西塞拉拉研究所、美国哲学学会和纽约科学院荣誉会员，曾担任《美国人类学家》编辑和美国国家研究委员会人类学和心理学部门主席、美国民俗学会主席。

*** 译者简介：王伟臣，法学博士，上海外国语大学法学院副教授。任一飞，上海外国语大学 2021 级法律硕士研究生。

因（Maine）在其著作《古代法》（Ancient Law）中首次提出，基于地理位置建立的政府与基于血缘关系形成的政治群体之间存在重要区别——这一观点在路易斯·H. 摩尔根（Lewis H. Morgan）的《古代社会》（Ancient Society）中也有所体现，并有力地影响了社会学和人类学关于国家的讨论。在当时几乎所有的人类学家都信奉单线进化论时，梅特兰（Maitland）却凭借其高超的学术敏锐性洞察到这一理论的缺陷，并提醒人类学家不要固化母系血统和父系血统的进化序列。维诺格拉道夫（Vinogradoff）在《历史法学纲要》（Outlines of Historical Jurisprudence）（第一卷）中颇具雄心地尝试将原始法与高级法统一起来，但由于他在当代的历史观和过时的人类学进化论之间摇摆不定，所以其研究结论并没有让人类学家感到满意。但是，维诺格拉道夫研究的意义在于，好的研究取决于材料的完整性而非什么灵光一闪。

在此类研究中，J·科勒（J. Kohler）应独具殊荣。从1882年到几年前离世为止，科勒一直担任《比较法学杂志》（Zeitschrift fur vergleichende Rechtswissenschaft）的合作主编。这份杂志对法学家和人类学家均产生了巨大影响。科勒不知疲倦地研读民族志作品，从中提炼出对比较法学研究具有重要帮助的材料，同时，他所编辑的杂志也为相关领域的学者创造了一个可以开展学术交流的研究平台。因此，这份颇为特别的刊物吸引了诸如麦克斯·施密特（Max Schmidt）教授和理查德·图恩瓦尔德（Richard Thurnwald）博士等人类学者的加盟，共同成为其后几卷主要的合作者。更为重要的是，科勒的目标并不在于收集这些彼此毫无关联的事实标本，而在于构建一个统一的法律哲学。在关于"法律史和世界发展"的一篇文章中[①]，他表达了对于法学的认识：法学关注的只是一个文化整体的一小部分，脱离了文化背景的法律制度是难以被理解的。不过，他的人类学立场在当下却很难获得广泛的认同：作为巴霍芬和摩尔根的信徒，科勒力求把所有的社会事实全部套入一个永恒的进化框架之中，这显然与历史学派（historical schools）的信条背道而驰。尽管如此，更接近于摩尔根而不是弗雷泽的科勒还是超越了同时期各

[①] J. Kohler: *Rechtsgeschichte und Weltentwickelung*, *Zeitschrift für vergleichende Rechtswissenschaft*, vol., 1897, pp. 321-334.

个学派的大多数学者，因为他在拥护单线进化论的同时又对亲属关系的术语做了深刻分析——想要做到这一点，需要在比较社会学领域有着较高的造诣。因此，他的论文《关于婚姻的史前史》(Zur Urgeschichte der Ehe)[1] 在今天依然很有价值。此外，这篇文章还受到德国以外的民族学家，如里弗斯（W. H. R. Rivers）和霍卡特（A. M. Hocart）等学者的推崇。

梅因、梅特兰和科勒等人的研究阐明了一个道理：在人类学和法律的关系中，对于人类学家来说头等重要的就是如何向法学这个兄弟学科取经学习。高等文明孕育的法学以阐明基础概念为特征，有着数个世纪的智识积累，这一点可能会让人类学家们感到羡慕。但人类学家也要避免落入陷阱。原始习惯规则毕竟没有成文法所带有的那种僵化的形式主义特征。比如，用英美法学标准去理解北美土著人的继承法就是一种典型的生搬硬套。不过，现在我们已充分认识到原始社群相对的特殊性，所以一般也不会犯下这种错误。在笔者看来，真正的危险并不是把一套虚构的公式套在原始人的身上，而是在我们讨论原始人时往往粗枝大叶，本能地（请允许我这样来表达！）缺乏认真的思考。这是一种根深蒂固的偏见和缺陷。不用爬梳大量的文献，也不需要超凡的洞察力，我们就可以发现，当许多人类学者使用诸如"分类系统""泛灵论"，甚至是"新石器时代"这类术语时，他们对这类术语的确切含义其实并不清楚。最好的也是最通用的解决办法或许应该是认识论角度的反思。但对人类学家而言，法学却近在咫尺、触手可及，且同样具有解释力。

现在，让我们来简要总结一下人类学的法律研究，它们主要涉及四个法律理论问题——家庭法、财产、结社和国家。

一、家庭法

一个可以认定的确凿事实是，在我们通过比较研究可以重现的最早的时代，人类并非像早期的那些学者们所猜想的那样处于群交的混乱状态，而是

---

[1] J. Kohler: Zur Urgeschichte der Ehe, *Zeitschrift für vergleichende Rechtswissenschaft*, vol. , 1897, pp. 187-353.

主要生活在单配偶制的家庭群体中。这种情况在几乎所有最简单的部落中都有所发现，如安达曼群岛（Andaman Islands）的俾格米人（Pygmies）。即使有的地方被发现存在群交现象，但经过仔细分析，也总是能够用一套特殊的机制来解释。而且，群交现象并不影响个体家庭的存在。所谓个体家庭，即由父母、孩子组成的，由经济和情感联结起来的群体。在西方社会，父子关系如果存疑是一件大事，但在部落社会可能没有那么重要：根据马林诺夫斯基（Malinowski）和其他学者的研究，孩子的"父亲"通常是女人怀孕期间保护她的那位丈夫。实际上，父亲身份的概念与习俗密切相关。比如，在托达人（Toda）的一妻多夫制中，一名丈夫在举行了特定宗教仪式后就可以成为新生儿的父亲。另一名丈夫经过了同样的仪式便可以取而代之。

鉴于保罗·维诺格拉道夫在上文所引述的著作中的那种奇怪的摇摆不定的立场，我们必须要强调的是，母权社会可能从未存在过；即使一度存在，也仅限于极少数例外情况。按照母系计算血统的社会，女性的地位不一定就高。比如，在普韦布洛（Pueblo）印第安部落里，女性可以拥有自己的房屋，但是她们在家庭和公共生活中也可能处于次要地位；易洛魁人准许女性拥有政治权利但却从未创造出一位女性首领。近些年，威尔汉姆·施密特（Wilhelm Schmidt）神父争辩说，女性通过发明园艺而获得了某些优势。对此，笔者的看法是：尽管园艺这项发明的确应该归功于女性，但除非我们接受一种无法证明的经济决定论，否则这一论点是没有说服力的。

否定了单线进化论，也就否定了母系社会在前父系社会在后的传统观点。通过对原始民族的比较研究，我们可以发现，原始部落的家庭单位是"双边的"，亦即，没有过分强调父亲或母亲一方。然而，新婚夫妇长期与一方的亲属居住（以及诸如此类的因素）会不可避免地导致母系或父系亲属权重的增加。比如，"从母居"规则下的孩子将与自己的舅舅们共同居住，因此舅甥关系会比叔侄关系更为亲近。这种情形可能会演变为成熟的"舅权制"，"舅权制"下被视为合法继承人和继任者的是外甥而不是儿子。同样，这样的条件会使亲属们自然而然地结合在一起，从而产生一个新生的母系氏族；而相反的"从父居"形式则会相应地将个体凝结成一个新的父系氏族。

其他因素也可能导致出现这样的结果，比如共同参与经济活动：母亲和女儿们、外孙女们一起挖树根或是锄地，又或者是父亲和儿子们、孙子们一起做类似的劳动。

就此而言，母系氏族和父系氏族并非相互演化的结果，而是各自独立地从双边家庭（bilateral family）结构中发展而来。其发展路径取决于特定环境的影响。所以，血统的计算方式可能会发生改变，即从母系转变为父系，或者从父系转变为母系。

必须指出的是，"单边"氏族组织永远不可能完全取代双边家庭；它只是某种额外的附加物，它的存在只能调整家庭关系而不能破坏家庭关系。既然并行着两套制度，就可能偏重于某一方，而这也会导致冲突的发生。马林诺夫斯基博士曾经形象地描述过，在一个关系紧密的母系社群中，父系家族的观念也可能会产生一定的社会影响。[1]

关于家庭法的讨论自然而然地也引发了我们对财产的思考。

二、财产

原始部落中存在财产吗？不少学者暗示，可能存在着一种原始的共产制。但就我们目前所掌握的材料来看，这些学者们的观点根本不能成立。某些种类的财产可能的确带有共产制的特征，特别是那些与获取食物有关的事项。但即使是在这种极端的情况下，针对相关物资的主张也可以区分为两种，一种是道德意义上的，另一种是法律意义上的。而只有道德意义上的主张才能被社群所完全接受。但这种以道德诉求为基础的共产制充其量只是部分侵犯了个人所有制。因而，个人所有制还是会以这样或那样的形式得到承认。绝对的独裁制或贵族制社会的财产法（比如，在波利尼西亚）是一种例外，根据这些法律，上位者可以剥夺下位者的任何财产。但这种例外显然与共产制截然相反。

---

[1] B. Malinowski: *Crime and Custom in Savage Society*, Harcourt, Brace & Company, Inc., 1925, pp. 100.

近年来最有趣的一项发现是，有若干证据表明，即使在狩猎部落中，土地共有制也远未普及。斯佩克（F. G. Speck）教授曾提到，在东北部的阿尔冈昆人（Algonkians）中，个体家庭为了经济之用会占有大片土地。这种占有制很少会受到侵犯，如果一旦受到侵犯，侵权人可能会"立即遭到惩处"。在昆士兰州，会以家庭为单位来设定在特定地点采集根茎或种子的权利。锡兰的维达人（Vedda）中存在明确的所有权转移的现象，此外，一个人如果未经允许，甚至不会在他兄弟的土地上打猎。这些事实当然不能排除其他地区存在共同使用土地的情况，但它们证明了：即使在经济活动的萌芽阶段，我们也很难概括出一种普遍适用的所有权制度。

在大洋洲和其他地方，果树的所有权与其所在土地的所有权的二分则显示了原始法律的复杂性。另一个值得关注的有趣现象是，转让极少发生：在大多数情况下，人们并不把土地视为一种可以购买的商品。

对无形财产的广泛认同也能够进一步证明个人所有权的存在。比如，在安达曼人的社会中，个人对动产的所有权可能很难受到保护，但歌曲创作者的版权却从未被侵犯过。巴布亚凯族人（Kai）和西伯利亚科里亚克人（Koryak）的巫术配方也受到同样的保护。在美洲的某些部落中，个人所有权的观念——基于一种所谓的超自然力量的祝福——极为根深蒂固，即使最近的亲属也只能通过特殊的移转程序获得使用意义上的特权。

在此情况下，继承自然也不简单。在有财产的地方，一般都有继承规范。由于施行长子继承制，一名努特卡（Nootka）[温哥华岛（Vancouver Island）]印第安人的部分财产——无论是否有形——必然会属于他的长子。但其实，这种继承形式并不常见；一般而言，遗产由诸子共同继承，长子更像是遗产的托管人。这种继承类似于某种抵押制度，兄终弟及，依次发生。墨西哥的继承规则也是如此，新西兰的继承规则在某种程度上亦然。而有的民族，比如柯尔克孜族（Kirgiz）和某些因纽特人部落则实行幼子继承制。

原始继承法的规则极为多样，且与社会中的许多其他的制度有关。如果某地有着较为明确的氏族系统，那么继承往往基于血统。所以在母系部落，外甥是舅舅的继承人。但是，继承制度与血统也不是百分百相关。比如，在美拉尼西亚，母系的土地继承可能与父系的职位继承结合在一起，至于这两种平行的继承在多大程度上体现了两种对立的继承观的融合，目前尚不知晓。

三、结社

关于结社问题，长久以来，观察者们仅仅记录事实，不做理论分析，而海因里希·舒尔茨（Heinrich Schurtz）于1902年出版的《年龄组和兄弟会》（*Altersklassen und Männerbünde*）则首次将观察和分析结合到了一起。他认为，比较社会学家关于原始时代的讨论忽略了一段非常重要的时期。前文字时代的人们之所以聚合到一起，除了基于家庭或氏族——一种真实或虚拟的血缘纽带——以外，还可能基于性别、年龄、婚姻状况、同理心以及共同的志向。因此，出现了男性的部落群体、年龄组、单身汉和老人组成的团体、宴会俱乐部、贸易行会以及宗教兄弟会或姐妹会。

在舒尔茨看来，上述这种很容易被视为"结社"的组织，从源头上讲，都可以追溯至性别上的对立，或者具有性别的特征。他的这一判断可能言过其实了。他错误地认为女性社群总是机械地与男性社群类同，但现在有很多实例表明，男人和女人可能是同一个组织的成员。当然，他正确地认识到，年龄是促使个体凝聚的一个有力的因素。但是，同龄人的联合可能是非正式的，或者可能只是某个更大群体的分支而已，而绝不是决定结社的主要依据。换言之，根据我们现在所掌握的信息，"所有结社的形成都有年龄这一心理因素的影响"这一论断已不再站得住脚。舒尔茨相信，从历史的角度来看，某些特殊的结社形式是各个部落共同发展而来的，这一点当然不容反驳。但是，这些结社形式究竟是各自独立起源的，还是通过传播普及的，这一问题依然需要讨论。很少有人会怀疑澳大利亚和新几内亚的入会仪式有共同的来源，也很少有人不会困扰于西非、大洋洲甚至南美洲青春期仪式之间奇特的相似之处。当然，认定后一种仪式出自同源显然有些勉强。比如，当我们把东非、美拉尼西亚以及密苏里河上游地区的年龄组纳入考察范围之后就会发现，他们的青春期仪式的相似性比较牵强，绝不可能具有历史上的关联性。

有趣的是，关于结社理论的探究会引发我们对政治发展的思考。

四、国家

从学术史的角度来看，梅因和摩尔根开创了人类学的国家研究。他们认为，原始社会和文明社会在统治策略上存在显著的差异，前者完全基于血缘关系，后者依赖于毗邻的地缘关系。因此，从逻辑上看，仍然需要说明后者是怎样在前者的基础上发展而来的。早期的研究者们在这方面做得并不尽如人意。舒尔茨补充了结社这种群体结合的形式，在某种程度上弥补了不足。毕竟男子的部落社群这种形式的结社确实在不考虑血缘关系的情况下将一个区域的所有男性联合起来，并借此间接地促成了一个特定群体的领地融合。

舒尔茨的解释尽管得到了不少学者的认同，但细究起来就可以发现，其依然失之偏颇。因为男性部落社群并非一种普适性的现象，但在世界各地，却总是不断上演着各种类型的地方统一成联合体的故事。在这类故事中，我们可以看到一种超越了亲属关系的具有普适性的睦邻之情，也可以看到一种对于犯罪的普适性认知：某些罪行不仅是个人的恶行，而是被归类为公共犯罪。梅因和摩尔根曾认为，一个原始社群可以解体为一个个彼此完全独立的亲属群体，如同现代的那些独立的国家一样。他们显然是错误的。因此，关于国家的问题需要重新定义：显然，这不是一个关于创造的问题，而是一个如何巩固地方纽带的问题，这种纽带会不断减弱，因此必须处处强化它的存在。

正如我们所看到的那样，这种地方与中央隶属关系的强化可能一定程度上源于部落的社群组织。但无论社群组织存在与否，只要以权力强行推进的话，就可以强化地方与中央的隶属关系。不管是独裁统治的非洲酋长，还是平原印第安人在狩猎野牛期间手握权力的治安巡逻队，都能够使群体内的所有人臣服于最高法律，由此也体现了一种具有国家形态的凝聚性特征。

非正式压力与个人的整合[*]

卡尔·卢埃林　亚当森·霍贝尔[**]

(Karl Llewellyn & E. Adamson Hoebel)

郭　婧 译[***]

法律体系的成功与否,关键在于其能否深深植根于它所服务的人群之中,成为他们社会文化与习惯行为模式中不可或缺的一环。除非遭遇少数有组织力量的外部强加,否则,一个法律体系唯有作为社会内在规范网络的自然延伸,方能被广泛接纳,视为民众共同社会遗产的宝贵组成部分。

在任何社会架构中,法律的核心使命(超越"行为准则"单一视角的局限)在于修复受害者之间的裂痕,同时确保个体行为不偏离社会视为基石

---

[*]《非正式压力与个人的整合》(Informal Pressures and the Integration of the Individual)是卡尔·卢埃林(Karl Llewellyn)与亚当森·霍贝尔(Edward Adamson Hoebel)合作撰写的《夏延人的方式:原始法学中的冲突与判例法》(The Cheyenne Way: Conflict and Case Law in Primitive Jurisprudence)一书中的第九章,第239至269页。该书于1941年在美国俄克拉何马大学出版社(University of Oklahoma Press)出版,从此拉开西方法律人类学发展的新阶段。该书的"个案研究法"后来成为人类学的一种常见研究路径,并且在其之后的关于初民部落的法律民族志中也成为惯常使用的研究范式。——译者注。

[**] 作者简介:卡尔·卢埃林(1893—1962),美国现实主义法学的主要代表之一,生前曾任耶鲁、芝加哥、哥伦比亚大学法学教授,美国《统一商法典》起草人。其著作主要有《棘丛——法律及其研究》《夏延人的方式》《普通法传统——上诉审》和《法理学:现实主义的理论和实践》。亚当森·霍贝尔(1906—1993),美国著名的法人类学家,1934年在哥伦比亚大学获得哲学博士学位后,先后执教于犹他大学、密执安大学、明尼苏达大学阿波利斯分校。曾兼任美国民族学会会长和美国人类学协会主席。其著作主要有《夏延人的方式》《印度尼西亚的阿达特法》《科曼契人》和《原始人的法》等。

[***] 译者简介:郭婧,贵州民族大学法学院副教授,法学博士,人类学博士后。

的初步行为准则与调整规范,这些规范对于社会的稳定与繁荣至关重要。因此,一个直观且深刻的结论是:社会对法律需求的减少,实则是社会和谐与高效运作的积极信号。法律之所以必要,往往是因为更为温和、非强制性的治理手段在关键时刻未能有效维系社会的统一与和谐。在高度发达的社会中,法律体系的扩展与重要性的提升,并非直接标志着社会进步的深度,而是反映了社会结构日益复杂化的现实,进而带来了更多需要明确界定与遵守的规范与强制性要求,这无疑加大了全社会普遍遵循这些规范的难度。换言之,当一个社会能够在其复杂性的背景下,减少对法律作为直接治理工具的依赖,转而通过更为微妙、内化的方式实现社会秩序的维护,那么这样的社会在促进流畅、和谐的社会运作方面无疑将更为成功。

"和谐的内部整合在多大程度上是一个普遍的社会目标"可能是一个价值判断的问题。在某些社会中,可能并不存在对完美和谐的渴望。也可能说,一定程度的不和谐是适应新环境所必需的弹性调整的条件。在狄俄尼索斯型社会(Dionysian configuration)中,[①] 这可能是成立的。虽然夏延文化在宗教、仪式和(不太明显的)战争活动中明确地表现了狄俄尼索斯的精神,尽管它可能是强加在狄俄尼索斯型欲望之上的。为了调和这些相互矛盾的目标,整个控制系统不仅被精心塑造,而且具有夏延文化的特点,即具有连续甚至突然重新调整的能力。

从童年的最初几个月起,夏延人就开始将他们塑造成将在成年生活中扮演的角色。玛格丽特·米德(Margaret Mead)在讨论南海马努斯岛原住民的

[①] "The basic contrast between the Pueblos and the other cultures of North America is the contrast that is named and described by Nietzche in his studies of Greek tragedy. He discusses two diametrically opposed ways of arriving at the values of existence. The Dionysian pursues them through 'the annihilation of the ordinary bounds and limits of existence'; he seeks to attain in his most valued moments escape from the boundaries imposed upon him by his five senses, to break through into another order of experience. The desire of the Dionysian, in personal experience or in ritual, is to press through it toward a certain psychological state, to achieve excess. The closest analogy to the emotions he seeks is drunkenness, and he values the illuminations of frenzy.... The Apollonian distrusts all this, and has often little idea of the nature of such experiences.... He keeps to the middle of the road, stays within the known map, does not meddle with disruptive psychological states." Benedict, Patterns of Culture, 78 f. Benedict, Patterns of Culture, 78 f. 狄俄尼索斯,希腊神话里的酒神,通常意指充满激情、放纵和狂欢的人。——译者注。

儿童世界和成人世界时,把夏延人作为儿童世界反映成人世界的典型例子——与马努斯人形成了鲜明的对比。①

夏延部落的男孩和女孩是在母亲的密切关注之下长大的。无论他们的妈妈是在劳作还是营地,妈妈一直陪伴着他们。所以夏延的男孩和女孩对社会的适应最早来自与母亲的相处过程中。这样的状态一直保持到四到六岁时,小男孩学会了自由奔跑和骑马,男孩和女孩的成长之路就分道了。在成长过程中,无论男孩还是女孩都会受到其他因素的影响,比如他们会模仿比自己年长的玩伴。对男孩来说,获得年长男性亲属关注。遵从长辈的教诲,学会自我控制和自我约束是第一课。当人们学会尊敬老人,社会规范和道德准则就得到了保障。

格林内尔在他的一个相关主题的章节这样写道②:"早期婴儿教育是母亲教导婴儿要保持安静,以便孩子打扰狭小屋子里的老人。当婴儿哭泣时,母亲会设法降低孩子的哭泣声。如果孩子一直哭闹不停,就会被母亲抱出小屋,带到灌木丛里去,因为在那里婴儿的哭泣声不会打扰到任何人。如果年长的人在说话,一个小孩进入小屋并开始与他母亲交谈。母亲会警告地举起手指,表示禁止说话,或者压低声音问想要什么。"因此,孩子学到的第一个规制就是在长辈面前自始至终要自我控制,这是一生都被铭记的规则。

"在教育方面,如果孩子没有长到足够大,夏延人是不会过度教育的。"如果是一个男孩,给他一张弓和箭。如果一个女孩,就给她一个鹿皮做的娃娃。女孩会带着娃娃到处走。也许她的母亲或阿姨还会为她做一个小木板或摇篮。她通常把娃娃背在背上,这完全是在仿照妇女抱孩子的样子。与所有玩布娃娃的孩子一样,她给布娃娃换衣服,给它唱摇篮曲,举着它在木板上表演。再大一些的时候,她还会制作各种给娃娃穿的衣服。在女孩还像个洋娃娃的时候,通常她养一只在印第安人营地里很常见的那种小狗。在小狗刚

---

① Margaret Mead, *Growing up in New Guinea* (New York, W. Morrow & Co., 1930), 129. Mead stresses the heavy drives of the culture into the brave-warrior pattern, with less attention to the restrained-chief pattern.

② Grinnell, George Bird: *The Cheyenne Indians: Their History and Ways of Life*, New Haven: Yale University Press, 1923, pp. 102.

出生还没有睁开眼睛的时候,就会被女孩领养,一直养到小狗变得实在太活跃,总是想四处游荡,不再想和人类在一起的时候为止。

"当小女孩学会走路,并开始能走相当长的一段距离时,她就会跟着妈妈到处跑了。妈妈去打水或找木头,她就跟在妈妈后面,或者跟在妈妈旁边一路小跑。她凡事都在模仿她的父母。甚至可以看到,三四岁的女孩虽然显然已被一堆细树枝压弯了腰,但一脸骄傲的样子。她的行为完全是在模仿妈妈被沉重的木材压得走路都摇摇晃晃的模样。"[1]

劳动分工和技能习得的观念在夏延人的幼年时期就根深蒂固了。正如我们自己的孩子一样,甚至他们参与游戏的过程就像在投射未来生活里的社会角色关系。他们扮演虚构的成年人,这很有趣。因为现在他们只有对未来生活的兴趣,而没有责任。因此,格林内尔写道:

> 一小群男孩和女孩经常到营地外露营。小女孩们收拾好狗,离开营地一段距离,在那里搭起了母亲给她们缝制的小帐篷。她们把小屋排成一圈,就像大营地里的大人们做的那样。她们所做的一切都在模仿女性长辈,而陪伴她们的那些小男孩是在模拟营地的男人们。
>
> 在孩子们的游戏营地里,小女孩们用竿(通常是用防风林的草茎来当帐篷的竿)来搭建小帐篷;小男孩们假扮成马,拖着竿到处跑,或者用橇拖着弟弟妹妹疯跑。有时他们会把装在橇上的杆子当马骑或者当狗骑。
>
> 当小帐篷建成时,男孩们往往会站成一排,按照年长一些的女孩的要求,从她们中选择扮母亲的人选。每个男孩都选择了当他"母亲"的女孩以后,他们就一起玩。直到女孩十四五岁前,她们都热衷玩这个游戏。而男孩要更早一些失去这种游戏的兴趣,因为他们要为自己的成年礼做准备。通常他们在刚过十二岁的时候,就开始学习如何猎杀野牛。只要他们能很好地驾驭马,有足够的力气拉开弓,就可以杀了它们。

---

[1] Grinnell, George Bird: *The Cheyenne Indians: Their History and Ways of Life*, New Haven: Yale University Press, 1923, pp. 108.

在夏延印第安人的儿童游戏中，有时会设立两个营地，分别代表敌对部落。这些孩子们会模仿成年人的战争行为进行模拟战斗。男孩子们会踏上"战途"，对另一个营地的孩子发起攻击，他们像经验丰富的战士一样战斗，俘虏对手并计算战功（即"数战利品"）。他们用野牛毛扎成束绑在杆子上作为"头皮"的象征，战斗胜利后，胜利的一方会举行庆祝舞蹈。他们用柳枝做的长矛，并把柳枝弯曲编成盾牌，柳枝上的叶子会像羽毛一样垂下来。他们还做小弓箭，箭通常是细长且笔直的草柄，箭头上装一根仙人掌果的刺。另一群男孩可能会攻击搭好的营地。当男人在冲锋陷阵，试图把敌人击退时，女人若认为战争局势对她们不利，就会拆掉小屋，收拾好自己的东西，开始逃跑。在这样的战斗中，男人们经常会互相射击。当有人受伤倒下时，男人们和女人们会冲出来把他们拖回来，这样敌人就不会捉住他们，也就不会被缴获物资了。如果村庄被占领了，那么所有村民的食物都会被抢走。这些食物通常包括妇女采集的大量的植物根茎和嫩草芽。

在玩打仗的游戏时，小男孩们除了把木竿子当马骑外，每个人还拖着另一根竿子，代表他牵着他的另一匹战马。当他们受到了假扮的敌方阵营的威胁要发动进攻时，被攻击的人就会马上换马，把他们普通的马和物品集中留在一个地方，然后再骑马去迎战，战斗随即开始。在这场模拟的战争中，两军对峙，冲锋与撤退交织，与真实的战争场景无异。孩子们都清楚或猜测到对方物品存放的位置，因此，如果一方能够成功击退另一方，他们就有可能俘获对方的战马和其他财产，从而获得巨大的胜利。

当他们在假装狩猎野牛时，男孩们会骑在竿子上当作在骑马，甚至会用鞭子假装抽打马匹，让马跑得快一些。有时，当水牛就在附近，大营地的真正猎人就在不远处猎杀它们时，小男孩们会骑着他们的棍子马跑到猎杀现场，然后带着挂在马后的一大堆真实肉块返回游戏营地。有些男孩只是捡起被丢弃的肉块，但往往会有好心的猎人给这些孩子一些肉块，供他们在游戏中使用。

如果附近没有野牛，有一些孩子会从营地出去，再绕着一条路回来，假装自己是野牛。营地里的其他孩子发现后，就会准备出去包围他们。扮野牛的孩子们成群结队地来到草原上；男孩扮成公牛，女孩扮成母牛；有的假装在吃草，有的躺在地上。

追赶野牛的男孩们带着小弓和箭。那些装成野牛的人拿着三到四英尺长、一端磨尖的棍子。这尖尖的一端插着一棵仙人球的扁平叶子，上面仍然带着刺。叶子的中间和两边被抹上一些泥土。这片叶子有两种意思：一是代表野牛的角或防御武器，二是叶子上的泥土代表了野牛的心脏。如果箭射中了那点泥土，野牛就会倒地而死。

一些扮演追赶水牛的男孩会提前出发，以便能够超越假想的水牛并截断它们的逃跑路线。其他孩子则在冲锋时形成一个宽大的弧形。当时机成熟时，猎人们冲向牛群，而牛群则开始逃跑。扮演公牛的较大男孩们会慢慢地跟在牛群后面，猎人们会避开他们，因为如果这些"公牛"受伤，他们可能会转而攻击，并追赶那些追赶他们的人；如果他们追上了追赶者，他们可能会用棍子上的仙人掌叶子刺他们，让猎人们的皮肤布满刺。如果发生这种情况，整个营地都会传开，"一头公牛刺伤了某某"。如果箭射中了仙人掌叶子中间带泥土标记的部分，并且携带那片叶子的"水牛"倒在地上死去，猎人们就会假装屠宰它，并将"肉"带回家。

小女孩们带着她们的狗拉雪橇（travois）①，跟随猎人们前往猎杀现场。

对于猎人来说，有些野牛跑得太快了。野牛跑了很远以后会站在草原上回头看那些追不上它们的猎人们。

小女孩们往往很难和她们的狗打交道，就像她们的母亲在现实生活中一样。许多温顺的或者年老的狗愿意和她们待在一起，但对于那些更年轻、更爱玩的狗来说，当它们想要在营地跑来跑去时，就很难被抓

---

① travois 通常指的是北美原住民使用的一种由两根长杆和交叉的绳索制成的简易拖车，用于拖运重物或伤员，而不是特指雪地上的交通工具。——译者注

住,甚至它们还可能跑回真正的营地去。

模拟的营地里必须有食物,孩子们会为此到小溪边抓鱼。他们把笔直的树枝插在水底的泥里,再横穿小溪围个半圆形,凹处面朝上游。树枝靠得很近,鱼无法从树枝之间通过。在小溪的中央,也就是圆圈的中心,如果圆圈是完整的话,就要把一根更高的树枝插进河床,并在它的底部绑上一块肉。半圆的上面有一个用柳枝紧紧捆在一起,可以灵活开关的篱笆门,看起来像一个床垫或靠背一样。它要足够长,可以横跨小溪的两岸。

当一切准备就绪后,男孩们就沿着小溪往上游走很长一段路。进入溪流以后,他们在溪流上排成一排,然后等到鱼下来时,就会在水里用棍子敲打水面,以发出巨大的声音,这样就把鱼赶到了他们的前面。如果水是波涛汹涌的话,留在陷阱附近的姑娘们也许会看不到鱼。但如果鱼很多,她们就会用力拉扯那块肉,摇动那根竖起的树枝,然后迅速把溪流里的活动栅栏门拉上,使鱼不可能通过小溪。这时,所有人都跳入水中,用手抓那些困在树枝栅栏里的鱼,捉住的鱼会被扔到岸上。就这样,他们捕到了很多鱼,并把这些鱼煮来吃。

孩子们并没有真的在外面过夜,但白天他们会假装是晚上,然后装作上床睡觉。白天时,他们经常转移营地;甚至每隔一两个小时就会转移一次。

这些孩子们模仿着正常的家庭生活,假装自己是丈夫和妻子,而他们那些小小的兄弟姐妹们则扮演他们的孩子。小男孩们会向小女孩们求爱;一个被派到女孩小屋去的男孩会用棍子代表马匹,如果他的请求被接受,女孩就会用她的其他棍子和其他礼物作为回报。能够坐起来的婴儿被带到这些营地中来,但那些太小的婴儿则不行。有时,婴儿可能会饿哭,照顾他的小姐姐就不得不把它带回家给母亲,让婴儿能够吃奶。[1]

---

[1] Grinnell, George Bird: *The Cheyenne Indians: Their History and Ways of Life*, New Haven: Yale University Press, 1923, pp. 110-115.

如今，年长的夏延人在回忆起自己童年时参与这类活动的情景时，总是沉浸在愉快的回忆中。他们讲述这些故事时，脸上总是洋溢着微笑，伴随着轻松的笑声。

残角回忆说，在他那个时代，年轻人们总是热切地举行模仿太阳舞的活动。他们不仅模仿成人的日常活动，还将这种模仿带到了宗教仪式领域。然而，对于宽容的成年人来说，这并不算亵渎神灵，他们只是带着愉快的满足，侧目而视。

到了少年时期，老人通过孩子们的祖父和哭喊者的讲话向他们传达劝诫力量。这些道德规范得到了普遍地有效支持，这些规范将社会和超自然的制裁或隐或显地组织起来。在长老们面前不礼貌地保持沉默或者在屋里大声喧哗的年轻人，不仅会直接受到责备，还可能倒霉。如果一个男孩冲撞到，或者用东西砸到巫师的门房，他就会被置于一个净化仪式中。在这个仪式中，被冒犯的巫师会对这个男孩施予非常严重的符咒，以至于除非他得到赦免，他才能避开闪电。这些信仰除了对年轻人的道德品质起到根深蒂固地约束作用外，还能起到什么作用呢？

然而，在塑造性格的另一个常常与之冲突的阶段，也慷慨地使用了积极的奖励机制。对于那些在战争中通过鲁莽的个人行为达到夏延人成功巅峰的年轻人来说，他们追求的是成年后的荣耀。在成长的道路上，年轻人会经历超过二十次的自我展示仪式，在这些仪式中，战士们会聚集在一起并满怀敬意的公众面前，细数自己的战功。试问，哪一场现代的游行庆典能与凯旋而归、满载荣誉的战士队伍冲入营地的那一刻相媲美呢？

夏安男孩不仅能够满怀憧憬地梦想自己将来能沉浸在自恋式自我展示的愉悦之中（从而在无意识中规范自己的行为以达到这一社会目标），即使在他还是孩子的时候，他个人美德的成功表现也会受到热烈的掌声和明确的正面社会奖励。例如，当高额头（High Forehead）第一次用弓箭射中一只老鹰时，他的舅舅非常高调地称赞了他。不仅如此，叔叔、舅舅站在小屋的门口，向所有人宣布了这一壮举。为了确保无人忽视这一事实，他还叫来一位老人，赠送一匹马以纪念这一事件。叔叔的这种行为在儿子第一次猎杀野牛或参与战争冒险时,父亲也会这么做(由于高额头的父亲是白人,所以由母系的叔叔来扮演父亲的角色)。接受马匹的老人被期望创作一首歌,在营地中四处骑马时唱响,这首歌要讲述马匹赠予的经过,并赞美男孩的技能和美德,以及他家庭的善良和慷慨。这样的奖励机制效果非凡;它不仅激励了男孩们不断超越自我,还促进了财富的分配,让父母在慷慨和无私带来的快乐以及公众的关注中享受愉悦。这种规范所取得的效果是事件原本效果的三倍;不仅让男孩们习惯于在公众面前表现自己,而且父母们在重新分配财产时能充分沉浸在慷慨和利他主义的乐趣中。同时,这种互惠互利的关系也得以平衡。同样地,当年轻人遵循父亲的建议,向老萨满献上一头优质的野牛时,萨满会前往野牛尸体旁,在接受的同时进行简短的圣化仪式,为男孩和他的家庭祈福。然后,萨满穿过营地,大声宣布他已经收到了野牛礼物并完成了仪式。

在小牛女(Calf Woman)的个人叙事中也充满了夏延文化中的互惠和积极行为。

> 我七岁的时候,妈妈把豪猪刺放在野牛长袍上。她挑了一件漂亮的小牛皮长袍,并在上面为我画了一个图案。我母亲把这些带进帐篷,放在我面前,说:"现在是你开始学习的时候了,你看我怎么做就怎么做。"我按照她说的去做,直到把袍子做好。我想到了我的小侄子。我想,把我做的第一件长袍送给他会很不错。我用甜草熏它,让它带着淡淡的香气,然后我把长袍带到我哥哥的妻子那里。我拿着长袍走了进去。在此之前,我一共花了三天。第四天,我把它盖在小婴儿身上。当我哥哥回家时,他问长袍是从哪里来的。"我的丈夫,"他的妻子说,"这是你的小妹妹为你的儿子做的。""好吧,"他高兴地说,"我得送她一件礼物,以作奖励。这会让她认识到对努力要保持期待。"之后,他给了我一匹小马。
>
> 接着,我哥哥又生了个女儿。我为她做了一个摇篮,上面还有一个漂亮的珠串装饰。当我把婴儿放在摇篮里面时,我哥哥看见了,并对我说,"妹妹,我让你自己选择礼物。"说着,他把两个选项放我面前:一

个是母马（因为我是女孩），另一个是顶漂亮的帐篷。我看着礼物，做出了选择："好吧，我是个单身姑娘，不需要帐篷。我选母马。"

我哥哥相信养母马可增值。母亲把皮切好，用颜色勾勒出图案轮廓，摇篮其余部分是我完成的。我的麋鹿牙连衣裙。每当我父亲打猎回来时，总是给我带回两颗麋鹿的牙齿。我就是从这里开始起步的。我也从别人那里得到些牙齿。当我听说猎人带回一头麋鹿，我就跑到母亲那里，问问能不能去要它的牙齿。母亲会让我带些小礼物作为交换——一件长袍或一双鹿皮鞋。鹿皮鞋不像麋鹿牙齿那么有价值。男人们通常会说："我不会和一个小女孩做交易。我把它们给你了。它们是你的了。"不过，有时有人抢在前面拿走我的礼物。或者，我有时会给他的孩子一双鹿皮鞋。然后，我会告诉他我为什么这样做，这样他就会知道我想要什么。

这里有三件重要的事情：(1)"交换"是一个常见的概念，指的是各方在实质平等的基础上进行公平交换礼物（而不是讨价还价）。(2)"礼物"，本质上是没有约束力的（无论结果如何），也是一个常见的概念，但或许已经局部演变出"讨价还价"的概念。(3)那些知道自己想要什么的人可以利用他人的礼节，侵犯他人的尊严。小女孩得到母亲的指导、大人的宽容回应以及对自己积极努力的认可，这是受到了帮助和纵容。由此可以促进社会利他主义或个人利己主义，或两者兼而有之。之后会持续讲小裙子历险的故事，以进一步阐述尊重与礼物交换的互惠原则，以及夏延人如何为成长中的孩子创造正常的生活。

多年前，一个叫矮苏人的男人来找我。他只有一个女儿，但没有姐姐和妹妹。他很有礼貌地对我说："我今天来找你，是想请你做我的妹妹。我的小女儿需要一个阿姨；你就是我们选中的那个人。"（注意："收养"在特殊关系中被认为是必要的。）在他的小屋里，他的妻子"狗女"（Dog Woman），向我打招呼。"妹妹，快进去坐下。"在小屋的后面，我发现一间漂亮的休息室已经为我准备好了。进去之前，我看到一匹母马和一匹公马站在门口。我猜测它们是给我的礼物,但我不知道。很多食物都准备好了。当我们坐下时,"狗女"问起我丈夫的情况,我只好告诉她他出去打猎了。然后矮苏人走了进来。他说:"妹妹,我的小女儿想要一个阿姨。因此,我挑选了你。这不是暂时的;只要我们活着,我们的关系就会一直这样持续下去。"然后,小女孩被叫进了屋,他们对她说,"这是你的姑姑。"那时她还很小,大概四五岁。她过来,爬到我腿上。我们依偎在一起,互相抚摸,逐渐熟悉起来。

这时,因为询问小女孩为什么想要姑姑的原因,故事被打断了。小牛女回答说,小女孩看到所有的玩伴都有姑姑是多么好啊,她就想和其他人一样。高额头第二次简短地补充了他自己的观点,"任何时候我都宁愿有一个姑母在身边,而不是我的母亲。"姑母们都很溺爱孩子,而母亲们有时不得不对孩子严厉。任何程度的亲属关系都是这个社会需要的。

当我们放下食物后,矮苏人请我跟着他到外面去。我们站在马群前。

"好了,妹妹,"他说,"这里有一匹母马和一匹阉马,供你选择。"

我回答说:"好吧,鉴于我是一个女人,我要一匹母马。"

"太好了,"他惊叫道,"那么,这个小屋也送给你了。"

于是,在"狗女"的帮助下,我把小屋拆了下来,搬到了我自己的地方。当我丈夫回到营地时,他已经认不出我们的小屋了。这让他急切地想知道到底发生了什么事。"我妻子一定是做错了什么事,她不得不离开营地。"我一直躲在门后偷看他。看他这样,我随即跑出去,叫住他,并告诉他发生了什么事。

"他们做了一件伟大的事情。"他赞许地说。

我们走进了我们的新小屋。"现在,""太阳之路"(Sun Road)说,"该由你把囤积的东西都拿出来了。你放得太久了,把它们拿出来吧!"("太阳之路"是一个非常明智的人;对于过渡积累,这是一种非常正确的态度。)

当我们找到了所有准备赠送的礼物——为我们的侄女准备一件麋鹿牙连衣裙,为她的母亲准备一件漂亮裙子,还有马和毯子。之后,我们还准备了一顿晚餐。我们邀请肖特苏一家过来一起共进晚餐。进屋后,他们坐了下来。"太阳之路"向他的"姐姐"打了个招呼,"狗女"高兴得哭了。清理完盘子后,我把所有的盘子都给了他们。"这些是你的了,你走的时候可以带走。"我告诉她。他们接过盘子后,我说:"现在我想给你打扮一下。"

接着,我走过去给"狗女"梳头,让她穿上新衣服。我在她脸上画了漂亮的图案。然后,"太阳之路"从床下的深处,取出他最好的皮裤和鹿皮衬衫。"哥哥,"他对肖特苏说,"我们没有什么贵重的礼物,但这些东西是给你的,还有这条纳瓦霍毛毯。"

过了一会儿,他又说:"现在我要给你一匹马,就在外面。"

矮苏人穿上他的新衣服后,我把麋鹿牙连衣裙给我的侄女穿上,并说:"还需要搭配一匹马。"现在大家都打扮完毕,他们站起来正要出去。我们把盘子、皮质食袋放在他们手里。就在这时,"太阳"之路的母亲拿着一个皮包走了进来。她对我说:"媳妇,你把这些东西送给他们。"(注意:地位高的人在这种场合要保持适当控制。这里可以从部落规模的角度与案例9比较。)

我们走到外面以后,"太阳之路"把他的马指给肖特苏看,我也把我送给侄女的马指给她看。

我们的关系从那天起一直延续至今。我们一直在交换礼物。自从第一次见面我成为他的妹妹后,我和矮苏人从来没有说过话。但我们彼此敬爱;每当我去他家,对我来说就没有什么再好不过的事了。在他弥留之际,他呼唤我。"你现在是个老太婆了,"他说,"我快死了,我有几头牛,你带走两头。"

他去世后,侄女对我说:"姑姑,我们打算让你也有继承的权利。"

"不,"我回答说,"我什么也不要。"我没有带走奶牛,也没有拿走任何东西。我知道他们会一直像家人一样照顾我。这样更好。

在这里，互惠仪式塑造了个人的行为，并以马林诺夫斯基教授所关注的行为方式为社会关系铺平了道路。这种制度形式渗透到夏延人生活的许多方面。它的法律意义是间接重要的。尽管仅仅因为它的双向性质，以及小牛女的兄弟认为他必须给她一些东西作为回报"让她活下去"，但这一事实并没有成为所有夏延人的确定的"法律"。

夏延人就是靠这些方法培养出品行端正的成年人的。这些技术造就了夏延族的品行端正的男人和女人，就像残角和踢球。但这些同样的方式也没能阻止末牛那些更糟糕的事的发生，因为夏延人的理想中也存在着冲突，当敌人和水牛在身边时，这种冲突也会在一些人身上延续到人际关系中。

乔治·伯德·格林内尔（George Bird Grinnell）很了解夏延族，夏延族孩子的行为给他留下了深刻的印象；他在《男孩和女孩》那一章对其表达了极致的赞美。"孩子们之间很少或从不争吵或打架，尽管随着他们长大，他们不断参与力量性的竞赛，如摔跤和踢比赛，以及类似足球的游戏，但他们很少发脾气……夏延族的男孩天性善良，性格开朗，从小就被规训：保持与同伴和睦相处的重要性；无论是失败，还是成功，都要乐观接受。"[1] 但是，正是这些夏延族的年轻人，当他们作为侦察兵外出时，他们不顾指示，突破了狩猎监管员的防线；他们的行为违反了侦察兵的职责义务；当他们去侦察的敌营计划袭击或偷一匹马时，他们的行为在充分地告诉敌人，夏延族进攻的核心部队即将到来；当他们的神箭守护者试图制止他们的行为时，他们给了守护者一顿痛打；尽管"所有"的夏延人"都相信"这样的行为意味着灾难（灾难确实随之而来），[2] 但夏延人仍然一次又一次地在部落治愈仪式完成之前偷偷溜去袭击。不！夏延族的教育和儿童训练并不完美。尽管非正式控制手段在大多数时候对大部分人是有效的，但对于年轻人来说，却往往遭遇失败。因为他们对勇士荣誉的强烈渴望被教导得太强烈了。所以这一章

---

[1] Grinnell, George Bird: *The Cheyenne Indians: Their History and Ways of Life*, New Haven: Yale University Press, 1923, pp. 122.

[2] The war histories of the Cheyennes are full of such instances. If the evidence in the cases presented in this book is not enough, more may be found in Grinnell, The Fighting Cheyennes, 43, 53, 68 f., 85, 87 f., 151.

到此为止的所有描述都只是半完美的表面现象。非正式控制手段被描述为对他们是有约束力的,但是这些手段何时有效发挥才是问题的重点。然而,在后来的法律纠纷中,总是有利益和个性的冲突,还有社会不可救药的、顽固滑稽的行为发生。人们已经看到,后者中的一些人是已经通过成功的社会行动获得改造的。在举行这些仪式时,他们抛弃了他们的失范行为,以彻底改变他们的个性。但是,就所有的社会控制效果来看,仍然存在不思悔改的人,他们的厚脸皮可以证明对社会矛盾的反抗。成年后,他们就继续成为夏延社会的"问题儿童"。

我们记得,夏延族妇女拥有自己的办法让丈夫规规矩矩(案例34、35)。然而,很少有人像"高个子白人"(Tall White Man)的妻子那样难以平息怒气的。她像一个女恶霸,破坏了丈夫的家庭内部和整个营地的和平,一直不妥协直到她漫长的生命结束。

这个夏延族人的故事来自小牛女,小牛女很了解她,并出现在一些关于她的"场景"中。负责翻译的高额头对她及其所作所为也很熟悉。虽然没有解释,但他也证实她的性格和出轨的事。

> 高个子白人是一个有野心,有地位的人,正如他有三个妻子。他的大老婆对其他妻子非常刻薄和妒忌,这让高个子白人无法让配偶们都住在一起。确实,在一段时间内,他把她们都藏在一个帐篷里,但很快他们就不得不分开了。他尝试轮流和妻子们住在各自的房子里,但即使是这样的"权宜之计"也没有为他带来幸福。因为当他和第二任妻子在一起时,他的泼妇老婆会冲进小屋,抓住他的头发。"你待在这儿简直太糟糕了!"她会大喊道,然后抓着他的辫子,把他拖出屋子。
>
> 这对高个子白人来说实在太糟糕了,以至于他不得不对她撒谎。他告诉他的老婆,他要和士兵们一起去跳舞,然后就拿出衣服,出门了。后来,当他那生性多疑的大老婆去舞蹈屋查看时,他并不在那里。她径直走到她丈夫最宠爱的妻子的帐篷前,把她的脑袋伸进去,看见丈夫正在给那位妻子编辫子。"你就是这样跳舞的吗?"她怒吼道。然后她把头缩回去,打算转身去找"粪便"。她当然是找到了。她拿起一块满是粪

便的破布回到那顶帐篷,把它抹在那位宠妻的头发上。那头发被高个子白人编得如此漂亮啊!

"你在干什么?"他正要问,但张开的嘴却被那块沾满污秽的抹布堵住了。

然后,这个恐怖的家伙收拾好她丈夫跳舞用的衣服后,就把他拖回家了,留下另一位妻子坐在那里,独自闻着臭味。但是,当穿过房门的时候,她好像掉了什么东西。当她转身去捡时,那个满头污秽的人打了她一棍。当两个女人开始互相用牙咬和指甲抓时,高个子白人逃了出去,洗了把脸,然后就躲起来了。一个女人从她的头发上扯下排泄物,打算涂在另一个的身上。她俩又抓又挠,直到流血。妇女们从各自的营地跑过来。当我也到了那里时,他们中的一些人(不一定是亲戚)已经把她俩拉开了。

这个大老婆在村子里发疯似地寻找她的高个子白人。"如果我找到我的男人,"她怒吼道,"我就要把他揍死。"(人们都想知道,作为一个女人,如何能做到这件事,或者如何欺负她的丈夫,直到知道她是一个拥有250磅体重的强壮女人,而她的丈夫只是一个有140磅左右重的瘦弱男人。)

正当她处于这种疯狂状态时,她的儿子阻止了她。"妈妈,"他责备道,"你怎么啦?你疯了吗?每个人都在谈论你。我每到一个地方,他们都向我吐口水。当我想和女孩们谈话时,她们都说,'我不能嫁给你——你有一个这么糟糕的母亲。'我正在失去我的朋友,无论男孩,还是女孩。现在你回家好好想想吧。"

这些话像命令一样让她回到了她的帐篷里,她坐在那里想啊,想啊,想啊。她心里的魔鬼仍然不停地用嫉妒的念头折磨着她,以至于她认为现在她的丈夫已经去找第三个妻子了。终于,她忍无可忍地,打算冲出小屋。然而,她的儿子在门口监视着,他又一次冲进来训斥她。但她仍然固执己见,顽固不化。"我疯了!"她坚持说,"他们就像在抽我身上的血。"

"这是谁的错?"她儿子反问,"这是你去那儿自找的。现在回你的小屋去吧!"

儿子的话非常强硬有力,于是她照做了。

那位二老婆花了整整一个晚上才把自己弄干净。当她再次见到高个子白人时,她宣布自己要和他分手。"你有一个你无法控制得住的妻子,"她说,"我不会再和你在一起了。我再去找个新丈夫。再见!"她捎话给"太阳熊"(Sun Bear),说愿意嫁给他。"太阳熊"答应娶她为妻,但没有给高个子白人送烟斗;高个子白人也没有从"太阳熊"那里寻求补偿。(当我们读到这里时要明白,这是合法的权利。这位妻子和高个子白人离婚是有理有据的,只有这样她才能重新找丈夫。)

下一个案例发生在那个令人讨厌女人的兄弟去打仗的时候。高个子白人把他的衣服和战马都给了他的姐夫。姐夫有回礼。他告诉他的母亲打算让他的妹妹嫁给高个子白人。"她会和我妹妹处得很好的。这两个人都可以做他的好妻子,因为她们是姐妹。"

于是高个子白人搬进了妹妹的帐篷。然而,正如人们所预料的那样,老大很快就开始制造麻烦了。她过来纠缠这位新婚的妻子。"你真傻,竟然嫁给我们的丈夫,"她劝道,"他差点把我打死。他肯定会对你做同样的事。"

但是这样的话并没有让妹妹动摇,"不!我不这么认为。我是得到哥哥的支持才嫁给他的,而且我爱他。"更重要的是,这件事已经如同射出的箭,没有回头之路了。"是的,我会和我们的丈夫处得很好。但你知道那天晚上他是怎么说你的吗?他打算要离开你了。哦,你可能还能待在这里,他会供你吃喝,但他再也不会和你睡觉了。他要和我一起睡觉。"

妹妹根本不知道即将发生什么事。第二天晚上,当她和丈夫沉浸在幸福中的时候,怒火就已经在帐篷里点燃了。只见大老婆一把抓住高个子白人的头发,一下将他从床上拽下,扔到小屋的另一边。"好家伙!你居然和我妹妹躺在一张床上!"然后,两个女人打在一起。她们的母亲从她的小屋急忙赶过来，替小女儿说话。

　　过了一会儿，事情平静了下来；妹妹却突然跑出了帐篷。高个子白人跟在后面，但他很快不安起来，因为他找不到那位妻子了。他召集营地里的所有人都出来帮忙寻找。但是她已经完全消失了。直到40多年后，一个牛仔在牧场上发现了一根生皮绳子，绳子下面有一堆骨头，才知道了她的行踪。人们相信那堆骨头正是妹妹的。

　　当一个月过去，妹妹仍然下落不明时，母亲为她的死而悲伤，并和那个任性的大女儿断绝了关系。她划伤了自己，并宣布她将不再与造成这个悲痛的大女儿有任何关系。过了许多年她们才重新和好。那位失踪的女儿留下的所有财产都被母亲烧掉了，这样另一个女儿就什么也得不到了。

　　但是这一切一点没有改变这个女人的性格。（这在夏延社会是件最不寻常的事。）这只会让这个人更加目中无人。之后，她恼羞成怒地冲向母亲的帐篷，把帐篷撕成碎片。然后，她把这次破坏行为抛在脑后，闯入她哥哥的小屋，看见她嫂子正因为生病躺在床上，她就粗鲁地大声叫道："你怎么啦？你这是在闹着玩吧。起来！你才没有生病，你只是想让我哥哥照顾你。"

　　她没有造成什么破坏，但她的哥哥已经厌倦了她的所作所为，所以他拿着马鞭去她的小屋找她。但是对她哥哥来说，她跑得太快了。他追了她一圈又一圈，当他停下来喘口气时，她喊道："去追鹿吧！当你能抓住它的时候，再来试着追我。"为了惹恼她，他唯一能做的就是朝她的锅碗瓢盆上射击。但是，"胖牛"（Fat Cow）劝他不要采取更激烈的行动，这些事对他来说反而是羞辱。而这个女人对他说："你在这里尽做了些女人做的事，不仅如此，还弄坏了她的东西。"

　　他辩解说，他是来狠狠地揍她一顿的。但是肥牛提醒他："如果你不停下来，人们会一直看你的笑话。那么最后，你得到的只是成为一个笑柄。"

　　他非常能理解他人，而他妹妹却不这样。于是，他停下来走开了。

但从那天起,他像母亲一样抛弃了他妹妹。他再也没有拜访过她,也没有承认他有过这个妹妹。在她去世时,他甚至拒绝去看她,也没有给她任何哀悼的礼物,因为对他来说,这个妹妹早就死了。"就是她让我们家四分五裂的。"他痛苦地抱怨道。

这个女人的亲生儿女也离开了她。女孩们都跟男人跑了。在她的八个孩子中(其中一个还活着),没有一个来给她举行体面的葬礼。她的丈夫又瞎又无助。在她去世时,还是肖特苏对人们说:"她现在死了,你们应该把她安葬。"

最后是邻居埋葬了她,她至死没有得到家人的尊重,也没有人来哀悼她。

这段历史是一个多么典型的非正式控制的例子!它还戏剧性地表明,当控制对象对社会约束如此麻木不仁,以至于不在乎时,纯粹的非正式制裁是徒劳的,尤其是当她拥有强壮的身体和麻木的品行时。这就像蜜蜂用尽全身力气去蛰一头大象的背。小牛女说,社区里没有哪个女人敢嘲笑她的恶行,因为她们都害怕她。她丈夫不能和她离婚,因为她拒绝离开他。在高额头看来,真正摆脱她的好机会是当她丈夫被任命为部落首领之时。那样,他就算把她抛下,她也得承受。然而,即便在这种情况中,她是否会比在其他情况下更能遵守习俗的规定呢?这显然是一个问题。至少,"她会在离开丈夫之前,最后再打他一顿。"高额头狡黠地说,这就是高个子白人没有和她离婚的原因。一个酋长在被妻子殴打后还能继续当酋长吗?在法律上,是的,但在声望方面呢?

这样一个怕老婆的丈夫能成为部落首领会议的成员,这似乎是令人吃惊的事。然而,高个子白人是个好人,值得信赖,即使是他这个可怕的妻子。尽管他的妻子脾气暴躁,但她心地宽厚,对所有的人都很好,除非认为她的丈夫有了别的女人。这可能是导致社会对她容忍到这种程度的原因。她的妹妹被认为是以抗议为目的的自杀,但由于没有找到尸体,所以没有对她起到规制的作用。如果是那样的话,这个令人恐惧的人似乎已经准备好和"红猫头鹰"(案例26)一样的命运了。也许夏延人认为这个大老婆是个精神病患者，所以对她给予了应有的宽容；我们倒是没有在心理方面去寻找她精神异常的线索，因此对此无法作出结论。

有时猎人会带着多余的肉回到营地。他们把肉堆成显眼地一堆，然后就离开了。尽管谁都可以来分享，但谁也不能拿走。当一位部落首领看到那堆肉时，他会急忙去告诉一位军士首领，让他负责分配肉。这位军士首领会叫上十几个年轻力壮的小伙子来帮忙。当士兵们到达时，那些想吃肉的女人们已经在那里等候了。士兵们把肉分成若干堆，然后由这位军士首领选出的两名年轻小伙子负责分配。他们每人各提一份肉到首领指明给谁的地方，同时另一人则在周围走来走去，防止有人私藏。

这种分肉方式的年代已经过去很多年了，但是它的影子依然留存。当我们围坐在满屋子的夏安族男人、女人和孩子中间，共享干牛肉、炸面包、煮米饭、炸苹果和黑咖啡的美味盛宴时，满室溢溢快慰的回忆，想起昔日一起守候的情景。当时的长长一段祷告刚刚结束。昨晚举行了圣餐仪式的主持人黑狼，示意几个年轻人开始分肉。他静静地靠在墙上，看着儿子，提醒服务员注意那些默默无闻的客人——他们的盘子里还没有装满食物——同时又悄悄地给那些在外面等待的人盛饭，因为屋里已经没地方了。

然而，在过去，并不是所有的家庭主妇都是低调慎行的。有些人就很没有礼貌地批评这种分配方式；有些人，就像"歌女"（Singing Woman），把他们的已经得到的肉藏起来，然后再要求获得更多。士兵们没有拒绝她，但是残角说他们会再给她一块，并说："我们知道你在撒谎，但不管怎样，这里还有一块。"其他女人都在议论这件事，最后话题传到了儿子和女儿那里，他们告诫母亲。但她什么也没说。她吃了双倍的肉，还有获得一张犀牛皮。

还有一些这样的妇女甚至抢了邻座的东西。据说，分配的士兵从未因这样的事和她们发生争执。士兵们不愿与妇女争吵。但后面的其他女人会将这些妇女视为"疯婆娘"。当看到她来时，他们会怪里怪气地看着她；宴席时，也不请她参加宴会，还说她："有的娘们就是厉害！""男人之间很少这样说话，"残角说，"也很少理会妇女们说什么，但我无意中听到妇女们谈论这个女人是如何做事的。"

男性在类似情况下也会感受到约束的压力。"无赖!"高额头这样称呼他们,没有被邀请来帮忙分发,就不能允许分他们一杯羹。

"乌龟"(Turtle)是一名盾兵,当分发盾的时候,他过来帮忙。作为首领的四坐药师(Four Sitting Medicine Men)把他叫出来坐下,"你在这里没有权利;你一直在惹麻烦。"(乌龟所做的事情现在已经不记得了。)不久之后,乌龟离开了部落,去了南夏延人那里。在那个时代,这样一句简单的告诫是完全有效力的。乌龟对此什么都没有说,按照"残角"的观点,他的离开是没有必要的。"他没有被赶走,但他的感情可能受到了伤害。如果当时有人那样对我说话,我也会想离开。如果我去南方,我也会感到很难过,因为我不认识那里的人。"这就是指责和排斥产生效果的地方。

嘲笑没有被忽视,也没有忽视其作为非正式制裁手段的有效性。

大多数还没上过战场就自认成年的男孩子,都很容易受到尖刻的讽刺。例如,求爱对他们这样的人来说意味着痛苦的拒绝,就像一个没有参加过战争的青年走上了他想获得姑娘的爱所必经的道路。他大胆地挡住了她的去路,跟她谈那些可能体面的话题。但这些话好像在他的喉咙里被冻住了,他的头皮因尴尬而发烫,少女俏皮地看着他,喃喃地说:"那么,你击退过敌人多少次了?"如果他再大胆一点,他会把毯子披在她身上,抓住机会跟她说爱听的话。她只要天真地问一句:"你在战斗中抓获过多少敌人?"就能把他吓跑。美人才能配英雄!

有这样一个青年曾经娶了士兵团的四个少女中的一个。队伍里的成员们开玩笑地互相喊道:"现在我们有一个小女婿,要给他买衣服了。"

单身男孩与离婚或丧偶妇女结婚是件羞耻的事。人们给这种婚姻起了个绰号叫——"穿旧鹿皮鞋"。这样的婚姻会面临无数的流言蜚语,女孩们会这样说这个男孩:"是的,在他娶那只旧鞋之前,他是个不错的年轻人。"

即便在家庭内部,嘲笑也是一把锋利的武器。"黄眼睛"(Yellow Eyes)的经验阻止了后来可能发展成一个法律问题。它之所以没有这样发生,原因在于它是在法律体系之外的层面进行处理。高额头的故事是通过一个喜欢搞恶作剧的男孩讲述的,他为我们揭示了这一事实。

"黄眼睛"是一个认为妻子对他不忠诚的人。他因为妻子对别人慷慨大方而恼怒。他总是指责她有通奸行为。每次他外出回来就指责她。他经常蹑手蹑脚地爬上山坡，然后从门口跳进家，希望能抓住一个奸夫。这项行为惹恼了他贤惠的妻子。她确实因此非常气愤，以至于她向"黄眼睛"的侄子们抱怨，并寻求帮助。那五个男孩打算好好惩罚下他，为此他们一次又一次的密谋策划。

　　等了一个晚上以后，他们趁他不在家，全都脱下裤子在他的小屋里埋伏着。当他们看见"黄眼睛"来时，其中一个立马蹲在门后。就在"黄眼睛"的手落在门把上的时候——"嗤！"的一声，一个赤身裸体的年轻人穿过"黄眼睛"的双腿跳进洞内跑了。"黄眼睛"踉跄着追赶，等他喘过气来，就停了下来，威胁说知道是谁干的。当他转身回到他的小屋，再一次受到相同的戏弄，又是一次徒劳的追寻。这样的情况连续发生了五次，他把每个侄子都追了一个遍。

　　当他终于能够进入他的帐篷且不再心烦意乱时，他开始和妻子说话。"那些家伙都和你躺在一起了吗？"他怒吼道。

　　"当然，"她得意地说，"五个一起。"

　　"黄眼睛"目瞪口呆，说不出话来。他的怀疑就这样被彻底地证实了，这让他气急败坏。为了达到目的，他的五个侄子第二天又来无情地戏弄他。治疗非常成功。他再也没有因为猜疑让他的妻子生气了。这件事大约发生在1873年。

未婚的夏延女孩的贞操在法律上是由贞洁的不可侵犯性和僵化的社会观念所维持的。在夏延族人中，甚至是婚内性行为，节制的夫妻生活也是非常受尊重的。格林内尔先生提到了这一点，他指出："长期以来的习俗是，在第一个孩子大约十岁之前，妇女不能生第二个孩子。"之后，父亲在盛大的舞会上要赠送一匹马，公开宣布他们将会有一个小弟弟或小妹妹。"当人们谈论这件事时，都会称赞父母的自制力。"[①]

---

① Grinnell, The Cheyenne Indians, I, 149.

然而，这种行为并不是强制性的，有些家庭也有很多孩子。但理想状态是存在的，伴随着它的是一种独特的超自然联系和认可。这种严格禁欲的合理化理由是"给第一个孩子一个机会"（有多少美国家庭坚定地主张保持家庭规模小巧，以便给每个孩子提供尽可能多的机会？），或者就像"狗"（Dog）说的那样，"如果我生了太多孩子，我会先鞭打一个，然后再鞭打另一个。"因为夏延人厌恶惩罚，所以"最好让第一个孩子在有其他孩子之前长大"。

为了达到这个目标，避孕行为最终没有被允许使用。关于堕胎行为的明确规定（案例14）已经展示过了。夏延族人严格的禁欲规定是通过神圣的誓言来加强的。誓言是婚姻仪式的关键。这似乎不是为了控制人口，尽管它的效果被认为是"过去的部落规模为什么如此小的原因"。当然，这也可能是最初的原因，但这种禁欲规定表现出了对麦云（Maiyun）的巨大牺牲，这一特征在任何方面都可以与太阳舞中的禁食或在山顶上钉死自己的行为相媲美。它为第一个孩子获得了一种普遍的祝福，同时也使父母的注意力得以集中。这一点在"小马献给麦云中可以清楚地看到，印第安人认为二者情况是相似的。战士们通常会以发誓的方式让他们的小马休息一段时间。每次假期结束前的月数都要在药师面前说明。药师会复述那些众所周知的义务。小马每天晚上都要被牵来梳理毛发，但从不骑。它的脖子上被系上一个抛光了的羚羊角，角上插着一种草药。皮带是用来衡量小马是否长胖的。药师给小马香薰和按摩，还跟它说话。之后，小马被松开了。自由活动结束以后，小马再次被带到药师面前。"现在你的月亮升起来了，"小马被告知，"无论他（即主人）在国内走到哪里，他都会带你去的。"

这种将小马驹奉献出来并且不驾驭它的仪式，赋予了小马驹一种超自然的力量，确保了它拥有持久的耐力、速度和力量。在战斗中保持安全是另一个预期的结果。为了酬谢巫医的努力，会送给他一头宰杀好的野牛。以黑狼数个案例为鉴，深刻证明了这一誓言的神圣不可侵犯性——任何违背此誓的行为，无论出于何种缘由，都将招致小马驹不幸离世的残酷后果。

尽管这种做法正在逐渐消失，但它仍然存在。如今年轻的夏延人会和他们的马交谈，然后放养它们，但其中的仪式被他们省略了。黑狼劝他的儿子不要给他的马一个特定的休养时段。如今，人们太容易忘记过去了，但坏运气还是有可能发生的。

承诺让第一个孩子在五、六、七到十年内自由成长，是一个相同的誓言。尽管人们相信，在这段时间内父母发生性关系会导致孩子死亡，但并未有确凿的实例来证实这一点，可能是因为这种情况并未发生，或者人们并未记住。在严格的信仰下，婚外性行为也被禁止，原因同上。因此，可以看出（事实上也确实如此），夏延人对贞洁的要求并没有导致频繁的通奸行为。同时，这似乎也并没有成为多妻制的有力诱因。关于在禁欲誓言期间与第二位妻子发生性关系是否被允许的问题，虽然有一些迹象表明这是可能的，但并未得到明确的证实。

总体而言，现有证据倾向于表明，这一习俗模式并未与性本能形成显著的对立，尽管"将女性置于草原生活"的实践，隐约透露出部分男性在性欲控制上的有限成就。重要的是要探究，身处此类誓言桎梏中的男性，其性行为是否仍享有自由。若答案是否定的，则这两种行为模式间似乎并无直接关联；反之，若他们得以在习俗框架内适度放纵，这或许便是内心世界复杂冲突的外在映射。鉴于时空的遥远隔阂，我们无法确凿地评判这是否深刻触及了人格构造的隐秘层面。尤为值得注意的是，我们极为信赖的一位夏延长老分享了他的亲身经历：自长子降生后，他与伴侣携手共度了十五年无性关系的和谐生活，且毫无压力之感，这一实例生动地揭示了该习俗在实际应用中的独特风貌，以及它对个体生活方式的深远影响。

这个人非常看重自己在部落中的地位。那些没有决心履行诺言的人不应该许下这样的誓言。那些试图违背誓言的人将会遭受来自超自然的报复。

在夏延部落中，我们可以看到一系列社会秩序和秩序层次的混合，这种混合模式在任何社会中都是塑造规矩和改革行为、避免纠纷或消除摩擦所必需的。他们的基本手段包括训练、榜样示范、展示以及说教（尽管是有意识的，但相对不太正式），这些手段旨在教导人们事物运作的方式以及一个得体之人应有的行为举止，其中伴随着大量的赞扬和偶尔的责备。另一种训练方法更为微妙，它教导人们如何在现有制度的框架内，不引起社会反弹的情况下，得到自己想要的东西。为了说明个人对社会制度的这种利用方式存在哪些界限，我们可以将残角的案例汇集起来看，你会发现他对于既定体面人形象的接受显得有些天真和无私。而如果将"小牛女"讲述的关于自己的故事汇集起来看，你则会看到一个企业家式的人物，她熟练地运用所有可用的社会手段来达到自己的目的，这有时甚至包括解决宿怨。

事实上，从夏延族的材料中，没有比这更令人震惊的法律教训了：法律可以抚平眼前的不满，但它也可以用来消除怨恨。人们在夏延族几乎找不到故意不公正的指责，这种肮脏的工作导致早期罗马人规定，搜查别人的房子，寻找所谓的赃物时，必须穿着缠腰带的衣服，手里拿着盘子。但是人们发现了一件又一件的积怨，而受委屈的人却在等待着抓住那个处于弱势的人。有时这意味着后来甚至会爆发成谋杀。虽然我们倾向于前一种观点，但我们无法判断一个更适当的正式处理个人错误的制度是否会缓解或加剧这些紧张关系。

令人惊讶的是，非正式制度竟然能够在如此大的程度上让即使是更具破坏性的成年人也遵守规矩。"公众舆论"在夏延人中确实是公众意见的一种表达；但它远不止于此。想想看，旁观者抓住攻击者的胳膊，或隐藏被追捕的人，或说出适当接受的平静建议，或用礼物来安抚或羞辱不守规矩的人，使其变得体面的案例有多少。再考虑一下公共场合那些替代释放的方式："如果他在这里，我就会这样做！"想想攻击前的匿名警告，这具备了一种预期性的替代释放功能，并体现了对言行不一的自我激励（这是一种不稳定的平衡）。想想那些在公共场合直言不讳的意见是如何聚集起来的，与此同时又是如何从劝退妻子的行为中吸取教训的；是如何赞扬高尚的行为的，又是如何谴责肮脏的工作的？考虑到那些社区里擅自用私刑的行为，以及孩子们因为遭受那些不体面的父母的虐待而自杀的案例。最后的公牛被免职为军长后说："人们都在谈论我们！"药帽守护者自己也被废黜了，整个部落发动了战争以迫使他退位。夏延语里的"舆论"是有牙齿的，而且露出来以后会不停咬人。行为矫正的成功率（其真实性没有理由怀疑）让人吃惊。当然，它也并不完整，就像纠正本身一样。

与此同时，公众意见就像舆论一样，每天、每时、每刻都在发挥作用。妇女们总是喋喋不休。残角可能会说，正如他曾经说过的那样："谁会喜欢听女人的喋喋不休？"但高额头知道"有些女人就像个优秀的报社一样"，而对残角来说，不去回避人们正在说的话、已经说过的话和将要说的话，才是好的尊重他人的行为。然而，女人们不仅仅是闲聊，她们的议论会让某个士兵感到羞愧，原因是他把可怜的动物赶到了草原上。这些议论让他们羞愧得想躲起来。即使是那些不顾及妇女们议论纷纷的人，也肯定会从自己的妻子那里受到影响；或者在秘密会议上，他的战士兄弟们会一本正经地告诉他，他们的妻子是如何喋喋不休地说了哪些话。一个首领被光荣地选出来并获已任命成为人们的保护者是有原因的，因为这份荣誉不仅来自他的选民，还源于所有社会成员的意见。

夏延族人在养育子女、获得声望模式以及非正式和正式制度方面的主要特点可以总结如下：儿童游戏和亲属的教导是成长的规训方式。尽管在教育方面，他们既没有现代化的学校教育，也没有民族学家经常记录的那种强制性和标准化的启蒙教育，但他们通过大量的有意识地说教，部分的制度性约束来完成教育，正如吟诵赞美奇袭的诗歌，以及首领和老人的说教。他们既没有明确的年龄上的界线，也没在年龄上建构社会意义的区别。年轻的战士通常会在参加军事社团时成为其中一员；毫无疑问，他在这种情况下懂得了相关教育和训导。人们仅仅是通过已知的宗教模式指导他，除此以外再无别的。在生活和意识上建立声望属于平原族群皆有的类型，这是毫无疑问的。行为的动机和表现都具备合理的多样性。领袖的儿子受到来自无愧于祖先的行为约束。同时，社会底层的男孩也有机会成为领袖，就比如最后的公牛一开始时还是个无名小卒。至少在目前的情况下（我们认为，或者在此之前），阶级和声望的流动正处于一个社会高峰。

约束成年人的非正式制度不是仅仅表现在口头上的，相反，往往会特别迅速地针对有利害关系的人和无利害关系的人产生规制。这可不像我们那些审查官或苏格兰长老会、牧师之类的正式治理组织。没有任何证据可以表明，这个非正式的约束关系一无所用，就像与乌鸦部落敌对的毗邻关系。正好相反，人们发现，女性的半自治手段会带来持续性的强制力量。这让人想起，存在于查加人议事会议中的那种传统不满情绪：① 在每一次新产生的纠纷中，男人们过去的不当行为，尤其是那些暴力行为，都对女人们的要求和行动产生影响，这种影响甚至有时会改变法律后果。人们确实在夏延文化中发现了许多由马林诺夫斯基（Malinowski）所强调的那种互惠关系和随之而来的履行公民义务的压力；但是，夏延人相对缺乏交换和专门化的经济结构并不允许这种互惠压力真正得到发展。在夏延文化中，人们只在女婿与岳父岳母之间的关系中明确无误地发现了这种互惠关系的存在，而这一领域又恰好是一个不太适合公开展示的私密领域。即便如此，这里涉及的法律含义仍然是模糊不清的；人们无法分辨女婿是仅仅想要迎娶妻子的妹妹而提出了一个看似合理的请求，还是他可能在主张自己根据法律享有的真实权利来迎娶她。我们认为这在夏延文化中是模糊不清的；我们怀疑，兄长对长姐的处置权可能并未完全与女婿针对妻子年轻妹妹而向岳父母主张的权利相分离，或者，也可能与日益增长的自我决定权主张有关。

在其他地方似乎也清楚地存在互惠关系，但远没有那么形式化。似乎并不一定要回赠礼物（除了与婚礼有关的礼物）。互惠关系总是受欢迎的，偶尔会在二十年后出现；这或许是预料之中的，通常也都是如此。但是我们找不到任何互惠的痕迹，也找不到任何纠纷的痕迹，因为它们没有表现出来。在大多数情况下，我们认为，互惠关系更体现为回赠的礼物，而不是回赠礼物这一行为。它们的意义在于表达了良好的意愿、理想的形式和友善的情谊，而不是履行一种被称为合法性的义务。

对于那些研究过其他法律材料丰富、法律思维娴熟的文化的人来说，夏延部落展现了一个独特且让他们倍感惊奇的法律景象：法律与其他社会控制手段（源自社会、文化、道德等非法律层面的影响力）之间鲜有冲突与抵消，这种罕见的和谐却引发了"权利"与"法律"界限的模糊。正如我们在一个好女婿可以娶妻子妹妹的问题，或者在判断马的所有权是属于"追踪

---

① Gutmann, Bruno: *Das Recht der Dschagga*, C. H. Beck, 1926.

者还是发现者"的问题,或者在"什么才是离婚的好理由"的问题上看到的那样。若不是这样,那么这种相互交融目的就是源于个人人格内部点的不同冲动。每一种冲动都被"权利""法律"和成就伟大生涯的步骤所推动:你必须勇敢、果断、有力;你必须深思熟虑、无私、明智。你必须爱你的妻子,珍惜她;你绝对不能依赖女人。你必须是一个战无不胜的人;你必须把自我约束放在第一位。这是一种模式、倾向、理想之间的斗争,每一种模式、倾向、理想本身都是合理的、正确的,都是被认可的。还有一个关键问题,那就是:每一种模式、冲动、理想,以及几乎每一种人格都承载着一种特别强的制约。每个内在的自我,以及人们之间的"有好的情感"都期望以某种方式在这些规制之间保持稳定的平衡。夏延文化所提供的主要机制是梳理模式和标准,并促发一种平衡,这是一种法律职能的程序,首先是激发个人的勇气,然后是在家庭和战场上,一个战士可以被培养出负责任的领导能力,最后让一个委员会成员形成庄严的自我约束——这一顺序让人想起了结构更为精细的罗马政治家职业生涯中的"职务序列"。

但是,这种平衡的产生方式并没有显示出任何意识性和教导性的迹象,正如在我们自己的文化中,法官平衡社会的制约艺术也不会表现出任何意识和确定指导性的内容。对于夏延人来说,他们手边就是一些活生生的样本,任何人都可以学习、模仿,并将44位部落酋长作为完美的行为效仿对象。明确劝诫和更为具体的生活刺激激发夏延人追求生活的价值,而不是通过不断超越一个又一个的卓越,也不是运用一个接一个的案例,更不是将二者混在一起。组织的影响更具有直接的刺激性。即便成长中的未成年人或成人的行为能令人敬佩地适应年龄和兴趣的要求,但这也往往能将行为的产生转变为一时冲动。年轻人过于渴望参加战斗,维护治安的活动过于活跃正是属于这种情况。"我攻击你的方式就是我攻击敌人的方式"会让人产生"我攻击敌人的方式,就是我攻击你的方式"的感觉。的确,没有人能理解夏延族塑造人格的动力系统是怎样的,但是就这种特殊的生活状态而言,如果不考虑社会整体结构,不考虑生活对生存能力的高度要求,如果所有的风险都要恢复平衡,就需要通过塑造一个又一个理想的行为规范才能更为理想地实现目的。回忆一下夏延人在求爱和第一个孩子出生后，那些禁欲规定，还有对满足贞节的、强大的制度模式。再思考一下夏延族人"取得的成就"。在3000人的人口中就有44位部落酋长，意味着每几十个适龄男性中就有一个部落酋长。从这个角度来看，首先要宽容过错，在任何方面都充分地宽容，才能有效地矫正行为而不是采用惩罚的方式。最后，还需要思考的是，当制度的不平衡或者被挑战成为现实时，司法系统所面临的任务是什么。

要使这样一种文化有尊严且有效地传承下去，同时该文化主体强大的行为能力得到规范，就要有高效的法律手段。除了法律之外，还需要有可以用来加强法律效果的其他社会控制手段，并且这些控制手段在强制力上应是一致的。仅是在激烈冲突的情景中进行规制调试，就需要有法律技艺。要做到这一点，同时又要使改善措施与文化变迁保持一致，并且即便接受最严峻的考验二者也能保持步调一致，这又需要技艺。如果要具备这样的技艺——司法方法，就必须让这种法律方式与其他文化保持密切的关系，并且要让二者关系保持和谐，即使可能存在文化冲突，也需要如此。

民族事务法治实践

用法治思维构建民族地区基层社会治理新格局

虎有泽[*]

摘　要：党的十九届四中全会要求构建基层社会治理新格局，从而完善基层治理体系、提高基层治理能力。我国民族地区基层社会治理新格局的顺利实现至关重要。在当前国家提出依法治理的背景下，为进一步维护民族地区的社会稳定，必须用法治思维构建民族地区基层社会治理新格局。用法治思维治理基层社会在稳定社会秩序方面彰显出更加突出的治理效果，也有利于实现我国民族地区基层社会治理体系和治理能力现代化。

关键词：民族地区；基层社会治理；法治思维

2019 年党的十九届四中全会要求，构建基层社会治理新格局。这就要求我们完善基层治理体系、提高基层治理能力，并将其作为深入贯彻党的十九届四中全会精神的具体实践。构建基层社会治理新格局必须以党的建设为引领，以群众需求为导向，以深化改革为动力，坚持和完善共建共治共享的社会治理制度，保持社会稳定、维护国家安全。具有多民族、多宗教、多元文化特征的民族地区的基层治理的顺利实施是关系到十九届四中全会精神目标得以全面实现的一个关键。作者认为，用法治思维构建民族地区基层社会治理，才能最终实现国家治理现代化以及基层治理新格局。

---

[*] 作者简介：虎有泽，西北大学法学院教授。

一、我国民族地区基层社会治理新格局面临的困境

近年来,我国民族地区治理水平不断提高,治理成效取得了显著成果,人们的幸福指数也大幅提升,民族地区的少数民族和睦团结、社会稳定。但同时,我国民族地区的基层社会治理也存在一些问题。

(一)民族地区基层社会治理中民族立法水平亟待提升

党的十九大报告提出:"推进科学立法、民主立法、依法立法,以良法促进发展、保障善治。"[①] 科学立法具体要求健全宪法实施和监督制度、完善立法机制、深入推进科学立法、民主立法以及加强重点领域立法。然而,民族地区存在"有的法律法规未能全面反映客观规律和人民意愿,针对性、可操作性不强,立法工作中部门化倾向、争权推诿现象较为突出"等共性立法问题。[②] 同时,"民族立法工作在不断探索、不断发展完善过程中也存在着一些问题。一是法条中的一些条款过于原则或者操作性不强,缺少罚则。二是在民族立法中没有充分体现民族特色、创新不够。三是民族立法工作的进展相对缓慢。"[③] 这些问题具体表现为以下几个方面:

1. 民族地区的民族立法内容不够合理

民族地区的民族立法存在立法内部不统一问题。自治法有关配套法规建设严重滞后,措施和办法不健全;现行的部分法规或部门规章与自治法的规定有不尽一致的地方,存在权大于法,部门法重于自治法的情况;民族法律的变通执行不够,缺乏保证实施方面的规定。另外,民族地区在重点领域的立法还较为薄弱。民族地区在注重发展地方经济的同时忽视了对少数民族地

---

① 习近平:《决胜全面建成小康社会 夺取新时代中国特色社会主义伟大胜利》,人民出版社,2017年,第38—39页。
② 习近平:《中共中央关于全面推进依法治国若干重大问题的决定》,人民出版社,2014年,第8—14页。
③ 习近平:《中共中央关于全面推进依法治国若干重大问题的决定》,人民出版社,2014年,第3页。

区环境资源的保护以及社会帮扶问题。例如，一些民族地方政府过度关注经济效益，忽视对民族地区自然环境、矿产资源的保护，只是一味地开发与利用而很少或者毫不考虑对当地生态环境的破坏，只重视经济利益而忽视了环境保护。此外，一些民族地方对少数民族和民族地区的部分优惠政策措施还未得到很好地贯彻落实。

2. *民族地区的民族立法技术不够精细*

"立法内容需要通过一定的方法和技巧表达出来，立法技术是用以促使立法臻于科学化的一种方法和操作技巧。"[1] 存在表达抽象、技术粗糙的问题。如前所述，"法条中的一些条款过于原则或者操作性不强，缺少罚则。"[2] 详言之，现行立法没有在立法技术层面区分法律与政策，法律原则与法律规则，因而出现了宏观性、政策性、宣示性、号召性的原则性条款较多，细化、量化、实质、具体的规则性规定较少的现象。另外，现行立法还存在过于追求"大而全""小而全"的结构完整的常规立法形式。以甘肃省民族立法为例，"实践中我们发现，在民族自治地方的自治条例和单行条例的制定过程中，往往贪大求全，片面追求所立之法结构上的完整，大量照抄照搬上位法条文，其结果是不能很好地体现出本地特点、体现本民族特色，导致法律法规促进经济社会发展、保障人民权益的作用不能充分发挥。"[3]

（二）民族地区基层社会治理中执法需要强化

党的十九大报告同时要求："建设法治政府，推进依法行政，严格规范公正文明执法。"[4] 依法行政应当包括依法全面履行政府职能、健全依法决策

---

[1] 柴生祥：《对当前民族立法工作的几点思考——以甘肃民族立法工作为例》，见孙青友、王允武：《民族法学评论（第九卷）》，民族出版社，2013年，第282页。
[2] 载人民网理论频道 http://theory.people.com.cn/n/2015/0401/c395162-26784333.html。
[3] 柴生祥：《对当前民族立法工作的几点思考——以甘肃民族立法工作为例》，见孙青友、王允武：《民族法学评论（第九卷）》，民族出版社，2013年，第282页。
[4] 柴生祥：《对当前民族立法工作的几点思考——以甘肃民族立法工作为例》，见孙青友、王允武：《民族法学评论（第九卷）》，民族出版社，2013年，第282页。

机制、深化行政执法体制改革、严格规范公正文明执法、强化对行政权力的制约和监督以及全面推进政务公开等内容。① 民族地区基层社会执法存在以下问题：

首先，民族地区存在"有法不依、执法不严、违法不究的现象，执法体制权责脱节、多头执法、选择性执法现象仍然存在，执法不规范、不严格、不透明、不文明现象较为突出，群众对执法不公和腐败问题反映强烈"② 等问题。

其次，民族地区存在执法效率低下和执法监督机制不完善的问题。一方面，执法效率低下。法律在执行过程中在遇到国家、地方和部门之间的利益冲突的情形，缺乏合理有效的执法协调机制，而发生相互推诿的情形，进而导致执法效率低下。另一方面，执法监督机制不完善。截至目前没有形成统一严格的民族法规执法监督机制，间接地影响了对民族法规的效益评估。

最后，民族地区一些地方政府在出台及执行重大社会政策时存在考量不足的问题。民族地方多为少数民族聚居的地区，地方政府出台的任何一项涉及当地少数民族切身利益和自身发展的政策、法规和规定往往非常受人瞩目。因此地方政府在出台某一项涉及少数民族的政策、法规和规定时，一定要事先多方面进行论证，确实做到征求社会各界意见，特别是少数民族群众的意见，否则就会引起一些不必要的社会矛盾和纠纷的出现。

（三）民族地区基层社会治理中司法问题突出

党的十八届四中全会报告指出："公正是法治的生命线。司法公正对社会公正具有重要引领作用，司法不公对社会公正具有致命破坏作用。"③ 党的

---

① 习近平：《决胜全面建成小康社会 夺取新时代中国特色社会主义伟大胜利》，人民出版社，2017年，第39页。
② 习近平：《中共中央关于全面推进依法治国若干重大问题的决定》，人民出版社，2014年，第3页。
③ 习近平：《中共中央关于全面推进依法治国若干重大问题的决定》，人民出版社，2014年，第20-25页。

十九大报告要求:"深化司法体制综合配套改革,全面落实司法责任制,努力让人民群众在每一个司法案件中感受到公平正义。"[①] 然而,民族地区在公正司法方面既存在"司法不规范、不严格、不透明现象较为突出,群众对司法不公和腐败问题反映强烈"的共性司法问题,也存在司法机关不能很好地处理依法治国与民族自治、民族政策与民族法律、国家制定法与民族传统规范之间的关系,特别是国家制定法和民族传统规范之间的关系等个性司法问题。

在调研过程中我们发现,越是基层的法官越能面临政策与法律、制定法与习惯规则之间存在冲突并进行权衡的问题。例如,在民事纠纷解决过程中,调解是一项不可或缺的解决机制。"以地易地"在基层法律纠纷中较为常见,然而,土地承包经营权变更在法律上以登记为标准。基层司法人员在处理这一类纠纷过程中,就会经常面临"严格按照法律处理就会引发群体事件,如果不严格按照法律处理就会导致司法不公"的"司法难题"。婚姻纠纷以及遗产继承纠纷也是较为常见的基层法律纠纷,然而在某些地方却流行着"男方优先"的"民族习惯",基层司法人员同样也会面临"严格按照法律处理就会引发群体事件,如果不严格按照法律处理就会导致司法不公"的"司法难题"。在具体调解过程中,会经常面临民间调解比司法调解更为"有效"的尴尬局面,比起司法机关,基层群众更相信民间权威人士或组织。然而,民间调解在程序和实体方面却存在许多亟待规范的地方,基层司法机关目前只能对"调解协议"的合法性进行实质审查,而对调解过程的合法性和意愿真实性却难以实现全面控制。更为严重的问题是在刑事案件处理过程中,对于已经"私了"的刑事案件,基层司法机关很难获得有效的证据。

(四) 民族地区基层社会治理中全民守法未形成

党的十九大报告还要求:"加大全民普法力度,建设社会主义法治文化,树立宪法法律至上、法律面前人人平等的法治理念。各级党组织和全体党员

---

① 习近平:《中共中央关于全面推进依法治国若干重大问题的决定》,人民出版社,2014年,第20页。

要带头尊法学法守法用法，任何组织和个人都不得有超越宪法法律的特权，绝不允许以言代法、以权压法、逐利违法、徇私枉法。"① 全民守法，则必须推动全社会树立法治意识、推进多层次多领域依法治理、建设完备的法律服务体系，健全依法维权和化解纠纷机制。② 然而，民族地区在全民守法方面的气候尚未形成，既存在"部分社会成员尊法信法守法用法、依法维权意识不强，一些国家工作人员特别是领导干部依法办事观念不强、能力不足，知法犯法、以言代法、以权压法、徇私枉法现象依然存在"等共性守法问题，也存在多元文化视角下的法治信仰缺失、法律意识薄弱、对法律的公众认同和社会接受氛围不足等个性守法问题。

通过调研我们发现，近年来，民族地区人民群众的法治观念和规则意识明显增强，但离自觉守法和对法治真诚信仰，尚存在一定距离，人民群众对法律的内在认同感和敬畏心还需要进一步提升。"一是法治宣传存在对象和地区的不均衡现象，制约了普法成效，全民守法仍然任重道远。二是促进全民守法的长效机制尚未建立。从法治体系内部看，科学立法、民主立法、依法立法方面还有很多方面需要加强；从法律执行看，行政执法散软和执法过度等现象还在一定范围内存在；从司法裁判看，法治在回应道德困境、弥合社会裂痕中发挥的作用还应进一步增强；从外部环境看，我国社会诚信机制还不够完善，激发人民群众尊法学法守法用法的长效机制亟待健全。"③ 质言之，一方面，人民群众守法的氛围没有形成。一般而言，懂法是守法的前提，然而当地老百姓并不具备应有的法律知识，遇事没有应用的法律思维。而所谓法律思维，就是根据法律来进行思考，进而根据法律来解决纠纷处理问题，并最终规范自己的行为。另一方面，"无知者无畏"，因为社会成员个体对法律缺乏应有的了解，也就不会形成内心确信，法律意识自然就较为薄弱。

---

① 习近平：《决胜全面建成小康社会 夺取新时代中国特色社会主义伟大胜利》，人民出版社，2017年，第39页。
② 习近平：《决胜全面建成小康社会 夺取新时代中国特色社会主义伟大胜利》，人民出版社，2017年，第39页。
③ 习近平：《中共中央关于全面推进依法治国若干重大问题的决定》，人民出版社，2014年，第26-30页。

二、民族地区基层社会治理困境的成因分析

如前所述，民族地区基层社会治理并非易事，其总会因诸种主观与客观原因而遭遇困境。这种困境在少数民族地区尤为突出。其中造成民族地区基层社会治理困境的原因有以下几点：

(一) 少数民族传统规范影响

传统习惯规则对少数民族群众生活影响非常深厚，正是在这种传统规范意识的影响下，当国家法在民族地区执行时，如果遇到当地与之相悖的少数民族传统规范时，其执行难度之大与执行效果难免要打折扣。少数民族传统婚姻规则在内容上大体与国家婚姻法内容一致，比如都强调男女恋爱婚姻自由、禁止近亲结婚等内容，但也有一些不一致的地方，如早婚、没有结婚登记以及重婚等。我国《民法典》第一千零四十七条规定："结婚年龄，男不得早于二十二周岁，女不得早于二十周岁。"在民族自治地方，由于受经济发展水平、传统文化、宗教和风俗习惯等因素的影响，早婚早育现象较为普遍。此外，在一些地区中，也有双方已经举行了婚姻仪式，可是却没有领取结婚证的情况存在。出现这种情况，因为一些特殊原因无法领取结婚证。在少数民族其他成员眼里看来，虽然双方还没有领取结婚证，但是已经按照少数民族的传统要求举行了婚姻仪式，那么他们之间的婚姻关系是成立的，等将来达到法定结婚年龄之后再去领证也可以。

(二) 树立宪法法律权威的社会共识没有形成

"法律的权威源自人民的内心拥护和真诚信仰。人民权益要靠法律保障，法律权威要靠人民维护。"[1] 而所谓树立宪法法律权威就是强调宪法法律在整个社会调整机制和全部社会规范体系中必须处于主导地位，所有社会行为都

---

[1] 李若兰：《全民守法筑牢法治社会根基》，载《学习时报》，2018年3月26日。

均须以宪法法律为依据，宪法法律唯一的权威，不得以政策、道德、习俗等调整手段或其他社会规范冲击或代替宪法法律。其实，树立宪法法律权威就是强调规则意识和程序正义，强调宪法法律是化解纠纷和处理问题的最终标准和最有效手段。然而，在思想观念层面，如前所述，文化多元是民族地区的基本现状，浓厚的宗教文化和民族习俗或多或少会对树立宪法法律权威存在阻力。在解决问题方面，如前所述，当地国家机关经常会面临民间调解比司法调解更为"有效"的尴尬局面，比起司法机关，基层群众更相信民间权威人士或组织。其根本在于，宪法法律权威还没有深入人心，形成内心确信，进而可以成为行动自觉和文化自觉。当然，不是说树立宪法法律权威就排斥其他社会规范和社会调整机制，而应当在多元的基础上统一将社会规范体系和社会调整机制纳入法治的轨道，将宪法法律作为最终标准和最有效手段，以宪法法律为标准对现有社会规范体系和社会调整机制进行校正、审查和整合，并最终实现转化吸收，以实现"通过法律的社会控制"。当然，"通过法律的社会控制"首先应当是实体正义控制，其次还必须包括程序正义控制。

（三）民族地区基层治理人员不足

加强少数民族地区基层治理队伍建设，是实行民族区域法治、解决民族问题的关键。长期以来的实践表明，熟悉本民族历史及现状，通晓民族语言文字，懂得民族生活方式和风俗的少数民族干部，是促进民族地区经济发展、社会稳定、实现各民族团结的重要力量。其中，双语司法人才培养是民族地区基层治理的关键因素。然而长期以来，在世居于民族地区的少数民族干部队伍中，却普遍存在人才缺乏、培养教育方式陈旧、办法不多等情况。在少数民族地区民族法律法规执行的实践中，往往就会出现因为少数民族干部人数不足，在具体执法时就不能完全覆盖相应执法区域，造成执法效果不好的状况；出现少数民族干部文化素质水平较低，不能很好理解和贯彻执行党和国家有关民族政策的精神，不能满足新时代对于少数民族干部各项能力的要求，存在着消极执法、不文明执法、依利执法、不严格执法、不公执法等问题；出现少数民族干部队伍年龄结构偏大，后备干部不足的情况，民族地区大多处于贫困落后地区，少数民族学生在毕业后，往往宁愿在发达地区打工，也不愿回到民族地区工作，导致民族地区少数民族干部更新速度慢，后备干部力量缺乏等问题，这些问题从人力角度来看，其对于民族地区社会治理效果造成了不小的影响和制约。另外，民族地区的基层治理机构大多处于较为贫困的县区，很多都是国家级贫困县，仅靠国家财政拨划的经费办案执法有着入不敷出的情况。近年来，随着国家经济发展，地区经济水平的提高，这种现象在一定程度上得到了缓解，甚至不复存在。但在一些边远的民族地方，执法机构和司法部门办案经费少、装备差等情况依然存在。在有的民族地区，基层公检法机关出差办案的经费依然十分紧张。此外，在部分少数民族地区也还是存在着行政执法机构设置混乱与不健全的问题，比如：无法律根据滥设政府临时性执法机构和企事业单位执法机构；依法应设而未设，或有机构却无人员或人少，或机构管理制度不健全，等等。这些也是长久以来影响、困扰少数民族地区基层治理的大问题，需要国家重视及做进一步调整。

三、用法治思维构建民族地区社会基层治理新格局的建议

面对民族地区基层社会治理的诸多困境以及造成这种困境的成因，在新形势下我们应该用法治思维治理民族地区的基层社会。只有依法治理，才能最终实现国家治理能力现代化以及实现民族地区基层社会治理新格局，依法治理具体包括以下内容：

（一）完善民族地区基层社会治理法律体系

2011年8月11日，国家民委公布了新中国成立以来关于民族法制的第一个专项规划编制——《民族法制体系建设"十二五"规划（2011—2015年）》（以下简称《规划》）。该《规划》是为在新的起点上进一步推进民族法制建设，完善民族工作体制机制，全面落实依法治国基本方略，推动依

行政和加强法治政府建设,根据《中华人民共和国国民经济和社会发展第十二个五年规划纲要》和《国务院关于加强法治政府建设的意见》,以及党中央、国务院关于进一步加强民族工作、加快少数民族和民族地区经济社会发展的总体要求和具体部署而编制的。《规划》主要内容分为:指导思想和总体目标、主要任务、保障措施三个部分。初步建立起来的中国特色民族法律法规体系还需要不断完善,在新的历史起点上进一步推进民族法制建设,对全面贯彻落实依法治国方略具有重要意义。《规划》提出:要推动制定与民族区域自治法相配套的、与少数民族群众利益密切相关的、有利于促进少数民族和民族地区经济社会发展的法律法规。加紧修订《城市民族工作条例》和《民族乡行政工作条例》。强化少数民族权利保障机制,建立完善民族事务服务体系,通过政策保障和法律保障相结合,平等保护和优惠照顾相结合,行政措施和司法救助相结合,依法保障少数民族合法权益。[①] 过去我国的民族立法工作,限于立法技术和条件,同时为了应对纷繁复杂的民族地区形势和民族关系,在立法时比较偏向于宽泛和原则,往往带有一定的超前性,以便于调整和解决今后可能会出现的社会矛盾与民族问题。我们从《中华人民共和国宪法》《中华人民共和国民族区域自治法》等法律中可以看出这一立法指导思想。这种立法指导思想加强了民族法的稳定性,为民族地区社会经济发展、地区和谐稳定提供了法律上的安定性基础。但是在当下,随着社会转型期各种利益关系的博弈,我国民族地区特别是少数民族地区的社会关系日趋复杂化,各种社会问题层出不穷,许多以民族、宗教问题为背景的社会事件也时有发生。因此,今后我国立法机关应当改善立法措施,以增强民族法律法规的可操作性;提高民族法律法规的规范性;让我国的民族法律法规更加系统化、规范化。

(二) 提高民族地区基层社会治理执法水平

健全、创新少数民族地区基层社会治理水平。首先要继续深入推行行政

[①] 习近平:《中共中央关于全面推进依法治国若干重大问题的决定》,人民出版社,2014年,第26页。

执法责任制。进一步推进执法职权分解、办事流程、执法程序公开工作；调研特殊地区行政执法主体资格问题，提出解决的办法；促进落实执法责任。

1. 积极推动执法体制改革

进一步推动有条件的少数民族地区积极开展城市管理领域相对集中的行政处罚权工作；积极探索综合执法，推进执法重心下移，加强行政委托行为研究，推进行政委托制度建设；继续深入推进行政审批制度改革和规范工作流程，加快行政听证程序的立法进程，进一步推进执法文书规范化工作。着力防范失当行政行为影响少数民族地区经济发展。[①] 为应对社会转型期少数民族地区非常规性社会纠纷对民族法律法规执法严峻考验的这一现状，完善民族工作领导体制和工作机制，进一步提高政策理论水平和协调处理民族问题的能力。

2. 创新政府法律顾问工作机制

面对当前少数民族地区因政府决策问题引发各种群体性事件造成民族地区社会治理难的问题，要推动少数民族地区的各级政府部门建立科学、民主、依法决策的机制，探索、创新政府法律顾问工作机制。加强探索，创新少数民族地区政府法律顾问工作机制，增强法律顾问工作的主动性、预见性、针对性，提升服务层次，适时组织法律顾问对经济社会发展的重大问题开展有针对性的调查研究、课题研究，向政府提出法律建议。

3. 提升民族地区执法工作人员高素质

从现有情况看，不仅专业人员数量配备不足，执法人员素质也有待提高。除了在机构改革中对相应执法人员的编制适当留有余地，并严格进入机制，录用一批受过专门教育的人才外，对在职执法人员的在岗培训和进修应进一步加强。对执法人员尤其是司法人员的文化层次和教育水准应设定一定的标准，并通过严格的考核制度引导广大在职人员有危机感、紧迫感，自觉学习文化和专业知识。

---

① 参见国家民委：民族法制体系建设"十二五"规划，http://www.seac.gov.cn/art/2011/8/11/art_149_133670.html

4. 保障民族地区社会治理执法经费

民族地区执法机构建设薄弱和经费紧张问题是一个普遍现象，其程度也已到了非解决不可的地步了，我们切不可再等闲视之。我们应在广泛调查的基础上，为肩负着实施民族区域自治制度的基层执法机关办案经费予以硬性的数字化保障。比如以人均经费的标准确定少数民族地区执法机关的最低限度费用，并纳入上一级财政的预算保障指标内。考虑到民族区域自治地方基层条件艰苦，办案成本较高，这个经费标准不应低于全国执法机关人均经费的水平。对于特殊情况的经费需要，还应当给予另外的安排。为确保民族区域自治执法的公正性，办案经费应严格由各级政府财政保障，切不可放任"执法产业化"，否则将贻害无穷。①

(三) 司法层面增强国家法律与民族传统规范的互动

民族地区的稳定发展和长治久安对于促进不同民族，对加强民族团结、维护祖国统一、保障国家安全，具有极为重要的意义。

1. 民族地区的纠纷调解应严格依法

目前实现国家法律法规与民族传统规范相融合的法律依据《中华人民共和国人民调解法》（以下简称《人民调解法》）已于2011年1月1日起正式施行，该法中关于人民调解的一些新理念、原则和制度的实现有利于人民调解向现代进行转型，乘着这阵东风，民族地区的民间纠纷调解制度在结合传统资源的基础上也应积极向现代调解转型。

2. 少数民族传统规范的合理适用

少数民族传统规范的部分内容与我国刑事法律在法律理念和司法实践中存在着冲突，如何将这些少数民族传统规范的理念和内容融入国家法的立法和司法适用当中是当下我们需要认真思考的一个问题。目前，这一问题国内一些研究少数民族传统规范的学者们所认真思考的内容，而这一内容主要涉及我国刑事和解制度的建立问题。通过刑事和解，能较好地使国家、加害

---

① 吴大华：《贵州法治发展报告（2011）》，社会科学文献出版社，2012年，第87页。

人、受害人的利益得以均衡。如果把刑事和解调适机制的构建看成一项过渡性、临时性的举措的话，那么对民族地区传统规范通过民族自治立法予以吸收就是一项规范性、长远性的法制化路径。依据我国有关法律的规定，民族自治立法有相应的变通权，但目前刑法在民族地区的适用主要是通过司法变通实现的，这种状况一方面是和民族地区的特殊情况相符合的，另一方面也是由法制的发展滞后以及不完善造成的。而司法变通就是国家制定法与少数民族传统规范在初期的一条积极探索之路，在肯定其积极作用的同时，也要看到其局限性，即从制度层面而言这又与法制的要求产生了冲突。在现有条件下，结合多年的司法实践经验，在民族地区刑事变通的条件已具备，民族地区应加快刑事法规的立法工作，把司法经验、刑事政策和少数民族传统规范法律化，早日制定出刑事变通立法，作为处理民族地区公民刑事犯罪案件的法律依据，给民族地区正确适用刑法提供法律武器。[1] 我们可以想见，当我国的民族法律法规成功吸收了少数民族传统规范之中的精华之后，将会极大增强其在民族地区特殊社会中的适应能力，更加强其在民族地区的权威性，避免过去因与民族地区实际情况不符而造成的执行问题和"二次司法"问题。

（四）守法层面营造法律权威的社会氛围

"要实现全民守法，则必须推动全社会树立法治意识、推进多层次多领域依法治理、建设完备的法律服务体系，健全依法维权和化解纠纷机制。"[2]在民族地区，这些措施必须具体化，也必须有针对性，突出重点。结合前述调研情况和成因分析，法律知识的宣传教育至关重要，法律援助制度完善也不可或缺。

1. 加强法律宣传教育，普及法律知识

法治宣传教育，引导"全民自觉守法、遇事找法、解决问题靠法"[3]。

---

[1] 陈卯轩：《论加强民族区域自治制度执法》，载《西南民族学院学报》，2002年第7期。
[2] 张谦元、刘明：《刑法在藏族地区的适用问题探讨》，载《西北民族大学学报》，2012年第5期。
[3] 习近平：《中共中央关于全面推进依法治国若干重大问题的决定》，人民出版社，2014年，第26-30页。

一般而言，懂法是信法、守法、用法的前提。因而法治教育宣传重在知识普及和意识引导。当然，民族地区有其特殊性。文化多元的民族地区还存在浓厚的宗教文化和民族习俗，在宣传国家法律制度和法治文化过程中，必须注意和少数民族习俗和宗教文化的融合，在法治整体框架内和法律统一权威下充分发挥宗教在促进社会稳定方面的积极作用，最大限度地寻求法律制度与民族习惯规则共通与一致的地方，将不一致的内容进行融合。如果少数民族地区的法治教育宣传能和当地的文化氛围相融合，则更有利于树立宪法法律权威，也更利于深入人心，进而转变成行动自觉。

2. 完善法律援助机制，优化法律服务

如果说，法治宣传教育是引导人民群众"遇事找法，解决问题靠法"，而法律援助则是进一步从制度上确保人民群众在遇事时能找到法，能够靠法解决问题。详言之，法律援助旨在"保证人民群众在遇到法律问题或者权利受到侵害时获得及时有效的法律帮助"[1]。通过调研走访，我们发现民族地区特别是欠发达地区的法律援助极为匮乏，现有的律师、法律援助人员根本无法满足当地的法律服务需求。必须首先加强法律服务队伍建设，特别是既懂少数民族语言文化又懂汉语和法律的双语人才，以期能实现覆盖城乡居民的法律公共服务体系，重点优化民生领域的法律服务。而民族地区法治人才队伍的建设必须采取"留得住、引进来、走出去"的方针。一方面，最大限度地留住当地民族院校的法学毕业生，最大限度地引导其进入法律服务岗位；另一方面，最大限度地发挥国家"对口支援"计划优势和人才引进计划，充分吸引发达地区的法律人才，特别是少数民族地区生源的省外大学生。

3. 健全纠纷化解机制，树立法律权威

权威亦即公信力，意味着公正和有效。社会矛盾纠纷的化解过程，也是最容易加快社会公众的法治信仰和法律思维的形成，树立宪法法律权威的过程。无论是解决民事纠纷还是打击刑事犯罪，最有效的手段最公正，最能维护人民群众的利益，也最能代表人民群众的意志，往往也就是最权威的手

---

[1] 习近平：《中共中央关于全面推进依法治国若干重大问题的决定》，人民出版社，2014年，第26页。

段。民族地区社会矛盾纠纷较为特殊，非常规性社会纠纷更是需要法律权威。首先，健全纠纷化解机制的根本在于确保表达机制畅通。社会矛盾纠纷的解决一定要支持人们理性表达诉求，特别是合理的民族习惯诉求。而沟通协商是解决问题的最佳手段。其次，健全纠纷化解机制的关键在于强化规则意识，突出依法维护权益。通常认为，社会矛盾纠纷解决的方式有和解、调解、仲裁、诉讼。无论何种纠纷解决机制，不能忽视规则之治，依法维护权益更是不能或缺。特别是民间调解和"私了"不能突破法治的底线，更不能挑战社会正义。与此同时，必须强化"通过法律的社会控制"，突出法律对社会矛盾纠纷化解过程之实体和程序的控制，规范甚至消解民间调解和"私了"，进而将其纳入法治轨道。最后，健全纠纷化解机制的目的在于树立宪法法律权威。如前所述，"法律的权威源自人民的内心拥护和真诚信仰"。而内心拥护和真诚信仰必须建立在形成法律思维的基础之上。正所谓"权威以服从为前提"，而法律思维强调根据法律思考，正是强调"法律至上"的服从。民族地区社会矛盾纠纷机制健全必须以疏导和预防为主，更要注意区分法律问题和民族问题，注意区分法律纠纷和非常规纠纷，在法治框架内，充分整合政策等社会规范体系和社会调整机制，力求避免矛盾升级和纠纷变异。

四、结语

在党的十九届四中全会要求下，应当着重于基层治理手段的法治化，用法治思维构建基层社会治理。具体而言，民族地区基层治理新格局的顺利实现需要立法层面进一步完善法律体系；司法层面增强国家民族法律法规与少数民族习惯规范之间的良性互动；执法层面提高少数民族地区民族法律法规执法水平、加强执法机构建设；守法层面加快社会公众的法治信仰和法律思维的形成，营造宪法法律权威的社会氛围等。只有依法治理基层社会，才能推进民族地区基层社会治理体系和治理能力现代化，最终构建民族地区基层社会治理新格局，维护民族地区的民族团结和社会稳定。

民族地区应急管理法治化建设的理论与实践*

王 喜**

摘 要： 应急管理法治化是在全面推进依法治国背景下对应急管理提出的重要要求，具有深厚的理论基础，是理性管理的重要前提和公共资源使用的合法基础，也是中国特色社会主义制度优势的重要保障。就应急管理法治化本身而言，不仅需要从理论上和实践中找到足够的支撑，也需要充分考虑民族地区应急管理法治化的建设问题。当前，民族地区应急管理面临着疫情扩散蔓延、公共管理、社会稳定和经济发展的挑战，这些风险的存在是民族地区应急管理法治化建设亟待解决的问题。为此，应当完善民族地区应急管理法律法规体系，强化应急管理法律法规的贯彻实施，强化应急管理过程中的司法效能、构建公众广泛参与的应急管理法治格局和筑牢权责统一的应急管理法治监督机制等，从而实现民族地区应急管理法治体系的逐步完善。

关键词： 民族地区；应急管理；法治化；理论与实践

一、民族地区应急管理法治化的理论基础

应急管理指的是各级人民政府以及部分社会组织在重大突发事件发生

---

* 本文系2021年贵州省哲学社会科学规划一般项目"新形势下贵州应急管理法治化与法治能力现代化建设研究"的阶段性成果（项目编号：21GZYB30）。

** 作者简介：王喜，贵州警察学院副教授。

后，为有效减轻公民和社会的损害而采取的多种类型的应对措施，常见的应急管理手段包括应急预案、应急处置及处置后的恢复等。突发事件的出现，是应急管理启动的前提，而不同类型的突发事件呈现出不同的风险特征，这也对应急管理的手段和程序等有着决定性的影响。应急管理法治化是指在应急管理领域，探索法治内在价值和法治理念实现的方式、途径和制度完善的过程。"疫情防控越是到最吃紧的时候，越要坚持依法防控，在法治轨道上统筹推进各项防控工作，保障疫情防控工作顺利开展。"[①] 由于我国地域辽阔，自然环境复杂多样，多种类型的危机事件频频出现，尤其是在民族地区，一旦发生公共危机事件，往往会带来灾难性影响。应急管理法治化是理性管理的重要前提，是公共资源使用的合法基础，是中国特色社会主义制度优势的重要保障。应立足我国民族地区应急管理的现实需求，准备把握应急管理法治化的理论基础，推进民族地区应急管理法治化进程。

（一）应急管理法治化是理性管理的重要前提

作为国家治理体系和治理能力现代化的重要环节，应急管理法治化有助于防范重大突发事件所带来的各种社会风险，也能够在突发事件发生后进行科学快速有效的应对，从而减少突发事件带来的人员伤亡与财产损失。可以说，应急管理法治化，是维护人民群众根本利益的重要保证，有助于为"两个一百年"奋斗目标的实现提供坚强的法治保障。法律的前瞻性和权威性，是法律的重要属性，也是法律手段与其他应急管理手段的关键区分。法律的前瞻性是指法律应当为未来可能出现的情况提供规则和依据，避免无法可依的情况出现。[②] 在民族地区突发公共卫生危机的应急管理过程中，疫情防控的法律法规明显欠缺，许多都是在疫情发生之后才临时制定颁发的。如贵州省发展改革委员会在疫情出现后，迅速编制《疫情防控相关法律法规资料汇

---

① 2020年2月5日，习近平总书记日前主持召开中央全面依法治国委员会第三次会议并发表重要讲话，深刻阐明法治在疫情防控中的重要作用，对依法推进疫情防控、提高依法治理能力作出重要部署，为坚决打赢疫情防控阻击战注入强大法治正能量。

② 黄宗智：《建立前瞻性的实践社会科学研究：从实质主义理论的一个重要缺点谈起》，载《开放时代》，2020年第1期，第41页。

编（电子书）》，2020年2月14日发布《省发展改革委关于开展疫情防控相关法律法规、疫情防控法治宣传手册、司法解释宣传学习的通知》，虽然对疫情防控起到了一定的规范作用，但难免出现应对不足、衔接错位等情况。因此，在制定法律法规的过程中，应当具备一定的前瞻性，尽量做到在应对突发事件时有法可依、有章可循。法律的权威性是指，法律是法治过程中各个主体应当普遍遵循的最高标准。如在疫情防控中，无论是政府还是其他社会主体，都应当在法律的框架下开展各自的工作，即使要发挥法律之外的主观能动性，也不能够与法律相违背，至少应当在法理上或公序良俗上获得肯定性评价。因此，在法律制定与执行的过程中，要高度重视法律的权威性，在法律的轨道上，推进应急管理法治化。[1]

法律实则是权利与权力的关系体现。社会公众通过私权利的让渡而建立公权力机关，而公权力机关也通过职能履行来保障社会公众的私权利。这样的权力—权利关系在法律制定时就已经有了合理范围内的预设，同样，这也是法律权威性的体现。但是，在公共危机发生之时，公民的权利与政府的权力之间的关系则会存在一定的变动。在公共危机应急管理过程中，政府必然会面临多种多样的复杂局面以及各类潜在的应急难题，如可能发生的二度风险、工作中遇到的民众不配合现象、特定情况下对既有法律关系的突破等。[2] 此时，就必须发挥法律的协调性作用，即在公共危机爆发之时，在一定范围内适当扩大政府的公权力，当然这也意味着一定期限内公民私权利的限缩。因为在灾难面前，公民个体的能力是有限的，而政府基于各种优势，更加具有应对灾难的能力，能够做到集中力量办大事。因此，本质上讲，公共卫生应急管理中，对政府公权力的扩大，实际上也是对公民私权利的保护。[3] 从大局看，二者的关系非但没有破坏，反而有了进一步的发展。

---

[1] 马怀德主编：《应急管理法治化研究》，法律出版社，2010年，第12页。
[2] 代海军：《突发事件的治理逻辑及法治路径——以新冠肺炎疫情防控为视角》，载《行政法学研究》，2021年第2期，第53页。
[3] 李燕凌、贺林波著：《公共服务视野下的公共危机法治》，人民出版社，2013年，第82页。

(二) 应急管理法治化是公共资源使用的合法基础

在公共危机应急管理过程中，公共资源的合法使用问题争论已久。公共资源不仅包括物质上的公共资源，还包括很多无形权力所附带的公共资源。公共危机发生时的社会环境不同于平日的社会环境，在公共危机的环境中，公共资源和公权力必然也应当在特殊的环境下运行，这也是应急管理法治化的题中应有之义。

实质正义与形式正义作为两种正义形式，对法治社会的构建有着重要的影响。但是，不同国家对于实质正义与形式正义的关系有着不同的理解。有些国家认为形式正义的重要性大于实质正义，因而过于注重法律的运行方式与所遵守的相关程序，但对法律的最终目的与实际效果关注不足。[①] 例如，本次众多西方国家的法律体系就明显暴露出僵化死板的弱点，在疫情防控期间，不注重法律的实际效果，导致法律的运行速度滞后于疫情发展的速度，结果便是疫情的大肆扩散，以至于发展成不可控的局面。有些国家将法律的实质正义置于高位，强调法律的最终效果，但不注重法律运行中的程序保障与监督体制，最终导致法律的滥用。

可见，疫情防控中各国的不同做法，正体现了对实质正义与形式正义的不同理解。中国特色社会主义法律体系的重要特点，便是能够妥善地协调实质正义与形式正义的关系，既达到疫情防控的最终目的，又不脱离法律的轨道。[②] 一方面，公共危机应急管理中，要把疫情防控的效果作为最终目的，一切法律资源和社会资源都应当以疫情防控为目标，发挥中国特色社会主义集中力量办大事的优势。另一方面，法律的实施也应当在既定的轨道中，无论是政府还是其他社会公众，都应当以法律为准绳，维护法律的地位。

在公共危机发生时，被扩大的公共权力往往备受关注。如果在特定时期

[①] 赵迪：《形式正义到实质正义：法律适用理念的理论论争与应然选择》，载《东岳论丛》，2020年第5期，第22-24页。

[②] 谭波、王玉：《论应急行政法的部门定性及其法治发展路径》，载《江汉学术》，2021年第1期，第10页。

内被扩大的公权力并没有受到法律的监督,那么极有可能造成一些贪污腐败、资源浪费的情况,这对于公共资源本就十分紧张的应急管理形势十分不利。如本次疫情救治中,我国便成立了多个监督部门,以对政府的行为进行监督,从而让权力在阳光下运行。通过监督来实现公权力以及被扩大的公权力的有效运行,实现公共危机应急管理的最终目标。

(三) 应急管理法治化是中国特色社会主义制度优势的重要保障

坚持中国共产党的领导,是政治稳定、经济发展、社会和谐的重要保障。中国共产党始终以广大人民群众的根本利益为最终目标,通过法治手段贯彻党的方针政策。本次公共卫生危机发生以来的一系列应急管理措施,也彰显了党的领导的优越性。[①] 首先,以习近平新时代中国特色社会主义思想为指导,广泛听取社会各界的建议和意见,保证应急管理过程中思想的稳定和集中。其次,在实际行动上,中国共产党统一发号施令,部署应急管理政策,提高了公共危机应急管理的效率,中国在疫情防控中的工作取得了举世瞩目的成就。此外,疫情防控期间广大共产党员发挥模范先锋作用,以身作则参与一线抗疫之中,凝聚人心,团结群众,最终取得了抗疫的胜利。党的领导有助于公共卫生危机应急管理法治化的发展,同时,公共卫生危机应急管理法治化也是对党的领导的绝对拥护。

集中力量办大事,是中国特色社会主义制度的突出优势。疫情暴发以来,我国各级政府果断采取行动,发动全国范围的人力物力打响了武汉疫情保卫战,尤其是火神山、雷神山医院的建成,堪称世界公共卫生危机应急管理的奇迹。在依法治国的总目标下,政府的行动始终在法治的轨道中运行,时刻坚持合法行政、合理行政,严格惩治公职人员的违法行为。[②] 因此,公共卫生危机应急管理法治化的发展,有助于更深入地为政府依法行政提供有

[①] 熊文钊、王秋艳:《应对突发公共卫生事件的法治保障》,载《天津大学学报(社会科学版)》,2021年第2期,第136页。
[②] 马怀德:《疫情防控必须依靠法治运用法治完善法治》,载《中国党政干部论坛》,2020年第5期,第51—52页。

力支持，打造一个更高效、权威的应急管理领导机构，① 运用法治思维发挥政府在公共危机应急管理中的作用。

在中国特色社会主义制度中党和政府始终坚持人民路线，把人民群众的利益放在首位。中国共产党的领导是人民选择的结果，每次公共危机发生后，人民群众都会对中国共产党抱有充分的信任，积极配合党和政府的英明决策。同时，党和政府也坚持人民至上，全心全意维护人民的利益，在疫情期间积极倾听群众意见，接受群众的监督，满足群众的需求，不抛弃、不放弃每一位困难群众，真正做到了为人民服务。公共卫生危机应急管理法治化，也会坚持人民群众路线，从人民群众的根本利益出发，树立人民群众在公共危机应急管理中的主人翁意识，凝聚人民力量，充分发挥中国特色社会主义的群众优势。新冠疫情发生后，贵州省委省政府把人民群众的安全放在首位，多次通过覆盖全省城乡的有线电视系统召开疫情防控工作指导会议，并且通过"一云双网、一主三用"的智慧广电新体系等多重手段以实现疫情防控的目标，切实保障了广大人民群众的根本利益。②

二、当前民族地区应急管理法治化面临的挑战

习近平总书记强调："要有意识地把维护公共安全放在落实国家安全总体理念上去思考，在推进国家治理体系和治理能力现代化上去把握。"③ 在疫情防控下，民族地区应急管理面临的风险和挑战严峻复杂，传统安全和非传统安全的风险高度聚合和交织，应急处置不当可能引发政治安全风险，影响国家安全。因此，充分认识并深入分析各类风险，成为民族地区应急管理法治实践的重要前提。

---

① 赵正群：《法治在抗击非典斗争中的地位与作用》，载中国法院网，https://www.chinacourt.org/article/detail/2003/05/id/56355.shtml，最后访问时间2022年3月22日。

② 中国旅游信息报：《贵州省各级党委政府高度重视疫情防控阻击战》，https://www.sohu.com/a/370563239_100287865，最后访问日期2022年3月31日。

③ 黄明：《坚决贯彻落实总体国家安全观 推进应急管理体系和能力现代化》，载《人民日报》，2020年4月24日。

(一) 疫情扩散蔓延的挑战

新型冠状病毒的传播速度、危害程度远远超过一般病毒。初期新冠病毒的来源和传播机理难以明确，也是导致病毒扩散蔓延且不可控的重要原因之一。病毒"看不见、摸不着"，其感染源和传播途径难以准确界定，且病毒本身具有一定的潜伏期，这不仅使人很难追溯病毒感染源，甚至感染者在一定时间内都难以察觉，并可能造成接力传播。正如学者研究所言："公共卫生类社会风险虽然存在着发生征兆和预警的可能，但往往很难对其真实发生的时间、地点做出准确预测和及时识别，对其蔓延范围、发展速度、趋势和结局很难预测或不能引起足够的重视。"[1]

由疫情的发展态势可知，疫情的扩散和蔓延，会造成一定数量人员的病亡。根据国家卫生健康委员会的信息，截止到2022年3月30日，据31个省（自治区、直辖市）和新疆生产建设兵团报告，现有确诊病例28599例（包含重症病例66例），现有疑似病例18例，累计报告确诊病例149276例，累计治愈病例116039例，累计死亡病例4638例，累计追踪到密切接触者2306745人，尚在医学观察的有367516人。[2] 由于我国采取的防控措施有力及时，国内疫情基本得到控制，但国外疫情仍处在扩散和蔓延的状态。从世界范围来看，世卫组织网站最新数据显示，截至欧洲中部时间2022年3月29日18时10分（北京时间30日0时10分），全球确诊病例较前一日增加1342231例，达到481756671例；死亡病例增加2841例，达到6127981例。[3] 由于现代社会深度互联，人们高密度聚集且高强度快速流动，这给疫情快速蔓延制造了条件，也加剧了应对疫情扩散的难度。随着新冠确诊病例数量的不断增加，抗疫所面临的最急迫、最主要的社会危机

---

[1] 陈远章著：《转型期中国突发事件社会风险管理研究》，国家行政学院出版社，2010年，第62页。

[2] 中华人民共和国国家卫生健康委员会官网，http://www.nhc.gov.cn/xcs/yqtb/202203/8165885c08f747b7b5a4e87a6a7d1eba.shtml，最后访问时间2022年3月31日。

[3] 新华网：《世卫组织：全球累计新冠确诊病例达481756671例》，https://baijiahao.baidu.com/s?id=1728677404120531695&wfr=spider&for=pc，最后访问时间2022年3月31日。

和风险是新冠疫情的扩散和蔓延。基于此，如何最大化地做到严防死守，尤其对去过和来自疫情高风险地区人员及其密切接触人员，确诊患者、疑似患者及其密切接触者实施摸排安置、行踪调查、隔离观察或集中治疗，落实早发现、早诊断、早报告、早隔离、早治疗的疫情防控工作要求，坚决遏制疫情扩散蔓延，为新冠疫情暴发时期最主要、最关键的抗疫工作任务。

（二）公共管理的挑战

在社会公共生活中，政府主要负责公共社会管理和提供社会公共服务。在社会相对稳定的情况下，政府的公共管理和公共服务职能与社会发展相适应，呈现出相对稳定的状态，且具有一定的可预期性。而重大公共卫生事件的爆发，会对政府公共社会管理的职能、方式和能力等各方面提出全新的挑战。特别是在公共卫生管理领域，在面对重大突发性公共卫生事件之时，如何迅速作出科学判断和准确决策，对政府治理能力和治理体系是一大考验。[1] 因而，政府能否有效处理和化解公共卫生危机，关系到人民群众的健康福祉，影响着地区经济发展和社会稳定，决定着地方政府的公信力和政权的稳固长久。近年来，虽然国家危机管理的法律体系不断完善，卫生危机管理体系基本建成，但仍存在公共管理机制不健全[2]、公共管理信息化建设滞后[3]、公众参与机制尚未形成[4]等情况，政府在面对重大公共卫生事件之时，也面临着公共管理的危机和风险。

公共管理是一门艺术。重大公共卫生事件带来社会性恐慌，进而对公共秩序构成威胁，具有潜在的危机和风险，给公共管理决策者带来很大的不确

---

[1] 郭晖：《公共卫生应急管理法治体系的优化》，载《河北法学》，2022年第2期，第140页。

[2] 梅涛：《新型传染病防控中政府决策管理标准化的问题及对策》，载《中国公共安全》，2020年第1期，第45页。

[3] 郭洪亮、张秀月：《医院信息化系统在武汉新冠肺炎防疫救治过程中暴露出的问题及其引发的思考》，载《中国医学教育技术》，2020年第2期，第130-131页。

[4] 马忠、尚清清：《抗击新冠肺炎疫情的公众参与问题研究》，载《中州学刊》，2020年第3期，第4-5页。

定性风险。与其他类型突发事件不同,突发公共卫生事件发生的时间、场所、范围往往更难预测,其影响的人群也难做出预测,加之网络时代信息扩散速度极快,处理不当容易导致社会陷入恐慌状态。在突发应急管理事件的处置过程中,研究谣言传播机制,有助于尽快消除谣言,确保处理突发应急管理事件的效果,维护社会的稳定与和谐。因此,在应对重大公共卫生事件过程中,政府部门除了要对公共卫生事件本身进行高效防控之外,还要对相关信息的发布与管理予以高度重视。这要求政府部门在处理重大应急管理事件时,不仅要对应急管理事件本身进行高效的预防和控制,而且要高度重视相关信息的发布和管理。

(三) 社会稳定的挑战

新冠疫情防控涉及社会不同利益群体,敏感性、连带性、强制性较高,稍有处置失当就可能造成不同程度的社会混乱,影响人民群众的生活稳定。重大公共卫生事件不仅影响人们的身体健康,而且不利于社会的和谐安定。居民长时间居家隔离带来的社会心理紧张和情绪压抑,有可能引发多种社会矛盾。部分民众反对或不配合政府管控举措,致使管理失效,造成新冠疫情再次扩散和社会失序。[①] 在新冠疫情暴发早期阶段,病毒源头不清、易感群体不定、药物疗效不一、疫苗研发时限等等方面皆缺乏可靠的信息,由此形成的强烈不确定感使得人们普遍产生不同程度的担惊受怕和心理恐慌。这种心理恐慌的外在行为表现,既可能体现为"病急乱投医",也可能体现在抢购成风上。一些人可能会漠视疫情强制性管控规则或要求,刻意隐瞒真实行踪、故意违反疫情防控规则等。一些不法分子可能会趁着各类防护物资紧缺之机实施诈骗等违法犯罪行为。一些不良厂家、商家(人员)可能会借各类防护物资、生活物品紧俏之机生产销售假冒伪劣商品。正如学者所言,制售假口罩、囤积和哄抬防护用品和其他民生物品价格牟取暴利、故意隐瞒传播病情以及暴力伤害医务人员等涉疫犯

---

① 龚维斌:《当代中国社会风险的产生、演变及其特点——以抗击新冠肺炎疫情为例》,载《中国特色社会主义研究》,2020年第1期,第18-19页。

罪的大量出现也对社会稳定构成了严重威胁。① 前述乱象一旦出现，都会不同程度地扰乱社会秩序，影响社会稳定。

此外，2022 年我国大学毕业生总数达 874 万人。② 受新冠疫情和经济下行的影响，整体来看，毕业生就业形势比较紧张。③ 国外疫情对出国留学的学生造成不确定性影响，增加了就业工作的不可控度。④ 就业是最大的民生之一，是社会健康发展的重要保障，疫情造成的就业低迷对社会稳定带来不利影响，一旦大量青年处于待业或失业状态，将会对社会稳定构成重大威胁。

（四）经济发展的挑战

新冠疫情带来的社会不确定性以及日益加剧的民众恐慌，导致消费和投资减少，大量企业破产，失业率急剧上升，劳动收入大幅下降，各类企业和劳动者等遭到严重经济损失。切断新冠疫情传播和扩散的有效手段包括实施人员区域空间隔离、阻断、网格管理等，既会影响消费端，也会影响供给侧。这种态势可能带来以下经济发展挑战：一是复工复产延后导致企业同期营收下降，企业特别是中小微企业生存压力加大，可能出现一些企业为降成本减支出而裁员的情况，也可能出现一些企业因无力支撑而倒闭，还可能出现一些企业因现金流断裂而债务违约，加大市场流动性风险。二是防疫隔离、交通限制导致劳动力的自由流动受阻，各地各类劳动力密集型企业，又可能会面临临时"用工荒""用工难"。三是疫情不可避免地造成一定时期的经济增长速度减慢，并且随着新冠疫情持续时间拉长，对全年经济增速提升的影响就越大。⑤ 此外，除疫情期间实行的封禁等措施使经济发展滞缓，

---

① 唐钧：《重大疫情的社会综合风险预警》，载《城市与减灾》，2020 年第 2 期，第 5 页。
② 河南省教育厅：《2022 届全国高校毕业生预计 1076 万人年度人数首次超过千万人》，https://baijiahao.baidu.com/s?id=1724455686022974992&wfr=spider&for=pc，最后访问日期2022 年 3 月 31 日。
③ 陆昱江：《疫情背景下大学生就业困局破解之策》，载《中国科学报》，2020 年 8 月 11 日。
④ 赵恒、邵彬彬、高仓健：《后疫情时期高校毕业生就业面临的困境与对策探析》，载《中共太原市委党校学报》，2020 年第 4 期，第 71 页。
⑤ 李恒全：《风险社会视角下的重大疫情危机及其治理》，载《贵州社会科学》，2020 年第 2 期，第 26 页。

疫情防控中所采取的酒店隔离、核酸检测以及感染者治疗等措施耗资巨大，也为政府财政带来严重负担。

从有关统计数据看，突发重大公共卫生事件对经济的影响甚至比自然灾害更为严重。国家统计局服务业调查中心和中国物流与采购联合会发布数据显示，2022年3月，中国制造业PMI为49.5%，比2月下降0.7个百分点，低于临界点，制造业总体景气水平有所回落；非制造业商务活动指数为48.4%，比2月下降3.2个百分点，非制造业景气度降至收缩区间；综合PMI产出指数为48.8%，比2月下降2.4个百分点，表明中国企业生产经营景气水平有所降低。国家统计局服务业调查中心高级统计师赵庆河在解读数据时表示，近期，国内多地出现聚集性疫情，加之国际地缘政治不稳定因素显著增加，中国企业生产经营活动受到一定影响，经济总体景气水平有所回落。[①] 由此可见，重大公共卫生事件会对经济社会带来严重的冲击，疫情对于实体经济的影响更为严重，在相当严峻的人力资源成本、产品材料成本、租金投入成本等条件之下，企业面临重大生存危机，实体经济发展面临巨大阻力。

三、完善民族地区应急管理法治化的路径

民族地区特殊的自然环境和人文环境，对民族地区应急管理法治化的建设提出了新的要求。应急管理法治化是一项系统性工程，应从完善民族地区应急管理法律法规体系，加强民族地区应急管理法律法规的贯彻实施，强化民族地区应急管理过程中的司法效能，构建公众广泛参与的应急管理法治格局和筑牢权责统一的应急管理法治监督机制等方面入手。

（一）完善民族地区应急管理法律法规体系

法律法规自身具有严肃性和延续性的双重特性，民族地区应急管理法治

---

① 国际商报：《受疫情等因素影响3月份PMI落至收缩区间，疫情缓解后市场有望回暖中国经济顶风前行》，https://baijiahao.baidu.com/s? id=1728830833367777125&wfr=spider&for=pc，最后访问日期2022年3月31日。

化建设首先应当以现有法律、法规为基础和依据,[1] 对于问题比较突出的现实情况进行研判。根据《立法法》的规定,我国民族地区可以根据国家立法的基本原则,依据地方实际情况,自主地制定自治条例和单行条例对上级法律进行变通,对重大突发事件防控重点和特殊问题进行针对性立法,坚持立法"本土化"原则,结合民族地区实际,健全应急法治体系,不断完善和改进应急体系方面法律法规建设。[2]

在立法的具体内容方面,其一,必须建立健全行政主体应对公共危机的法律制度,要细化中央政府和地方政府在应对应急事件中的职责,同时进一步明确政府各组成部门之间的职能定位,形成相互协调、群策群力的法律规范。[3] 其二,加快推进公共危机管理方面的程序法规建设。在处置突发事件过程中,不能仅仅考虑其特殊性而忽视法律规定,而是更要遵守相关法律法规,贯彻法治精神。其三,加快完善应急预案制度。目前来看,不少地区应急预案的制定往往只是简单地对有关法律法规稍作调整和修改,缺乏实地调研和科学决策,可操作性并不强。更有甚者,有的预案内容与法律的基本精神相违背,其结果是政府在应对紧急事件中缺乏法律的规范和引导。因此,必须进一步加快推进公共危机事件应对预案建设,提高处置和应对公关危机的能力。[4] 其四,在法制完善的过程中,要进一步理顺中央法治与地方法治的关系,明确各自的权责要求,在疫情预警、信息发布、防控开展、社会面管控等方面,以中央政府统筹协调和科学民主决策为基本原则,同时给予地方政府的自主应对公关危机的权力,群策群力提高应对公关危机的能力和本领。

---

[1] 刘宏杰:《边疆民族地区突发事件应急机制研究》,中央民族大学博士论文,2010年,第193页。

[2] 黄鑫:《突发公共卫生事件应急地方立法现状及其因应路径》,载《医学与社会》,2022年第1期,第127页。

[3] 张文显:《依法治疫 长治久安》,载《法制与社会发展》,2020年第2期,第2页。

[4] 莫于川、莫菲:《行政应急法治理念分析与制度创新——以新冠肺炎疫情防控中的行政应急行为争议为例》,载《四川大学学报(哲学社会科学版)》,2020年第4期,第124页。

(二) 加强民族地区应急管理法律法规的贯彻实施

法律的生命通过实施得以体现,法律的权威亦通过实施得以体现。因此,严格执法、科学执法即成为整个疫情防控工作是否能顺利开展的关键。[①]一方面,民族地区政府要坚持"法定职责必须为"的原则,促使执法活动的制度化、规范化和程序化,形成民族地区公共卫生事业的长效实施机制,推动公共卫生治理的法治化。在特殊时期,必须严格按照传染病防治法等相关法律行政法规维护防疫秩序,对殴打上海医务工作人员和扰乱正常医疗秩序等一系列行为,必须依法作出严格处理。对造谣生事和制假售假等利用疫情扰乱社会正常秩序和实施犯罪的不法分子,更要严格依法处理[②]。另一方面,执法主体还要坚持"法无授权不可为"的执法原则,在采取疫情防控手段和措施时要于法有据,采取疫情防控措施必须主体适格、措施适度、手段适当。要做到严格规范文明执法,充分考虑少数民族群众的利益,尊重民族文化,不要激化民族矛盾,对于执法不文明的人员要及时处置并及时公开相关事件信息,以免产生不利影响。[③]

(三) 强化民族地区应急管理过程中的司法效能

司法是公平正义的最后一道防线。重大公共卫生事件之后,由于受民族差异性、宗教因素等的影响,民族地区的和谐发展和社会稳定具有重大风险。要发挥司法的社会导向作用,对于各类刑事、民事、行政案件,保证作出公平正义的判决,妥善处理好涉及重大公共卫生事件的相关案件。第一,提高办案能力,坚持司法为民。具体到司法实践中,各级司法机关必须综合及有效地运用互联网等平台,打造"网上法院和智慧法院",将立案以及审

[①] 茅铭晨:《完善我国重大疫情防控法治体系研究》,载《法治研究》,2021年第6期,第148-149页。

[②] 雷震:《以法治思维和法治方式推进常态化疫情防控工作》,载《广西日报》,2020年6月16日第11版。

[③] 张霞:《我国基层少数民族地区法治政府建设策略研究》,载《中州大学学报》,2020年第3期,第57-58页。

判过程中有关环节放到网络上来进行，尽可能地降低与当事人直接接触的概率，保障案件严格依法依规办理。同时，保障司法程序在公正和严肃的过程中得以体现。第二，坚持以人民群众为中心，使人民群众在每一个案件中都能感受到公平正义。疫情期间，关注度较高的案件频频出现，此种类型的案件舆情比较复杂，司法机关在办理的时候必须具有谨慎的态度。第三，为疫情期间企业的复工复产提供必要条件。司法机关应当依法优先保障防疫物资生产企业的正常运转，结合疫情防控与生产发展的实际情况，依法保障其他企业的合法权益，尽量减少对企业的不利影响，以维护企业正常经营和社会稳定为主要出发点，在立案、审理、执行等各方面依法妥善处理劳务、买卖、施工、租赁等纠纷。第四，坚持高效处理、严肃处理、依法处理的原则，重点打击利用疫情进行诈骗、贩卖假药劣药、哄抬物价、传播谣言、扰乱社会秩序等违法犯罪行为，依法保障人民群众的合法权益，惩治犯罪行为的同时展开法治宣传教育，提高人民群众的防范意识，引导社会大众自觉遵法守法用法。

（四）构建公众广泛参与的应急管理法治格局

民族地区应急管理法治化应遵循社会力量广泛参与的原则。社会各界力量的参与，可以缓解公共卫生危机事件在社会上产生的负面影响，恢复正常秩序和稳定；还可以提升政府的应急管控水平，有效减少政府的应急管理成本。贵州省已通过制度化和法治化的方式把社会各界的力量吸纳到平时的社会公共安全管理中。通过这样的方式，不仅减轻了政府的负担，还培养和提高了公众的责任感和自救互救能力。群众的广泛参与也有助于法治监督的有效落实。疫情期间，及时合理的网络舆情监督，为疫情防控的工作开展提供了必要的保障。因此，今后更应当充分利用互联网平台，拓宽监督渠道，降低群众监督的司法成本，提高群众监督的时效性，为少数民族群众提供提出自己监督意见和建议的空间平台，及时通过沟通进行问题化解，让人民群众真切参与到法治监督过程中。

做好应急管理法治宣传，是公众广泛参与的重要前提。在抗疫过程中出现违反禁令、隐瞒疫区行程、拒绝居家隔离、四处活动等违法现象,与自身法治意识淡薄密切相关,这对切断病毒传播造成巨大困难;一些人员公然和执法人员对抗,拒不接受信息登记与防护性措施,甚至是殴打谩骂执法人员;还有的不法分子借机哄抬物价,扰乱稳定的社会和经济秩序。这些违法行为虽不是主流,但也说明了法治教育仍需继续深入。① 在动员社会各界力量积极参与疫情防控的过程中必须依法依规,加强法治理念、法治价值、法治精神的宣传科普工作。② 由于民族地区人民群众缺乏法治观念,加之民族地区语言文化具有特殊性,很多人听不懂普通话,这也是法治宣传的难点。在普及卫生防疫法治知识时要充分考虑到民族地区的特殊性,要将公共卫生知识、相关辟谣信息和法治宣传及时翻译成相应文字,制作民族语音视频资料,运用少数民族群众易于接受的方式结合其优秀传统文化表现形式进行宣传,例如通过民族活动宣传法治观念,让少数民族群众及时了解防疫知识、谣言真相和法律知识。

(五) 筑牢权责统一的应急管理法治监督机制

在民族地区应急管理法治化建设中,立法是前提,执法是途径,监督是关键。③ 良好的法治监督体系,能够从各个环节保证和维护法律的公平和正义,实现和维护社会的善治局面。在应对重大突发公共卫生事件中,针对部门间执法职责不清晰、地区和部门衔接不到位、扯皮推诿、重复执法等问题,司法行政机关要特别加强执法监督。④ 没有好的监督制度和体系对于法治建设来讲是失败的,要建立一套完整的法治监督体系,加强对公共卫生领域的监督,在应对公共卫生危机时避免失信于民。特别要强化在重大公共卫

---

① 王小民、杨恒:《重大公共事件视域下完善法治建设的若干思考》,载《中国司法》,2020年第7期,第10页。
② 莫纪宏:《为疫情防控提供有力法治保障》,载《经济日报》,2020年2月19日第12版。
③ 沙莉:《依法治国背景下民族地区法治化建设探析》,载《重庆科技学院学报》(社会科学版),2018年第5期,第17-19页。
④ 赵振华:《充分发挥行政执法协调监督作用为打赢疫情防控阻击战提供有力法治保障》,载《中国司法》,2020年第3期,第38-39页。

生事件中对行政权力的监督，在政府内部建立常态化监督制度，加强对民族地区公共卫生法律、法规贯彻执行情况的检查和监督，以监督促进阳光执法、阳光司法。①

行政问责机制与法治监督相伴随。在法治监督的过程中，要对不依法履职人员严格问责。法律、行政法规已对相关职能部门在疫情防控各环节的具体职责做出了明确规定，如因履职问题造成严重后果，该问责的问责，该处理的处理，这也是严格执法的具体体现。目前，民族地区已制定了不少关于行政问责制度，虽种类多、涉及范围广，但标准并不统一，有些甚至没有细化具体，可操作性较弱。鉴于此，必须建立一部统一的关于行政问责的法律或行政法规，以此弥补这一方面所存在的漏洞和空白。统一的法律或行政法规，应当对行政问责的程序、内容和法律支撑进行明确性、规范化、普适性的归纳制定，明确规定行政问责的主客体、范围、处理程序、责任体系等方面的构成要素。只有这样，才能明确界定应急管理中行政问责的程序、内容和范围，让政府在公共危机管理全过程都秉承着行政问责的理念，实现公共危机事件应急管理中行政问责从"权力问责"到"制度问责"的根本转变。②

四、结语

加强应急管理法治化建设，有助于在突发事件出现的局面下，综合运用多重手段以保护公民的人身财产安全，维护个人私权利与国家公权力之间的协调统一，从而保障社会秩序和生活秩序的稳定。党的十八大以来，习近平总书记站在时代高度提出了总体国家安全观，并指出应当在落实总体国家安全观的过程中强化公共安全保障能力。在新的发展阶段，我国面临着不同类

---

① 周孜予、杨鑫：《"1+4"全过程：我国应急管理法律体系的构建》，载《行政论坛》，2021年第3期，第106页。
② 曹鎏：《论我国行政问责法治化的实现路径》，载《中国行政管理》，2015年第8期，第42-45页。

型突发事件的考验和风险挑战，应当推动应急管理法治化建设，运用法治在内的多种手段防范风险、化解风险，避免重大突发事件影响国家总体安全。

当前，应当坚持科学理论与实践指导的法治原则，更好地发挥应急管理的作用，从立法、执法、司法、守法、法治监督五个角度出发，实现民族地区应急管理法治化的全方位推进。鉴于突发事件具有高度的不确定性和新发性，在应急管理过程中，要依法采取特殊措施进行处置。其一，要打破常规的行政管理思维，在最短的时间里依法过渡到应急管理体制，避免风险的扩大；其二，要及时在社会生活的各个领域依法采取紧急措施，包括交通管制、企业停工停产、加强治安秩序管制等，迅速进入紧急状态；其三，政府部门的行政权力迅速高度集中，增强政府的资源配置能力和人员调动能力，实现应急管理期间人财物的优化组合；其四，基于特殊时期的管理需求，公民私权利可能会有一定程度的限缩，以保证公权力的高效行使，应急管理结束后，私权利和公权力的关系须尽快恢复常态。

乡村治理模式的法律人类学思考

——以黔东南贞丰县岩鱼村的"红黑榜"与"文明超市"为例

徐 斌 徐晓光[*]

摘 要：党的十九大以来，民族工作的重点之一就是民族地区乡村治理模式的建设，经过不懈努力已初见成效。作为以少数民族聚居为主的贵州，当地基层治理问题形式多样，具有一定的典型性。在乡村振兴的背景下，对贵州民族地区基层治理模式进行认真细致的调查与研究是很有必要的。通过对贵州省贞丰县岩鱼村的调查发现当地创制的"红黑榜"与"文明超市"模式，是民族地区乡村治理的有效路径，其良好的实践经验能为当下其他少数民族地区乡村振兴提供一定的参考。

关键词：红黑榜；"文明超市"；乡村模式；调查

一、前言

岩鱼村隶属于贞丰县永丰街道办事处，该村距县城4.5公里，地处贞丰县的东面，占地面积是11.6平方公里，海拔约为1045米，常年温和湿润。该村常住565户2437人，共17个村民小组，2个自然村，世居布依族占绝

---

[*] 作者简介：徐斌，男，重庆交通大学校聘副教授，研究方向：民族政治学、中外政治制度、民族法学。徐晓光，男，辽宁盘锦人，江苏师范大学特聘教授、法学博士、博士生导师。研究方向：中国法制史、民族民间法。

大多数。岩鱼村现有党员65人,其中,女党员7人。岩鱼村历史悠久,600多年前就有布依族人在此居住,该村是一个典型的布依族村寨,民居依山傍水,村寨处于山山环抱中,寨前有条玉带般的河流由东向南从田园中流淌而过,有着美丽的田园风光、浓郁的布依风情,是县委、县政府重点打造的少数民族旅游村寨之一。岩鱼坝子共有良田1800余亩,有一条名为"紫色河"的河流从坝子中间流过,河畔两侧,是贞丰县最好的大米产区,这为当地的发展提供了良好的物质基础。

岩鱼村党组织是其最主要的管理部门,即:中共贞丰县永丰街道办岩鱼村党总支。下设两个党支部:中共贞丰县永丰街道办岩鱼村党支部、贞丰县岩鱼村农文旅发展有限公司党支部。其中,村党支部下辖11个党小组。岩鱼村行政组织架构:贞丰县永丰街道办事处岩鱼村民委员会,下辖17个村民组。村委会设有调解委员会、监督委员会等机构。岩鱼村社会组织架构:社会组织到目前为止共有两个,分别为:岩鱼村妇女联合组织、岩鱼村老年协会。

此外,岩鱼村共注册有三个集体经济组织,分别为:贞丰县岩鱼村旅游发展有限公司、贞丰县岩鱼村农业观光专业合作社、贞丰县岩鱼农文旅专业合作社。其村个体经济(略有规模):养牛专业户一家(10余头),养猪专业户一家(50余头),约50户小规模生产布依族民族服饰、织布、蜡染、刺绣等。岩鱼村贞丰县岩鱼村旅游发展有限公司,在驻村工作队的努力下,引进上海钱丽事业发展有限公司,以"龙头企业+村集体经济+农户"的模式,在岩鱼村建成了"岩鱼村民族手工文创基地"。这些组织都为繁荣岩鱼村的经济和维护当地的公共秩序提供了强有力的保障。脱贫攻坚圆满结束,接下来的乡村振兴也面临着一定的挑战。其中比较明显的就是民族地区基层的社会结构的更新变化导致民族地区乡村治理模式遇到了更多新的问题。怎么样处理这些问题既关系到民族地区社会秩序的稳定,也关系到乡村振兴的全面发展。面对这些难题,黔西南贞丰县岩鱼村的"红黑榜"与"文明超市"经验或许能为民族地区基层治理实践做出新的尝试。

二、"红黑榜"与"文明超市"的乡村治理内容

(一)"红黑榜"的乡村治理内容:以善奖恶惩为中心

在黔西南贞丰县岩鱼村,其创制的"红黑榜"模式事实上与《南赣乡约》中"善恶簿"是异曲同工的。《南赣乡约》记录:"十五载、父母丧葬,衣衾棺椁,但尽诚孝,称家有无而行;此外或大作佛事,或盛设宴乐,倾家费财,俱于死者无益;约长等其各省谕约内之人,一遵礼制;有仍蹈前非者,即与纠恶簿内书以不孝。"[1] 当下,"红黑榜"的设立是为扎实推进乡村振兴中各项的工作,确保乡村振兴工作取得实效。这些治理措施,既符合当下是实际也对以后的乡村振兴意义深远。岩鱼村脱贫攻坚指挥所具体负责本村"红黑榜"评选,并组织召开本组群众会议,宣传"红黑榜"管理办法;每次的评选结果在岩鱼进行公示,期限为7天。仍然不改的,给予治安管理,由村级上报,在全县"红黑榜"处进行曝光。

红榜:

  1. 百善孝当先。在家要尊敬长辈父母,夫妻之间以礼相待和睦相处,团结兄弟姐妹,和谐邻里关系;感恩父母亲朋,守孝床前,在疾病和病痛期间陪同父母亲朋,做到相濡以沫,不离不弃;

  2. 主动关心老人的衣食住行,多陪伴老人逛街过节;主动帮助清扫家里和庭院,及时给老人提供补给和帮助,经常电话关心家里的老人;

  3. 在工作上团结同事,以服务的态度对待每一件大事小情,积极参与村里的各项公益事业,并发动身边的群众参与乡村建设中来,为村里的建设出谋划策;

  4. 要有助人为乐的精神,积极培养公德心,自觉遵守并维护村里的规章制度,对公共事务要自觉爱护保护;

  5. 爱卫生讲礼貌,自觉打扫房屋卫生,注重个人卫生安全;

---

[1] (明)王阳明:《南赣乡约》,线装书局,2014年。

6. 自觉养成吃苦耐劳的传统美德，积极谋划发家致富之道，帮助有需要的困难群众脱贫致富。

此外，有下列行为之一且社会影响极坏的上黑榜曝光。

1. 不支持、不拥护乡村振兴工作，发表不利于乡村振兴言论的，做不利于乡村振兴工作行为的；

2. 不搞好自己家庭个人卫生和屋内环境卫生，不参加村（居、社区）村（居）民集体环境卫生行为的；

3. 滥办酒席，红白喜事大操大办铺张浪费，薄养厚葬行为的；

4. 不尊重孝敬父母，打骂老人，侮辱老人，不保证老人居住安全的，不给老人生活补贴的；

5. 不积极缴纳养老保险和农村合作医疗保险的，催缴三次以上仍然不缴纳行为的；

6. 不爱护小孩，不积极让适龄儿童去学校学习的，让未成年人外出打工的；

7. 不执行村支"两委"重大决策，在征地拆迁工作中提超政策和法律的条件，非法组织上访行为的；

8. 不按产业结构调整政策规范种植，违规使用农药，隐瞒家庭收入行为的；

9. 不按规划报批乱建房屋，在公益事业上扯皮推诿的行为；

10. 违规乱纪，不遵守交通管理有关规定，造成不良后果和影响行为的；

11. 不遵守村规民约形成不良影响的。

贞丰县永丰街道办事处[①]

综上所述，"红黑榜"的内容包含了岩鱼村的方方面面，体现了当地治理者（村两委），在治理过程中秉承的理念是"以自治添活力、以法治强保障、以德治扬正气"的管理原则，在红黑榜中，以自治添活力主要体现在：

---

① 该资料为笔者于 2020 年 7 月 3 日在岩鱼村村委调研时收集整理。

"在工作上团结同事,以服务的态度对待每一件大事小情,积极参与村里的各项公益事业,并发动身边的群众参与乡村建设中来,为村里的建设出谋划策;要有助人为乐的精神,积极培养公德心,自觉遵守并维护村里的规章制度,对公共事务要自觉爱护保护;爱卫生讲礼貌,自觉打扫房屋卫生,注重个人卫生安全";以德治扬正气主要体现在:"百善孝当先。在家要尊敬长辈父母,夫妻之间以礼相待和睦相处,团结兄弟姐妹,和谐邻里关系;感恩父母亲朋,守孝床前,在疾病和病痛期间陪同父母亲朋,做到相濡以沫,不离不弃;主动关系老人的衣食住行,多陪伴老人逛街过节;主动帮助清扫家里和庭院,及时给老人提供补给和帮助,经常电话关心家里的老人"等方面。同理,对于广大的村民(被治理者)来说,他们主要是遵循"自治、法治、德治"三治理融合的原则来配合村里的各项工作,通过"红黑榜"的相关规定也体现得淋漓尽致。

(二)"文明超市"的乡村治理内容:以积分制为看点

近几年,岩鱼村委启动了"文明超市"积分制管理制度,通过积分量化,引导村民向善向上,助力精准化、精细化、数字化、现代化管理。通知要求各村委、各村民小组要牢记习近平总书记教导,扶贫要扶志和智,"自己动手,丰衣足食",确保脱贫不返贫,因此乡村精神文明建设显得尤为重要。打造乡村"文明超市",旨在以乡村文明建设助推乡村环境及民风民俗建设,以造千尺之台;"超市"里的物品皆是广大群众文明智慧的结晶,反映了乡村振兴持之以恒的建设成效,反映了广大干部群众撸起袖子加油干得热火朝天的劲头。"文明超市"又具体体现在提升村民遵纪守法、勤劳致富、家庭卫生、爱护公共环境、积极参加集体活动、移风易俗、尊老爱幼等思想意识和行动意识。"文明超市"旨在以村民小组为主体,主要采取"以奖代补"的相关规定,以"文明超市"为平台,来提高群众积极性和主动性使得群众全员参与其中并获得相应的尊重和激励,使得其主人翁意识不断加强,责任心也会随之加强,从而积极为乡村振兴贡献出自己的一份力量。

"文明超市"每半个月为一次评审周期，并公开公布累计有积分的农户积分结果。岩鱼村11个村民小组（石板井组已整组搬迁，不纳入考评范围），以组为单位，所有在家的农户均可参加。活动采用"积分制"原则，每户基础分0分，通过组织评选，村民小组组长根据本组农户参与情况进行登记，群众监督员（由一定数量党员和非党员组成）监督，网格员打分，"超市"管理员统计，对每户进行加分、扣分。在一年之内，积分可以累积，当月用不完的积分可以累积到以后月份使用，但一年之后，积分清零，重新以基础分进行积分，例如2021年的积分截止到2021年12月31日止有效，至2022年1月1日起积分清零重新计算。经村支两委评选后，农户可以把高于基础分的部分兑现相应物品，一个积分相当于一元人民币，但不兑换现金。在活动中，高于基础分：根据自身实际及需要，凭本户户口簿或身份证件到岩鱼村村委找"文明超市"管理员灵活选择相对应分值的物品，直至兑换物品后剩余分值不足以兑换物品为止。广大群众根据自身积分实际在工作时间内随时选择兑换奖品。低于基础分即负分：不能兑换任何物品，兑换时间为每周赶场天。"文明超市"的评选结果的运用主要有三点，一是村委每年年终对所在辖区的村民小组（总共11个）进行排名，对总分排名前三名的小组长，村支两委会给予较高价值物资的奖励和鼓励；二是对于不积极参与评比的家庭，或者故意不遵守村规民约相关规定的村民，村委会按相关规定给予一定处罚；三是把评选结果与金融贷款、项目扶持、低保、临时救助等相结合。

类似的，岩鱼村环境卫生管理制度、"文明家庭""美丽庭院"等也采取"积分制"，具体内容为：

> 为创建清洁、美丽的生活环境，围绕"垃圾不乱倒、粪土不乱堆、污水不乱排、柴草不乱放"等环境整治要求，经岩鱼村村支两委研究决定，制定本制度，每个村民都必须自觉遵守并受其约束，并组成环境卫生考核组，组长由挂村领导担任，驻村工作组、各村民小组组长为成员；将各村民组分为3—5个网格小组，每个网格小组推荐1名网格卫生监督员，与考核组共同负责全村各村民组的环境卫生月考核、月评比

等有关事宜。

(1) 农户家庭卫生考核

1. 考核内容：定期或不定期综合考核每户群众房前屋后及室内卫生。

2. 考核等次：分为"优秀""一般""差"三个等次，每月公布一次。

3. 奖惩方式：户内卫生考核被评定为"优秀"的农户，由考核组奖励积分 10 分，连续 2 次以上月评定为"优秀"的农户，次月积分加 5 分；被评定为"一般"的农户，积分不加不减；被评定为"差"的农户，由考核组督促限期整改，并扣积分 5 分；连续 2 次被评定为"差"的农户，由考核组对其严肃批评、全村通报，并督促限期整改；连续 3 次被评为"差"的农户，由考核组责令限期整改，在村、组"红黑榜"进行曝光，在全镇范围内进行曝光通报；被举报或他人反映乱丢垃圾、乱排粪水、家禽散养、占用公共区域等行为的，一经考核组核实后，一次性扣积分 20 分。

(2) 公共区域环境卫生考核

1. 考核内容：各村民组按照网格小组划定区域，每月定期清扫(每月至少打扫 2 次)，确保公共区域干净整洁。

2. 考核等次：分为"优秀""一般""差"三个等次，每月月底公布一次。

3. 奖惩方式：考核结果为"优秀"的，由考核组给予奖励该网格小组内每户积分 10 分，奖励网格卫生监督员 12 分；村民小组月考核中各网格小组在当月同时获得"优秀"的整组每户积分加 2 分，并颁发"文明村寨流动旗帜"。考核结果为"一般"的，积分不加不减；一次考核结果为"差"的，扣除该网格小组区域内每户积分 5 分，网格卫生监督员 6 分；连续 2 次被评为"差"的区域，网格所有户内积分清零，并由考核组责令限期整改；连续 3 次被评为"差"的区域，在村、组"红黑榜"进行曝光，在全镇范围内进行曝光通报。农户积分可以到村

"文明超市"进行物品兑换。具体兑换方式详见《岩鱼村脱贫攻坚"文明超市"实施方案》。①

关于"文明家庭""美丽庭院"评选标准,也采取"积分制",具体内容是,文明家庭评选标准:一颗星:文明礼仪;一颗星:诚实守信;一颗星:孝老爱亲;一颗星:家风良好;一颗星:支持脱贫(共5颗星);"美丽庭院"评选标准:一颗星:室内整洁;一颗星:室外干净;一颗星:整洁有序;一颗星:庭院绿化;一颗星:风貌协调(共5颗星)。

类似的,在黔南三都水族自治县普安镇重阳村也有"合心超市"的积分制管理模式,其主要情况大致是:"合心超市",因合聚民心,共治家园而得名,是村集体扶持建档立卡贫困户创业就业开办的超市,是贯彻十九大提出的治理体系和治理能力现代化新要求的具体体现,以"党员带头争先锋,创业利民助增收,村民共治建家园"为理念,采取缴纳家庭卫生费、集体经济费、特殊党费等形式筹集基金费用,通过"三费三评"(评分、评"心"、评榜)模式进行运行,店主自行采购物品在超市内销售,获取利润增加家庭收入。群众通过家庭卫生整治、参与村集体活动获得积分,在超市用积分抵扣现金购买物品。被评为优秀的家庭,也可获得超市相应物品奖励。

"合心超市"优惠奖励办法是对全寨村民在家庭卫生整治、参与村集体活动、尊老爱幼、邻居和善等情况进行评分、评"心",时间是每月的1—10日,根据评"心"情况缴纳次月卫生费及评榜,并进行公布。每月评分可以进行累计,村民可以根据积分到超市换购物品,超过积分金额部分由群众补差购买。可见,随着大数据在贵州各地的普及,数字化管理的方式正在悄然融入民族地区乡村治理的模式当中。"积分制"管理制度,通过积分量化,引导村民向善向上,使得民族地区乡村治理模式向着精准化、精细化、数字化、现代化管理的方向不断推进,未来定会大有作为。

---

① 该资料为笔者于2020年7月3日在岩鱼村村委调研时收集所获。

三、"红黑榜"与"文明超市"的乡村治理特点

(一) 以传统规约与国家政策为依托

中央王朝在历史上对边疆地区的整合,往往先是以王化确立其模糊的政治疆域空间,再通过"教化"徐徐扩展其明晰的版图范围。[①] 在中国古代的乡村自治实践中以契约形式订立乡规民约最为普遍,如宋朝的《吕氏乡约》。但到了明清演变成国家实行民间教化的定型制度,实际上在清代乡约制度已经染上了浓厚的"官方"色彩。顺治十六年(1659年),清朝建立乡约制度,规定由乡民选出约正、约副,建立"约所"制度。每月望朔两天讲读。乾隆五年(1740年)又规定:约正免其杂差,以便专心从事教化,如果教化有成,三年内全乡无斗殴命案,朝廷给匾奖励;各地方官则须轮流下乡,督促乡约教育的实施,苗族侗族的传统道德也与之类似。所以在新"归化"的村寨宣讲也是有效果的。如康熙三十六年(1697年)三月黎平知府发平鳌寨晓谕:"每逢朔望,宣传圣谕,则孝悌日生,礼法稍知矣。"[②] 如上综合治理模式类的管理模式,大多以订立村规民约的形式来对村寨进行治理,这也是目前最为常见的一类治理模式。我国广大乡村实行村民自治制度,其核心主要是以村规民约为中心的管理制度,它是指在村民自治的条件下,由全体村民共同制定并遵照执行的关于村务管理的行为规范。[③] 这就体现出当下综合类治理模式是以传统规约与国家政策为依托进行管理的一种模式,也体现了民间治理与国家治理之间的互动。此外,在黔东南苗族侗族自治州使用的"明白书",它是当地管理部门用来约束村民行为规范的具有民间合约效力的文书,在丹寨县的南皋乡、雷山县的望丰乡、丹江镇、郎德镇等地发挥着良好的基层治理的作用。

[①] 杨志强:《"国家化"视野下的中国西南地域与民族社会——"古苗疆走廊"为中心》,载《广西民族大学学报》,2004年第3期。
[②] 该碑存于偶里乡平鳌寨。
[③] 汪俊英:《农村基层"准法律"——"村规民约"》,载《法学杂志》,1998年第4期。

(二) 在一定程度上吸收村规民约的内容并趋向数字精确化

上述,贞丰县岩鱼村"红黑榜"、"文明超市"、环境卫生管理制度、"文明家庭"、"美丽庭院"、三都县普安重阳村"合心超市"的相关规则,都在一定程度上借鉴了当地村规民约的相关内容进行制定和实施,如它们的运行都是由当地村两委研究决定,并制定本相关的制度,每个村民都必须自觉遵守并受其约束,并成立相关的考核组,组长由挂村领导担任,驻村工作组、各村民小组组长为成员,负责考核、评比等有关事宜。岩鱼村的村民自治公约采用了"签订成章"的自治契约模式,把"契约"的理念体现得淋漓尽致。对于村级事务管理,能将"契约"精神融入其中,不仅体现了村民的主体性地位,也把村民的意愿放在首位,起到了既保障村民的权益,又改变了过去被动式管理方式,即"政府包办一切,农民依靠政府"的落后方式,同时还改变了当"村官"就是"管民、治民"的传统模式。[①] 值得注意的是,这些制度都采取了积分制管理模式进行运行,其目的是通过积分量化,引导村民向善向上,助力精准化、精细化、数字化、现代化管理。可见,随着大数据在贵州各地的普及,数字化管理的方式正在悄然融入民族地区乡村治理的模式当中。"积分制"管理制度,通过积分量化,引导村民向善向上,使得民族地区乡村治理模式向着精准化、精细化、数字化、现代化管理的方向不断推进,未来定会大有作为。

(三)"红黑榜""文明超市"蕴含着民族地区的传统文化意义

贞丰县岩鱼村是传统的布依族村寨,距今已有几百年的历史。当地创制的"红黑榜""文明超市"等制度都是在结合当地布依族的相关风俗习惯,在国家政策和方针的指引之下制定的,这些制度设立的前提,都是以"自我教育、自我管理、自我服务、自我监督、自我约束"为目的的,也是推进村里民主法治建设,维护社会稳定,创新社会管理,推进移风易俗,树立良好

---

① 徐晓光、杜晋黔:《华寨的"自治合约"与"劝和惯习"》,载《原生态民族文化学刊》,2015年第2期,第67页。

的村风、民风、婚育新风，努力建设"产业兴旺、生态宜居、乡风文明、治理有效、生活富裕"的小康社会为理念的，而且还是结合本村的实际情况，根据村民意愿，通过召开村民代表大会制定出来的，其中所蕴含的布依族的善良风俗是不言而喻的。自古以来，布依族就有着积极朴素的传统文化思想，这在"红黑榜"和"文明超市"中也有体现。在乡村振兴的背景下，大到维护社会秩序的稳定、保护生态环境、构建和谐家庭；小到尊老爱幼，团结乡里乡亲，打扫卫生，都体现了当地传统文化与乡村振兴是相辅相成的，也生动地展示了基层治理创新的活力。

四、"红黑榜"与"文明超市"在乡村治理运行中的不足

任何社会治理的创意最初都是不完善的，都会有正、负两面的作用，就像硬币的两面，如黔东南锦屏县华寨的调解有违反当事人意志的倾向；该县圭叶"五合章"有办事效率低，民众对领导不信任的情况[①]。贞丰县岩鱼村的"红黑榜""文明超市"也自然有自身的问题需要完善，以期更好地为乡村振兴助力。

（一）注意"红黑榜"对村民隐私的保护

作为"国家权力的末梢，乡村组织享有制定村规民约、执行、解释等重要权力，且没有制度化的限制，这样，易使基层政权的恣意行为成为普遍存在"[②]。"红黑榜"在一定程度上也体现出不太注意当地村民隐私的情况，当地政府将被罚人及其家庭的照片张贴在镇上的公告栏里进行处罚，让广大的村民观看，虽然是政府在特殊时期采取的必要措施，但对当事人的生活也造成了一定的影响。这是"红黑榜"在运行过程中需要注意的一个方面。在一定程度上来说，"红黑榜"在运行过程中需要更加注重"人性化"。随着公民的法治意识的逐步提高，为探究缓解这一矛盾提供了良好的外部条件。我

---

① 徐晓光：《锦屏乡土社会的法与民间纠纷解决》，民族出版社，2012年。
② 吕瑛：《法治视域下的村规民约》，载《北方法学》，2008年第6期，第26页。

们在既要看到它对当地习俗与文化的传承、对国家制定法的宣传、对当地社会的调整作用，也要注意到其内在的一些不足；在充分认识"红黑榜"的这一问题的基础之上进行完善，让"红黑榜"这种较为特别的制度更好地维护当地的公共秩序、社会的稳定和安全，并在约束村民的行为规范中融入更多的人情味。

(二) 让"文明超市"与村民的实际情况更契合

在调查中，笔者发现当地村两委运用村规民约进行治理的过程中存在较为"着急"的情况。村规民约主要是调整村寨中方方面面的问题，"红黑榜"制度主要是针对村寨卫生环保方面进行治理，其中对家庭中的脏乱差问题的处罚稍显严格，这本属于卫生习惯、文化水平问题，可以通过教育等方式进行劝导。前述创办"文明超市"的目的是通过积分量化，引导村民向善向上，助力精准化、精细化、数字化、现代化管理，但笔者在调研中发现，"文明超市"在实际的运行中需要加强与村民之间的契合度。因为村里大部分的青壮年进城务工，村里留下来的很多都是上了年纪的老人和还在义务教育阶段的孩子，他们的文化水平相对较低，对于积分制的理解和运用需要一定的时间来熟悉，积极性也需要提高；此外，"文明超市"离他们的住处有一段距离，应该鼓励他们积极参与进来。共同完成和配合村里所安排的任务。管理"文明超市"的工作人员还可以通过加快更新"文明超市"的商品来满足村民的需求，比如需求量比较大的饲料，以此来调动村民参与乡村振兴的积极性。

(三) 借鉴传统"善恶簿"助力"红黑榜"

事实上，"红黑榜"的提法类似于古时的"善恶簿"，其内涵与"善恶簿"大致一样。据古籍记载，雍正七年（1729年），在全国各州县城镇，普遍设立公所……齐集全乡老、里长及读书之人与百姓宣讲。这与我们现在所设立的"讲习所"颇为相似。在每月的初一，公所就会敲打锣鼓用以召集所辖范围民众到所，然后宣读《圣谕广训》，值月哼声宣读，之后约正会解释宣读的内容和内容蕴含的意思，约正解释完毕后，听众开始讨论并依次发言表达自己的观点。"此乡内有善者，众推之，有过者，众纠之……记其恶籍，当呈约正、里正、长老默视认可，然后宣读，事毕，众揖而退。""善簿"和"恶簿"都由值月妥为保管。① 到了年底，各地会把当地民众的善恶情况进行汇总，之后由约正再报给县官审阅，县官再根据两簿的实际情况拟定奖惩的办法，做到惩恶扬善。此外，从乾隆十三年（1748年）起，每次讲约时都要加诵《大清律例》，并由约正逐条讲解，其内容和前述基层讲约基本一致。从这些古籍记载不难发现，对于村寨的社会治理，古人的智慧比起现在也是不落下风的。"红黑榜"的设置，事实上也是"善恶簿"在当下的传承，它们起到的作用基本上是一致的，应该吸取古人的经验和优势来助力"红黑榜"的实施，为维护当地的社会秩序和稳定发展贡献更大的力量。

五、结语

党的十九大以来，中共中央始终把民族地区乡村治理模式建设放在民族工作的突出位置，民族地区乡村治理发生了历史性、转折性、全局性的变化，民族地区乡村治理建设也取得显著成效。十九届中央委员会第四次全会公报提出："坚持和完善共建共治共享的社会治理制度，保持社会稳定、维护国家安全。"② 经过三十多年的发展，我国村民自治已取得较为丰硕的成果，但面对形式纷繁的乡村实践，有许多难以化解的问题与矛盾需要逐步化解，面对这些困境，如何促进民族地区乡村治理有序有效地开展迫在眉睫。通过调研发现，目前创新乡村基层治理模式是关键。民族地区"乡政村治"模式日渐展现出的新问题直接影响着乡村社会的后续发展，如何创新治理模式，走出乡村治理困境，既关系到民族地区的全面发展，也关系到国家的政

---

① 中国地方志集成，湖南府县志辑：（嘉庆）《通道县志》，江苏古籍出版社，1991年，第79页。
② 共产党员网，http://www.12371.cn/2019/10/31/ARTI1572515554956816.shtml，访问日期：2020年6月15日。

治稳定。作为以少数民族聚居为主的贵州，当地基层治理问题形式多样，具有一定的典型性。脱贫攻坚圆满结束，接下来的乡村振兴也面临着一定的挑战。其中比较明显的就是民族地区基层的社会结构的更新变化导致民族地区乡村治理模式遇到了更多新的问题。怎样处理这些问题既关系到民族地区社会秩序的稳定，也关系到乡村振兴的全面发展。在乡村振兴的背景下，对贵州民族地区基层治理模式进行认真细致的调查与研究是很有必要的。黔西南州贞丰县岩鱼村创制的"红黑榜"与"文明超市"模式，是民族地区乡村治理的有效路径，其良好的实践经验能为当下其他少数民族地区乡村振兴提供一定的参考，也能为民族地区基层治理实践提供新的思路，为构筑乡村振兴新格局添砖加瓦。

参考文献

［1］（明）王阳明．南赣乡约［M］．北京：线装书局，2014．

［2］杨志强．"国家化"视野下的中国西南地域与民族社会——"古苗疆走廊"为中心［J］．广西民族大学学报，2004（3）．

［3］汪俊英．农村基层"准法律"——"村规民约"［J］．法学杂志，1998（4）．

［4］徐晓光，杜晋黔．华寨的"自治合约"与"劝和惯习"［J］．原生态民族文化学刊，2015（2）：67．

［5］徐晓光．锦屏乡土社会的法与民间纠纷解决［M］．北京：民族出版社，2012：前言．

［6］吕瑛．法治视域下的村规民约［J］．北方法学，2008（6）：26．

［7］中国地方志集成，湖南府县志辑．（嘉庆）通道县志［M］．南京：江苏古籍出版社，1991：79．

［8］共产党员网，http://www.12371.cn/2019/10/31/ARTI1572515554956816.shtml［DB/OL］．（2020-06-15）．

民族地区卓越法治人才培养路径研究

陈光斌 刘庆洋[*]

摘 要：民族地区卓越法治人才是推进全面依法治国、铸牢中华民族共同体意识的重要人才保障。传统法学教育中存在民族共同体意识教育、职业伦理教育以及职业精英教育重视度不足，民族法治人才文化多元性、差异性、多层次性、培养效果针对性不强，民族法治建设的社会背景关注度不足等问题，不适应民族地区卓越法治人才的培养需要。新时代民族地区卓越法治人才的培养要注重学生政治思想教育，增进"五个认同"，铸牢少数民族学生中华民族共同体意识。在具体的教学实施中，要着力夯实法学专业基础，培育法律职业技能、塑造法律职业精神，坚持德法兼修、分层次共同培育，面向少数民族和民族地区，培养民族地区卓越法治人才。

关键词：德法兼修；卓越法治人才；分层培养

一、问题的提出

党的十八大以来，以习近平同志为核心的党中央着眼新时代民族工作面临的新形势新特点，深刻把握党和国家事业发展对民族工作提出的新任务新要求，谋长远之策、行固本之举，创造性地提出"铸牢中华民族共同

---

[*] 作者简介：陈光斌，男，汉族，湖北赤壁人，中南民族大学法学院教授，硕士研究生导师，研究方向：法理学、民族法学、法制史学。刘庆洋，男，汉族，湖北襄阳人，中南民族大学硕士研究生，研究方向：法理学、民族法学。

体意识"这一重大论断，引领民族工作在创新发展中迈上新台阶，开辟了马克思主义民族理论中国化新境界。① 2017年10月，党的十九大正式将"铸牢中华民族共同体意识"写入党章，铸牢中华民族共同体意识，不仅是一项实践行动，更是作为党的民族工作的"纲"和"底线"。2021年8月习近平总书记进一步指出"铸牢中华民族共同体意识是新时代党的民族工作的'纲'，所有工作要向此聚焦"。② 国家民委也强调：要紧紧抓住铸牢中华民族共同体意识这个"纲"，要自觉把思想和行动统一到习近平总书记重要讲话精神上来。要准确把握和全面贯彻我们党关于加强和改进民族工作的重要思想，以铸牢中华民族共同体意识为主线，坚定不移走中国特色解决民族问题的正确道路，构筑中华民族共有精神家园，促进各民族交往交流交融，推动民族地区加快现代化建设步伐，提升民族事务治理法治化水平，防范化解民族领域风险隐患，推动新时代党的民族工作高质量发展，动员全党全国各族人民为实现全面建成社会主义现代化强国的第二个百年奋斗目标而团结奋斗。③

习近平法治思想强调，依法治国是坚持和发展中国特色社会主义的本质要求和重要保障；坚持中国特色社会主义法治道路，最根本的是坚持中国共产党的领导，坚持法治国家、法治政府、法治社会一体建设；要推进科学立法，不断创新法治人才培养机制，培养坚持中国特色社会主义法治体系的法治人才，提高基层法治人才队伍建设的水平，着力提升基层法治人才的依法治国素质。2018年教育部和中央政法委联合下发的《关于坚持德法兼修实施卓越法治人才教育培养计划2.0的意见》要求："经过5年的努力，建立起凸显时代特征、体现中国特色的法治人才培养体系。建成一批一流法学专业点，教材课程、师资队伍、教学方法、实践教学等关键环节改革取得显著

---

① 《唱响铸牢中华民族共同体意识的时代强音——以习近平同志为核心的党中央引领新时代民族工作创新发展纪实》，载《人民日报》，2021年8月27日第1版。
② 习近平：《以铸牢中华民族共同体意识为主线 推动新时代党的民族工作高质量发展》，载《人民日报》，2021年8月29日第1版。
③ 习近平：《以铸牢中华民族共同体意识为主线 推动新时代党的民族工作高质量发展》，载《人民日报》，2021年8月29日第1版。

成效；协同育人机制更加完善，中国特色法治人才培养共同体基本形成民族地区法律人才培养，是实现民族事务治理法治化的重要举措。"[1] 要全面推进依法治国，必须着力建设一支忠于党、忠于国家、忠于人民、忠于法律的社会主义法治工作队伍。我国是一个多民族国家，在14亿人口中少数民族占1亿2547万，即各少数民族人口占8.89%[2]，其中6000多万人使用民族语言，随着改革开放的不断深入，经济政治文化的发展，城市少数民族流动人口愈来愈多，涉少数民族的刑事民事案件逐年增多，少数民族法律语言翻译也在实践中暴露出许多问题，使得司法实践中因语言障碍引起的问题也层出不穷，少数民族双语法律人才极度匮乏。特别是在"一带一路"的国际背景下，要求法学教育要面对挑战，抓住机遇，改革法学教育和法律人才培养模式，增强学生实践能力，积极回应社会发展对法律人才的需求。对此少数民族、民族地区卓越法治人才培育迫在眉睫。

二、民族地区卓越法治人才培育的研究现状及困境

目前国内各专家学者对卓越法治人才培养研究上，对法学教育过程中的目标定位、培育体系、师资力量等各方面均有涉及，但对民族地区卓越法治人才的培养研究较少[3]。如学者王琪、张文香表示，法学课程体系建设是实现教育目标的重要手段，课程设置应考虑三个层面：宏观上，确定培养目标为知识、能力和素养；中观上，以课程群为单位，全面改造选修课；微观上，大力倡导实践性教学方法的使用。[4] 学者马思洁认为，民族地区院校的学生大部分来自少数民族聚居地，如果实施法学教育时能够考虑到他们的知

---

[1] 教育部、中央政法委：《关于坚持德法兼修实施卓越法治人才教育培养计划2.0的意见》，教高〔2018〕6号，2018年10月8日。
[2] 数据来源于国家统计局公布的第七次全国人口普查主要数据结果。
[3] 以中国知网主题检索为例，以"卓越法律人才"为主题检索，共计873篇期刊论文；以"民族地区卓越法律人才"为主题检索，共计28篇期刊论文。
[4] 参见王琪、张文香：《民族地区卓越法律人才培养的课程观和课程重塑探析》，载《民族教育研究》，2012年第6期。

识背景和生活及就业环境,因地制宜,因材施教,着眼于服务地方发展,将会有效提升民族地区法律人才培养的优势和特色。① 徐显明、黄进、潘剑锋认为:各高校法学教育的定位一直存在理论型、应用型、复合型、创新型等多种分类,不同的定位决定不同的人才培养方向和模式,但不论哪种定位都要与国家和社会发展的现实需要相匹配。② 袁翔珠认为西部高校应当充分考虑少数民族法律人才的特点和需要,建构具有较强民族性和适应性的培养模式。少数民族法律人才具有培养目标的特殊性、历史使命的双重性和文化传承的内在性等特点。基于此,其培养模式应当坚持突出特色、强调民族性的原则,从构筑培养模式的有形空间——课程设置,到无形空间——建立多元、多层次的实践教学体系等方面入手。③

现阶段对民族地区卓越法治人才培育的研究主要集中于课程建设、培养目标等方面,以思想政治教育为主线的铸牢中华民族共同体意识教育未受到重视。全面依法治国的推进离不开人才队伍的建设,高校作为法治人才培育的摇篮,要充分发挥教育载体功能。当前民族地区卓越法治人才的培育面临民族共同体意识教育、职业伦理教育以及职业精英教育重视度不足,民族法治人才文化多元性、差异性、多层次性、培养效果针对性不强,民族法治建设的社会背景关注度不够等问题,高校中少数民族学生大多来自少数民族聚集地,应当尊重各少数民族之间的文化、习惯差异,在进行法学教育时应当结合民族学生的知识背景及生活环境,因地制宜、因材施教提升民族地区法治人才培育特色。故此,本文基于法学教育和法律人才培养现状,在已有的法治人才教育研究基础上,从铸牢中华民族共同体意识角度出发,在生源构成、思想教育、培养目标、教学内容、师资队伍等多个方面,探讨民族地区卓越法治人才的培养模式,突出民族法治人才培养应坚持的方向重点,坚持

---

① 参见马思洁:《民族高校卓越法律人才培养实践教学研究——评民族高校卓越法律人才培养模式研究)》,载《教育发展研究》2020年第4期。

② 参见徐显明、黄进、潘剑锋:《改革开放四十年的中国法学教育》,载《中国法律评论》2018年第3期。

③ 参见袁翔珠:《双向建构:西部少数民族法律人才培养模式新探》,载《前沿》2012年第2期。

建设德才兼备的高素质法治工作队伍。

三、完善民族地区卓越法治人才培育体系的实施路径

中华民族共同体意识是国家统一之基、民族团结之本、精神力量之魂。① 何谓中华民族共同体？"中华民族共同体"的本质属性是命运共同体，特指中华民族是56个民族的共同体，一荣俱荣，一损俱损。何谓中华民族共同体意识？梁启超写道："凡遇一他族而立即有我中国人之一观念浮于脑际者，此人即为中华民族一员也。"② "中华民族共同体意识"是"各民族基于共同利益和共同发展目标形成的民族共同心理素质，各族人民对本民族的族性族体认知、心理文化认同和核心价值遵循则是民族共同体意识得以形成和巩固的基石和保障。"③ 铸牢中华民族共同体意识，是科学把握中华民族多元一体格局的题中应有之义。我国是一个历史悠久的统一的多民族国家，各民族之所以团结融合，多元之所以聚为一体，源自各民族文化上的兼收并蓄、经济上的相互依存、情感上的相互亲近，源自中华民族追求团结统一的内生动力。就理论而言，"铸牢中华民族共同体意识"是构筑各民族共有精神家园的核心概念，具有深刻的学术价值；就政治而言，"铸牢中华民族共同体意识"是实现中华民族伟大复兴的必要条件，具有丰富的实践价值。

法律是治国之重器，法学是治国理政之学，具有鲜明的政治性和意识形态性，法学专业的学生作为法律工作者的后备军，势必成长为国家政治生活中最活跃的群体。④ 何为少数民族地区卓越法治人才？有学者指出，少数民族地区卓越法律人才应该是优秀的少数民族人才与卓越的法律人才二者的结合，即为少数民族和民族地区建设和社会发展服务。具有较高法律专业素质

---

① 郝时远：《铸牢中华民族共同体意识（大家手笔）》，载《人民日报》，2021年5月19日第13版。
② 梁启超：《中国历史上民族之研究》，见梁启超：《饮冰室合集》专集之四十二，中华书籍出版社，1989年版，第1页。
③ 李赞：《铸牢中华民族共同体意识的三个基本途径探析》，载《满族研究》，2019年第3期。
④ 叶青：《培养德法兼修的高素质法治人才》，载《人民法治》，2018年第16期。

和职业能力，具有主动性、开拓性和创造性的法律人才。① 百年大计，教育为本，德育教育则是教育中的重中之重，不容忽视。"立德树人"的教育理念要求我们充分认识社会主义核心价值体系对于学校思政和德育工作的重要意义和价值。高校作为国家法治人才后备军培养的重要阵地，高校的思政和德育工作是社会主义核心价值体系建设中不可分割的一部分。如今，少数民族司法案件日益增多，而少数民族优秀法律人才极度短缺，在此情况下，铸牢中华民族共同体意识，培养少数民族地区卓越法律人才的重要性不言而喻。为加强"中华民族多元一体格局"，在培育少数民族地区法治人才后备军的过程中，只有将中华民族共同体意识放在首位，真正激发学生的自我理解、自我修正、自我完善的内在动因，才会促进德行的增长，才能为少数民族地区卓越法治人才添砖加瓦。

（一）德育铸魂，造就德才兼备的民族地区卓越法治人才

习近平总书记在考察中国政法大学时强调："要坚持立德树人，德法兼修，创新法治人才培养机制。"② 在新时代，"德法兼修"赋予了法治人才培养更高的要求，必须准确理解、把握并贯穿于法治人才培养全程，"德"是指强化学生的个人品德、职业道德、民族认同、家国情怀。"育"是指加强注重学生的思想政治教育，在学习和生活中注重"立德、立言、立行"。要坚持依法治国和以德治国相结合，法律是成文的道德，道德是内心的法律，法安天下，德润人心。我们的法学教育要坚持立德树人，不仅要提高学生的法学知识水平，而且要培养学生的思想道德素养。这一命题不仅是对法学专业学生提出的要求，也是对所有青年学生提出的既修德又明法的基本素养要求。③

有学者指出：法律人才具有综合性，包含着理论和实践等多个层次。在

---

① 参见杨莉萍：《论少数民族地区卓越法律人才的培养——以中央民族大学"卓越法律人才教育培养计划"实施为例》，载《安徽农业大学学报（社会科学版）》，2015年第3期。
② 参见《习近平在中国政法大学考察时强调 立德树人德法兼修抓好法治人才培养 励志勤学刻苦磨炼促进青年成长进步》，载《人民日报》，2017年5月4日第1版。
③ 参见黄进：《培养德法兼修的高素质法治人才引领中国法学教育进入新时代》，载《中国高等教育》，2018年第9期。

习近平总书记"五三"讲话之后，我们进一步明确法学教育培养人才的目标就是培养德才兼备的高素质的法治人才。① 德法兼修、以文化人的少数民族地区卓越法律人才培养路径，必须充分发挥民族院校在民族理论及民族法治研究方面的资源及方法优势，将"五个认同"教育和法律职业共同体意识教育在第一、第二课堂②协同推进、深度融通；贯彻认同教育，铸牢中华民族共同体意识。

1. 加强思想政治教育

对于民族地区法律人才培养而言，高校教育仍为重要载体，对学生思想与品德的教育甚为关键。坚持立德树人，德法兼修，在进行法学教育的过程中，要坚持把思想政治教育放在首位。人的全面发展离不开全面教育，而思想政治教育不仅是全面教育的重要组成部分，而且是发展全面教育的根本性保证。思想政治教育是一种有目的、有计划、有组织的综合教育活动：既包括政治思想教育，也包括哲学思想、法学思想、经济思想等综合思想教育；既包括道德品质教育，也包括心理素质教育。因此，思想政治教育是一种完善人格的综合教育实践，在中国新时期高素质人才培养中将发挥重要作用。

（1）加大政治思想课程在培养计划中的比重，让科学理论占据学生思想阵地

在少数民族地区培养法治人才以及民族院校在培养民族法治人才的过程中，更要将思想政治教育置于首位，铸牢中华民族共同体意识，增进民族团结。党的十八大之后，习近平总书记进一步强调了立德树人的重要性，他在给中央民族大学附属中学全校学生的回信中强调，学校要承担好立德树人、教书育人的神圣职责。在新时代法治教育高校建设中，思想政治工作必须围绕学生、关照学生、服务学生。在各学段现有课程内容基础上，重点强化习近平新时代中国特色社会主义思想进课程进教材，培育和践行社会主义核心价值观，推进法治教育、劳动教育、总体国家安全观教育、公共卫生安全教育等方面内容的全面融入，实现学段纵向衔接、逐层

---

① 参见徐显明：《高等教育新时代与卓越法治人才培养》，载《中国大学教学》，2019年第10期。
② 第一、第二课堂即高校课堂以及社会工作单位培训课堂。

递进，学科、课程协同联动。① 在高校原有开设的《形势与政策》《思想道德修养》《马克思主义基本原理》《毛泽东思想和中国特色社会主义理论体系概论》等课程基础上，结合民族地区政策宣传的实际需要，开设《习近平新时代法治思想》《习近平新时代中国特色社会主义思想概论》《民族理论与民族政策》等特色类思想政治课程。德法兼修、以德化人的少数民族地区卓越法律人才培养路径，必须要充分发挥民族院校在民族理论及民族法治研究方面的资源及方法优势，将"五个认同"教育和法律职业共同体意识教育在第一、第二课堂协同推进、深度融通；贯彻认同教育，铸牢中华民族共同体意识。

(2) 加大先进模范宣传在社会课程中的地位，让先进典型引领学生日常行为

先进典型的示例对于学生良好的思想道德观念的形成具有重要意义，对于新时代法治模范、社会先进个人事迹进行整理汇编，用先进模范文化熏陶人，就是要用这些模范精神来教育高校学子、感染高校学子，让广大青少年认识和理解党领导人民进行革命的光辉历程和巨大成就，从小树立起坚定的理想信念和革命精神，使红色基因渗进血液、浸入心扉。安排学生以参观、学习先进人物事迹为主题的课外政治学习活动，让学生走进先进，模仿先进，最终成为像先进一样的高素质人才。

(3) 准确把握政治"三力"的内涵，不断提高政治判断力、政治领悟力、政治执行力

政治"三力"既是马克思主义政党的鲜明特征，也是我们党一以贯之的政治优势。政治判断力，是以国家政治安全为大、以人民为重、以坚持和发展中国特色社会主义为本，科学把握形势变化、精准识别现象本质、清醒明辨行为是非、有效抵御风险挑战的能力；政治领悟力，是对党中央精神深入学习、融会贯通，坚持用党中央精神分析形势、推动工作，始终同党中央保

---

① 参见：中共中央宣传部、教育部：《新时代学校思想政治理论课改革创新实施方案》，教材〔2020〕第6号，2020年1月22日。

持高度一致的能力；政治执行力，是同党中央精神对表对标，把党的理论和路线方针政策坚决执行到位、把党中央决策部署不折不扣落实到底的能力。新时代培育民族地区卓越法治人才，应当坚持加强中华民族共同体意识教育，紧抓民族地区法学生"政治三力"，做到融会贯通与有机结合，学以致用，指导少数民族学生的实践活动始终沿着正确的政治方向前进，提高政治素养，为新时代依法治国背景下民族地区法治发展输送卓越法治人才。

2. 推进"红色文化"育人

习近平总书记指出："一个国家、一个民族的强盛，总是以文化兴盛为支撑的，中华民族伟大复兴需要以中华文化发展繁荣为条件。"[①] 文化是民族生存和发展的重要力量，是一个国家和民族的灵魂，更是凝聚民族精神的纽带。"红色文化"是中国共产党以马克思主义为指导，吸收中外优秀文化创造的先进文化，代表了中国共产党人的优良品格，不仅是中国人民价值观念体系中的重要组成部分，更是凝聚国家力量和社会共识的重要精神动力。

(1) "红色资源"[②] "红色传统"[③] "红色基因"[④]，是中国共产党宝贵的精神财富

在党和人民伟大斗争中孕育的革命文化，是在中国共产党带领中国人民争取自由和解放历程中形成的、与中国文化和中国革命发展密切相关的特有文化形态，具有坚定、彻底的革命精神和厚重、深沉的革命内涵。对新时代高校学子进行"红色文化教育"，是落实高校立德树人根本任务的时代要求。开展以党史学习教育为主题的"红色教育"，是促进"红色基因"传承、培育和践行社会主义核心价值观的重要途径。在思政课程中突出党史学习教育，编写高质量的"红色文化"教育读本，紧紧把握党史学

---

① 转引自邹广文：《以文化奠定现代化强国的重要基础》，载《光明日报》，2021年9月9日第2版。

② "红色资源"：是指革命时期留下的革命遗址、革命文物，还有革命人物的精神等珍贵资源。

③ "红色传统"：是指中国共产党人在进行历史革命过程中所形成的思想、文化、道德、风俗、制度以及行为方式等。

④ "红色基因"：是一种革命精神的传承，它的基本内涵包括体现党的性质宗旨、精神面貌、思想方法和工作方法三个维度的内容。

习教育主线，立足各地"红色文化"资源，组织相关领域专家学者编写内容丰富、思想深刻、可读性强的党史及"红色文化"教育读本，并将"红色读本"纳入思政课程教材，为广大学生提供高质量的思政学习读物。

（2）创新传播方式，推动"红色文化"真正入脑入心

开展有吸引力、影响力的新媒体传播，对"红色文化"进行"微制作"。把握新时代下青年学生认知特点，引导大学生对"红色文化"作出正确感知，以"红色文化"加强品德修养。"革命精神"是"革命文化"的灵魂，中国共产党在带领全国人民取得革命胜利的同时创造出来的"红船精神""井冈山精神""苏区精神""长征精神""延安精神""西柏坡精神"等，都是开展青少年思想政治工作的宝贵财富和优秀教材。"红色文化"最突出的价值内涵是道德价值，它所呈现的每一处"红色遗址"、每一个革命事件、每一位英雄人物、每一份历史文物，都蕴含着革命前辈与先烈高尚的大爱情怀和道德情操。要充分发挥新媒体优势，利用微信、微博、QQ、抖音、快手等多种平台进行广泛传播，让"红色文化"的"精气神"和"正能量"萦绕网络空间，同时利用各地"红色资源"优势，组织高校学子参观革命纪念遗址，感受革命文化的熏陶，帮助学生在不知不觉中获得有益的精神滋养。

3. 强化职业精神教育

法律职业精神与法律职业活动紧密相连，它包括职业理想、职业态度、职业责任、职业道德、职业纪律等因素。在依法治国背景下，未来的卓越法治人才已不仅是"实践型、操作型"的法治人才，而且是具备良好职业精神、道德素养，具备优秀的法律职业伦理的卓越法治人才。恩格斯指出："实际上，每一个阶级，甚至每一个行业，都各有各的道德。"[1] 培育新型民族地区卓越法治人才，不光要注重理论知识的培育，法律职业道德、法律职业伦理的培育也至关重要。加强法律职业伦理建设，应当从以下几方面进行创新：

（1）将职业精神元素融入民族地区法治人才培养方案

---

[1] 转引自马长生、张效文主编：《政法职业道德概论》，群众出版社，1993年，第25页。

要发挥思想政治教育课和就业指导等课程在职业精神培育的主渠道和主阵地作用。针对少数民族法学专业学生的认知行为特点，明确职业精神培养目标，改革和完善职业精神教学内容，创新职业精神培育的途径和方式，探讨有效的考试考核方式。突出高校法学教育中《法律职业伦理教育》课程的重要性，通过教学和引导，使学生了解法律职业伦理的基本要求、法律职业伦理的内容，明确法律职业伦理的特质，提高对职业理想、职业道德、职业责任的认识，将法律职业伦理的要求"内化于心，外施于行"，从而在主动学习职业技能的同时，深刻理解法律职业精神的重要意义。

（2）将职业精神培养与人的全面可持续发展相结合

随着我国民族地区法律案件日益增多，社会对民族案件法治工作者的职业精神要求越来越高。作为一名准法律人，高校学生职业精神的培养同专业知识的学习和职业技能的提高一样，是其立足社会、投身法治建设的重要条件。高校学生如果仅仅具备"做事"的能力，满足基本技能要求，将很难出色地、富有创造性地完成工作，同时也将会影响自己职业生涯的可持续发展。一个人能力发挥的程度，往往取决于他所具备的非智力因素，即思想认识、责任意识、职业理想、职业观念等职业精神。职业精神愈强，能力发挥程度也就愈高。反之，如果职业精神低下，即使有再高的职业能力，也无法获得希望得到的结果。因此，加强学生职业精神的培育，是对学生成长成才的一种责任，为学生就业后的可持续发展提供坚实的保障。

4. 开展民族团结教育

习近平总书记曾指出：作为一个统一的多民族国家，处理好民族问题、做好民族工作，关系国家长治久安和中华民族伟大复兴。[①] 改革开放以来，为适应各民族地区均衡发展的需要，东部和西部、城市和乡村、汉族和少数民族的政治、经济、文化各方面交流越来越密切、频繁。这种交流在使各民族之间的共同点不断增加的同时，也使文化差异越来越明显。教育的目的，是增加高校各民族学生群体对于中华民族国情的了解，对于中国共产党和中

---

① 参见《唱响铸牢中华民族共同体意识的时代强音——以习近平同志为核心的党中央引领新时代民族工作创新发展纪实》，载《人民日报》，2021年8月27日第1版。

国政府民族理论政策的了解。各民族青少年是我们国家的未来,是中华民族的希望所在。中国的民族团结进步教育,特别要重视对各民族青少年的教育。

(1) 加强民族团结教育方针,推进课程思政教育改革

为使民族团结进步教育落到实处,教育科学系强化校园文化建设,将民族团结进步教育融入社团活动,融入专业特色教育,以校园精品文化活动为载体,以学校创建全国民族团结教育示范单位为契机,丰富教育载体,通过专业特色与校园文化相结合举办了演讲比赛、民族团结知识竞赛、舞蹈大赛、合唱比赛等多项活动,提高学生对中华民族的认同感和归属感,扩大各类专业性活动覆盖面,提高学生的活动参与度和影响力。积极组织学生开展民族团结主题校园文化活动,通过民族团结知识竞赛等多种形式,加强学生的民族团结教育,让学生树立牢固的民族团结意识、中华民族共同体意识,通过各媒体平台,宣传党的民族理论和民族政策,弘扬中华优秀传统文化。

(2) 普及民族知识,创新民族团结进步教育方法

教育部办公厅、国家民委办公厅曾出台相关文件:民族团结教育课程是根据国家统一要求列入地方课程实施的重要专项教育,是学校教育的组成部分。[1] 通过普及民族知识,使高校法科学子懂得:在长期的历史发展过程中,我们中华民族多元一体的格局是怎样形成的;在近代以来,中华民族抗击外敌入侵的斗争中,我们各民族又是怎样团结奋斗的;中华民族是怎样从一个自在的民族转变为一个自觉的民族的。从而提高各民族学子对于中华民族的认同感,提高其作为中华民族一员的自豪感。在进行民族知识教育过程中,应当注意语言生动、举例贴切,不断总结经验,努力探索为学生所喜闻乐见、易于并乐于接受的方式方法,使学生在轻松、贴切的课堂中激发民族理论知识学习的兴趣。

---

[1] 教育部办公厅、国家民委办公厅:《学校民族团结教育指导纲要(试行)》,2008年11月26日,教民厅〔2008〕9号。

(二) 知行合一，培育学以致用的民族地区卓越法治人才

知行合一，是明朝思想家王阳明的核心思想，即对于事物道理的认识与实行其实是密不可分的。知，是指对事物的认识、内心的觉知，主要是认知层面；行，是指人的实际行为，主要是实践层面。知中有行，行中有知。新时代在处理民族法律问题时，不仅需要具备优秀的法学理论基础，同时需要具备特定的民族法学知识背景、了解地区实践特色等能力。既要倡导高校法治人才后备军学习与立志，又要倡导学以致用，关注实践、勇于实践。要以知行合一的精神践行社会主义核心价值观、培育中华民族共同体意识，立足于"五个认同"，为少数民族、民族地区培育更多卓越法治人才。

1. 增强对伟大祖国的认同，是深化民族团结进步教育的根本

增强国家认同，就是要深刻认识我们伟大祖国自古以来就是一个统一的多民族国家，各民族共同缔造了并捍卫了国家统一；就是要时刻胸怀祖国，不断强化国民意识，把维护祖国统一和加强民族团结作为自己的神圣职责，旗帜鲜明地维护国家利益和尊严，坚决同一切分裂国家的行为作斗争；就是要时刻胸怀祖国、爱岗敬业、自强不息、勇于担当、奉献人民，实现个人前途与国家命运同频共振。[1] 对伟大祖国的认同就是对国家的认同，国家认同与社会秩序的生成密切相连，国家认同的水平直接影响着国家的安全和社会的稳定，而公民的国家认同根植于社会中的每一个人。诚如高丙中指出："个人、社会和国家是共生的，个人在社会中，在国家中；社会在个人中，在国家中；国家在个人中，在社会中。"[2] 有国才有家，新时代民族地区卓越法治人才正值少年，要唤起他们心中对伟大祖国的高度认同感，要让他们积极投身于新时代的中国梦当中。

---

[1] 转引自王传发：《增强"五个认同"：多维向度铸牢中华民族共同体意识的整体逻辑汇通》，《中国社会科学网》，2020年7月22日，http://www.cssn.cn/mkszy/yc/202007/t20200722_5158560.shtml。

[2] 参见袁娥：《民族认同与国家认同研究述评》，载《民族研究》，2011年第5期。

爱国是人们对国家主权维护、祖国大好河山热爱、民族历史文化的尊崇以及骨肉同胞相惜之情的真挚流露。① 新时代教育改革的背景下，必须增强对伟大祖国的认同，民族类高校作为少数民族人才后备培养基地，必须对国家、对民族怀有崇高使命感和强烈责任感，把少数民族学子的身心发展同国家繁荣、民族兴盛、人民幸福紧密结合在一起，加强社会主义核心价值观教育，使得少数民族学子牢固树立正确的祖国观、民族观、文化观、历史观，对构筑各民族共有精神家园、铸牢中华民族共同体意识至关重要。在各高校，尤其是民族类院校中，邀请专家开展党的民族理论政策和社会主义核心价值观的讲座，帮助少数民族学生树立正确的人生观、世界观和价值观。把爱家和爱国统一起来，把实现个人梦、家庭梦融入国家梦、民族梦之中。②

2. 增强对中华民族的认同，是深化民族团结进步教育的关键

在2014年召开的中央民族工作会议上，习近平总书记强调："我们要把建设中华民族共有精神家园作为战略任务来抓。"在2015年召开的中央第六次西藏工作座谈会上，习近平总书记再次强调"要大力培育中华民族共同体意识"。只有积极培育作为国家统一之基、民族团结之本、精神力量之魂的中华民族共同体意识，并真正做到将中华民族共同体意识内化于心，外化于行，融入血脉，代代相传，切实变成思想自觉、政治自觉、行动自觉，社会才能稳定和谐，国家才能长治久安，事业才能健康发展。③

民族类院校在开展法学教育过程中，突出民族认同感教育是关键，要使少数民族学生深刻理解中华民族是一个由56个民族组成的、历经5000多年风雨锻造而成的"多元一体"的命运共同体。56个民族水乳交融、唇齿相依、休戚相关、荣辱与共的观念和中华民族利益高于一切的思想，始终把各族人民紧紧团结在中华民族大家庭中。要增强中华民族的认同，通过对中华民族历史文化、中国特色社会主义发展史的学习，增强对中华民族的热爱，

---

① 王传发：《增强"五个认同"：多维向度铸牢中华民族共同体意识的整体逻辑汇通》，中国社会科学网，2020年7月22日，http://www.cssn.cn/mkszy/yc/202007/t20200722_5158560.shtml。
② 2018年2月14日，习近平总书记在2018年春节团拜会上的讲话。
③ 参见杨胜才：《"五个认同"：从思想上增强各民族大团结》，载《中国民族报》，2017年10月27日第5版。

让各民族学子在回溯历史的过程中，找到中华民族"大一统"主流，铸牢中华民族共同体意识，形成正确的民族观。

3. 增强对中华文化的认同，是深化民族团结进步教育的基础

习近平总书记始终高度重视培育各民族对中华文化的认同，指出"加强中华民族大团结，长远和根本的是增强文化认同，建设各民族共有精神家园，积极培养中华民族共同体意识"。[①] 国学大师钱穆先生曾说：文化是民族的生命，没有文化，就没有民族。习近平总书记指出："文化认同是最深层次的认同，是民族团结之根、民族和睦之魂。"[②] 中华文化是世界上唯一一个持续发展而从未间断过的文化。中华文化源远流长，积淀着中华民族最深层的精神追求，代表着中华民族独特的精神标识，为中华民族生生不息、发展壮大提供了丰厚滋养。要坚定文化自信，各高校要注重民族大团结，尤其是民族类院校要引导多民族同学们相亲相爱，互相帮助，让不同民族的同学感受不同民族的文化，既开阔了视野，丰富了学习生活，更增强了同学们对中华文化的认同感，使中华民族共同体意识深入人心。

"中华民族是一个多元一体的概念：在其中，不同民族都有自己独特的文化，但是既然任何一个民族都是中国和中华民族的平等成员，所有不同民族之间的文化共同性应该大于差异性。"[③] 中华民族文化认同成为新时代铸牢中华民族共同体意识的关键和核心，必须增强文化认同，建设各民族共有精神家园，积极培养中华民族共同体意识。[④] 要增强对中华文化的认同，必须开展丰富的文化活动。针对民族区域、民族类院校等少数民族群体多的集体，开设民族文化交流节，让高校学生在各民族文化的交融过程中，看到中华民族文化的大发展、大繁荣，使其了解各民族历史文化及风俗文化背景，

[①] 《唱响铸牢中华民族共同体意识的时代强音——以习近平同志为核心的党中央引领新时代民族工作创新发展纪实》载《人民日报》，2021年08月27日第1版。

[②] 《习近平在参加内蒙古代表团审议时强调，完整准确全面贯彻新发展理念铸牢中华民族共同体意识》，载《人民日报》，2021年3月6日第1版。

[③] 参见韩霞：《论国家认同、民族认同及文化认同——一种基于历史哲学的分析与思考》，载《北京师范大学学报（社会科学版）》，2010年第1期。

[④] 转引自《铸牢中华民族共同体的思想基础——二论学习贯彻习近平中央民族工作会议重要讲话精神》，载《人民日报》，2014年10月10日第1版。

增强各少数民族文化自信和文化自觉，从而形成正确的文化观。

4. 增强对中国共产党和中国特色社会主义的认同，是深化民族团结进步教育的核心

习近平总书记在庆祝中国共产党成立95周年大会上的讲话中指出："历史和人民选择中国共产党领导中华民族伟大复兴的事业是正确的，中国共产党领导中国人民开辟的中国特色社会主义道路是正确的，中国共产党和中国人民扎根中国大地、吸纳人类文明优秀成果、独立自主实现国家发展的战略是正确的，都必须长期坚持、永不动摇。"同时，中国特色社会主义制度是党和人民历尽千辛万苦、付出各种代价取得的根本成就。中华人民共和国72年的砥砺前行，建立了社会主义根本制度、基本制度、重要制度，中国特色社会主义制度日渐走向成熟和完善。历史和现实证明，这一制度特色鲜明、优势明显。① 增进全国各族人民对中国特色社会主义制度的认同，是当今中国的时代主题，是党和国家思想政治工作的主线。只有正确认识中国特色社会主义的本质，才能增强对中国特色社会主义的道路认同。

在高校中要积极开展党的民族理论与政策和学习党的十九大精神等系列教育活动，加入学校创新、理论学分教育，激发学生政策制度学习积极性，引导学生自觉将个人命运与国家发展和民族进步结合在一起，对中国共产党有充分的认识，形成正确的政党观；正确引导同学们对中国特色社会主义制度的理解，从而产生高度的认同感，形成正确的制度观。

5. 强化法治实践教学，丰富法学教育内涵

实践教学是法学学科学生基础知识理论应用转化的必修课。有学者指出：法律人才具有综合性，包含着理论和实践等多个层次。法学是一门实践性很强的学科，在高校法学教育中，要正确做好知识教学与实践教学之间的关系。在少数民族地区或处理少数民族法律案件时，往往因为少数民族地区习惯不同、民族自治条例、单行条例的特殊性以及政治方面的因素，需要法

---

① 参见杨建义：《党的领导：中国特色社会主义制度最大优势》，载《中国教育报》，2019年11月14日第5版。

律从业者具备更高的法律业务能力,这就对民族地区法治工作队伍提出了更高的要求。高校在培育民族地区法治人才时,一方面,抓好法学基础理论知识教育,培育出具备优秀法学功底的法治人才;另一方面抓好实践性思辨能力教育,培育学生法治实践能力,塑造出一支新时代"能文能武的"民族地区卓越法治人才队伍。

遵循法学知识教育与法律实践历练紧密结合的法治人才培养规律,既要善于利用优化法律实务学院校内部教学和研究资源,更应当善于利用优化法律实务部门外部法律实践资源,形成法学院校联合培养、协作培养高素质法治人才的体制机制,彻底扭转法学院校闭门造车、脱离中国法律实践和地方经济建设的错误倾向。① 高校在进行法治实践教学时,要注重与法治实务部门的合作,打破高校教学与社会实践中的壁垒,邀请实务部门中业务能力强的专家到学校中参与法治人才培养,增设民族地区法律实务案例教学,让实务部门参与制订培养方案、专业教学中来,从实践出发,应需培育,提升民族地区卓越法治人才后备军的实践应用能力。

(三) 专培赋能,培养应用型复合型民族地区卓越法治人才

在党的十九大报告中明确指出,中国特色社会主义进入了新时代,新时代社会主要矛盾也发生了变化,人们对民主、法治、科技、生态、医疗等各方面的需求日益增长。进入新时代,如何适应新时期国家和社会对法律人才的需求,改革法学教育和法律人才培养模式,增强学生实践能力,回应社会对法律人才的需求已经成为大学法学教育面临的迫切任务。

早在 2011 年,教育部、中央政法委员会联合出台了《关于实施卓越法律人才教育培养计划的若干意见》中指出:"培养应用型、复合型法律职业人才,是实施卓越法律人才教育培养计划的重点",要"适应多样化法律职业要求,坚持厚基础、宽口径,强化学生法律职业伦理教育,强化学生法律实务技能培养,提高学生运用法学与其他学科知识方法解决实际法律问题的

---

① 参见史凤林:《高素质法治人才培养规律研究》,载《中共山西省委党校学报》,2019 年 6 月第 3 期。

能力，促进法学教育与法律职业的深度衔接"。① "复合型"是指学生能够一专多能，能够适应多种环境、具有创新精神和应变能力；"应用型"强调的是培养学生解决实际问题的能力，使学生具有良好的职业能力；"精英型"是指培养出的人才不仅具备扎实的法律知识素养、丰富的人文知识背景、缜密的逻辑分析能力、突出的语言表达能力，而且还具备崇尚法律、恪守法律职业道德的人格品质，具有创新意识和研判能力的高素质人才。

专培赋能，首先是完善专业教育体系，牢固塑造法律职业精神，从理论到实践，多层次、多渠道培养政治素质过硬、熟悉党的民族理论与政策、具备良好法律职业技能和法律职业精神的西部卓越少数民族法律人才，而应用转化能力是复合型人才复合能力的重要体现，其是把理论知识转为实践能力的一个过程，可从以下几个方面着手：

1. 注重法学主科与复合科目之间的关系

采用"1+1+X"模式②对高校法治人才进行培养。一方面，在对学生进行宪法、法理学、刑法学、民法学等法学主科进行培养教育的同时，再由学生自主选择包括立法法、证据法、环境资源法等作为法学选修课，这即是"1+1"培育模式。另一方面，再结合各高校的教学自身特色、优势学科，复合另加的"X"学科，发挥各高校的学科优势，在经济、民生、社会、生态等各领域培育出懂法的"专业人"，使学生结合自身专长领域优势，掌握解释适用法律的方法，具有独立分析、处理各领域法律案件的能力。在民族地区卓越法治人才培养过程中，应避免过于偏重法学本专业课程教育的弊端，树立"大人才观"，注重综合素质提升，拓宽学生视野，以适应社会全面发展对法治人才的需要。为此，在教师队伍的选任聘用上，可以从具备互联网、林学、医学、法学等复合背景的专家学者、律师、企业法务等社会专业人才中选拔优秀者任教，充实综合性复合型教育团队，打造一支知法懂

---

① 教育部、中央政法委员会：《关于实施卓越法律人才教育培养计划的若干意见》，教高〔2011〕10号，2011年12月23日。

② 即高校中对于法治人才进行三大类学科的培育，包括法学主科、交叉学科、各高校特色学科的复合型培养模式。

法、精通其他专业知识的教师队伍。① 复合型人才并不完全表现在本职业相关的复合，更表现在其职业能力的多元化，新时代背景下，各行各业对于法律服务的需求量愈来愈大，在进行法律服务的同时，必须具备了解相关行业领域的知识背景，才能更准确地提供法律服务工作，因此，进行复合型法律人才培育是当下社会发展的必然需求。采用"1+1+X"培育模式，使得学生在学习法律基础理论知识的同时，有足够的时间和精力钻研特定行业领域的法学知识，真正做到对高校法治人才后备军的复合型培育。

2. 注重理论教学与实务教学之间的关系

法学作为一门人文社会科学②，最大的特点在于与实际社会相结合。必须促进"教学第一阵地"和"教学第二阵地"的双向协同，高校作为培育法治人才的第一阵地，侧重于理论知识的灌输、基本素养的养成，而作为第二阵地的法律实务部门，侧重于实践操作的锻炼，技能水平的提升，二者各有所长，各有侧重，成为培育法治人才的基础场域。因此，为面对社会中各式复杂法律问题，法治人才不光要求具备法学理论研究能力，也应当具备实务操作能力。尤其在处理相关民族法律问题时，坚定的政治立场以及灵活的法律运用，必须具备处理复杂社会问题的分析处理能力。加强基础理论授课教育，注重法律实务教学，二者相辅相成。法学高校可积极"引进"实务部门专家进行定期讲座交流会，教授学生法律实务案件检索能力、法律文书书写能力、实务问题分析能力，培育学生解读法条、理解法条、研究法条的习惯，通过法条读社会，通过社会反映法律条文。在法律实务部门也可设置相关实习岗位，为高校法科学子构建起迈向法律实务的桥梁。

3. 注重实行多元教育教学

多元教育教学既包括教育方式的多元化，也包括教学手段的多元化。培

---

① 李健：《培养高素质应用型复合型法治人才》，载《吉林日报》，2021年8月16日第4版。
② 法学研究法与其他社会现象的联系、区别及相互作用，因此具有社会科学的性质；同时法学又要解决不同国家、不同民族人们所面临的问题，要为人们在规则下生活提供精神导向，因此又具有人文科学的性质。

育民族地区卓越法治人才应当以提升少数民族学生的综合素质为根本目标，以促进学生掌握法学基础知识为前提，以切合学生的实际情况为基础，以多样化的教学方法为途径，打破传统法学教育模式的束缚，打造多元化的法学教育模式。第一，采用理论讲座、翻转课堂等多种现代教学形式和手段，使学生身处于良好的学术研究氛围中，培养学生思辨意识，形成"书香校园"的学习氛围；第二，配备优秀师资，进行"小班教学""导师导学"等教学活动，关注每一个学生专业学习的薄弱点，突出性地进行教学梳理，开展小组式案例研讨，培育学思笃行的民族地区卓越法治人才；第三，与多类型实务部门达成合作协议，开展专业实践教学，进行实训参观活动，带领学生参观法院、检察院、律所等法律实务部门，为学生未来人生职业规划打下基础；第四，探索双语教育实践，出版双语法学教材，使少数民族学生感受到民族凝聚力，提倡少数民族学生双语化表达法学知识，为民族地区法院、检察院培养双语型法律后备军；第五，举办丰富多彩的创新活动，把创新实践寓于活动之中，在思考问题和解决问题的过程中发挥学生的创新潜能，激发学生的创新热情。

4. 注重制定专门培养方案

制定科学合理的人才培养方案目标定位对民族地区卓越法治人才的培育具有导向意义及指导意义，提倡学校、学院领导与教师高度重视少数民族学生培养方案的制定，在学院法学专业培养方案的基础上，立足民族地区实际和少数民族法科学生成长规律，根据民族聚集地区生活实际情况，因地制宜、因材施教，坚持法学知识、专业能力、职业素质协调发展和综合提高的原则，将通识教育贯穿于民族地区卓越法治人才培养全过程，制定专门的培养方案。增设少数民族发展课程、民族地区习惯规范、民族法规单行法规研究课程，规范课程设置，加强分类指导，适应西部地区跨越式发展和长治久安的需要，结合政法人才培养体制改革，面向少数民族地区基层政法机关，培养一批具有奉献精神、较强实践能力，能够"下得去、用得上、留得住"的基层法律人才。

(四) 联培协同，探索多元共育的民族地区卓越法治人才

1. 家校联培，实施双向共育平台

家校联培即家庭与学校以沟通为基础，相互配合、合力育人的一种教育形式。通过家校合作，学生受到来自学校、家庭两方面的教育，家庭作为"站在学校背后的巨大教学资源"，必须着力发挥好家庭培育的重要性，如通过学校定期走访、线上回访等方式和学生家长进行沟通，注重学生家庭教育，了解学生家庭环境，定向培育，发挥每一个学生优势及薄弱环节，有针对性地培育学生，这两方面的教育是相辅相成、各显特色的，其终极目的都是为了促使学生更好地成长。家校合作对学生的健康成长、家长教育水平的提高以及学校教育环境的优化都具有重要的意义，能够有效提高学校的育人水平。

2. 创新教学管理体制，强化制度保障

各个高校可以针对自身的特点，结合国内外的教学成果来吸取科学的管理经验。法学高校应该强调实践教学的重要性，可以参照国外的实践教学经验，创新管理体制，且不可以照搬照套，要取之精华，将国外的管理经验为我们所用。在教学活动中，要以学生为主，充分体现出学生的主体地位。如构建校、院、班三级管理体制，通过顶层设计、机制调控和形式规范，高效推进"教授负责人""博士班主任""专职辅导员"教学管理机制。推进"导师制""互助制"。一方面，在法学院校中设置实务导师，聘请法治实务部门专家在法学高校中任教，提升高校中学生法治实践思维。另一方面，定期选派高校中理论教师前往法治实务部门分享最新理论动态，使实务部门学习到最新、最全的法治理论知识，双向共育，协同促进法治人才队伍成长。

3. 促进教育培养体系改革，搭建实训平台

设置西部法院、检察院教学实习，开展适应西部民族地区法治建设的实践教学，开展班级和宿舍的系列活动，鼓励学生结对子、交朋友，形成学业共进、生活互嵌的良好氛围，在教育教学中实现各民族学生交往交流交融；积极吸纳社会优质资源转化为法治人才培养教育资源。人每时每刻都处在社

会环境中，法治人才的培养不能脱离社会环境，高校教学工作更不能脱离社会实践。高校可创新协同教学理念、改进教学方式方法，与实务部门紧密联系，建设案例库，让真实案例进课堂、进教材，以案例促教学、以实践育人才，为学生提供生动、真实的范例，创设多维、立体学习环境。① 充分利用各个地区丰富的法学教育资源，根据西部少数民族地区政法工作的特殊需求，以及学生的知识结构、认知逻辑和成长规律优化课程配置，扎实开好法学通识类课程，稳步推进民族地区法治人才建设。

（五）分层施训，加强民族地区特色法治人才培养

提倡分层共育，针对民族法学专业学生来源多层次性，文化多元性等特色，采用分梯度、分阶段、按照能力差别有所侧重地开展德育教育工作与实践活动的教育形式，分层教育体现了"因材施教"的教学原则；培养德才兼备，深入贯彻《教育部中央政法委关于坚持德法兼修实施卓越法治人才教育培养计划2.0的意见》，坚持"德法兼修、以文化人"路径，为少数民族和民族地区培养"下得去、用得上、留得住、干得好"的基层法治人才，在教育改革的新发展阶段，贯彻执行德育兼修和分层共育的教学理念，构建德才兼备的新发展格局，最终实现学生立根，老师赋能，德育铸魂的全新局面。

首先，在培养理念上坚持"精准定制""开放拓新""德法兼修"的教学理念，增强"五个认同"教育，塑造法律职业精神。进行法律职业教育的同时，将对"伟大祖国、中华民族、中华文化、中国共产党、中国特色社会主义"的认同贯彻全过程，从理论到实践，多层次、多渠道培养政治素质过硬、熟悉党的民族理论与政策、具备良好法律职业技能和法律职业精神的西部卓越少数民族法律人才。其次，在实施路径上坚持"德法兼修，分层共育"的民族院校卓越法律人才的路径。以学生为主体、日常生活为载体，切实尊重法学教育规律和民族院校大学生成长成才规律，深刻把握民族事务治理法治化的实践需求，制定分层化差异性的人才培养方案，推动中华民族共

---

① 参见张改：《协同育人理念下法治人才培养的路径选择》，载《人才资源开发》，2021年6期。

同体意识和社会主义核心价值观教育融入民族院校卓越法律人才培养工作的全过程，牢固树立各族学生对宪法和法律的信仰，更好地凝聚中华民族大团结的力量。最后，在培育方向上利用丰富的法学教育资源，扎实开好法学通识类学习课程，根据民族地区政法工作的特殊需求、少数民族大学生的知识结构、认知逻辑和成长规律优化课程配置，培养服务民族团结进步事业的少数民族基层法治人才。构建人才培养与社会需求互联互享平台。利用互联网技术搭建"人才网"，实现人才培养与实践需求的互通、互选、互享。

（六）百年树人，提升民族团结进步育人实效

民族类高校作为少数民族学生占比最高的高校群体，各民族学生的生源背景、学习基础、成长环境、发展方向等差异较大。我国共计有10所民族类高校，其中9所均开设法学专业，作为民族法治人才后备基地，在培育我国民族法治人才后备军过程中发挥着不可替代的作用。必须紧抓民族类院校民族团结进步育人工作，关注民族学生成长环境、发展潜力、理想信念、政治思想，将"让每一个学生安心学习、顺畅学习、正确学习、快乐学习作为教学育人的中心环节"，铸牢中华民族共同体意识，培育民族地区卓越法治人才。

1. 夯实学业辅导，不让一个学生因学习困难掉队

各民族高校在育人的同时，紧抓学生学业实时情况，成立大学生学业发展中心，定期开展学生学情分析，完善学业预警机制，对其中成绩不理想的学生进行了解，对于该学生学习薄弱点，实施心理辅导、学业教导，激发学习激情。加强学业生涯规划教育，实现"帮、扶、管"一体化育人模式，积极关注学业学情预警群体，跟踪帮扶教导。尤为关注边疆民族地区的学生学情，同时注意其成长环境、教育背景，实行人性化教学方案，构筑民族友好、团结互助的校园氛围。

2. 坚持生活互嵌，构建共同成长空间

民族高校作为民族学生最多的高校，在推动民族团结、民族人才培育过程中发挥着不可替代的作用。各民族高校充分发挥民族学生多的优势，

实行混合编班，统筹民族因素、区域因素及城乡因素，合理分散生源于学院与学科专业，强化班团意识，培育各族学生集体荣誉感。坚持学业毕业标准统一，"一把尺子量到底"，引导各族学生树立统一的学业质量观。坚持分散居住制度，按照同民族同地域分散互嵌的原则分配宿舍，实现学生同室不同民族不同地域，扩大各民族学生的交往空间。

3. 开展边疆访亲，把民族团结深情厚谊送进学生家门

为深入贯彻落实全国高校思想政治工作会议要求，不断加强大学生思想政治教育实效性研究，通过开展"边疆访亲"活动，民族高校教师通过深入走访、线上联系等方式了解学生家庭状况与成长背景，借助民族类高校平台，帮助家庭经济困难学生、边疆地区少数民族学生及人口较少民族学生等学生群体解决他们最需要、最期盼解决的实际问题，促进学校与家庭、教师与家长的沟通联系，建立"全天候"学生工作联系机制，把思想政治教育工作做到学生和家长的心坎上，把民族团结深情厚谊送进学生家门，形成学校教育和家庭教育的强大合力，促进民族团结进步，创建育人深度发展和落地生根。

四、结语

坚持全面依法治国，是中国特色社会主义国家制度和国家治理体系的显著优势。"全面依法治国"涉及各个领域、各个区域、各个民族的整体发展，当下民族地区法治现代化建设相对滞后，民族地区卓越法治人才相对短缺，要实现全面依法治国，推进法治现代化建设，必须积极发挥法治教育的基础性、先导性、长期性作用，优先推进民族地区、民族高校法治教育治理现代化。近年来，学界关于民族地区法治现代化问题关注颇多，而民族地区法治现代化建设的首要问题即为民族法治人才不足。基于此，笔者认为，必须加快民族地区法治人才的培育，在政治思想、专业能力、职业伦理上培养出一支高素质的民族地区卓越法治人才队伍投入民族地区法治现代化建设之中。而高校作为民族地区卓越法治人才培育的重要阵地，要切实发挥好思想政治

引导、法学理论教学的作用；在思想上，大力发展德育教育，开展民族团结教育，铸牢各民族法科学生中华民族共同体意识，维护民族团结，使学生的思想始终处于正确的政治方向；在理论教学上，注重理论教学与实践教学相结合，探索多元共育的教学体制，培养知行合一的复合型民族地区卓越法治人才。

田野观察

现代知识产权与传统民间习惯的矛盾纾解*

——基于105份司法案例的实证研究

回亚茹 段 威**

摘 要：现代知识产权制度是对数千年来信息自由历史的革命，知识私权观念在我国方兴未艾，数字时代众创共享趋势势不可挡，制度运行中难免与民间习惯相冲突。以公序良俗作为抗辩事由的司法案例生动展现了知识产权排他性与知识资源公共性之张力，法定权利主体与民间社会力量之角力。以赋权为主要内容的制定法对民间习惯关注有限，其固有局限性使之无法妥善调整法外空间。提高法律认可度与实施有效性，避免出现制度信任危机，应在立法层面考量正当使用习惯适当限制请求权与诉求，畅通宽容许可法律渠道；在司法层面注重以民间习惯检验权能主张正当性，承认法外空间摒弃绝对受理模式；在行政层面避免悖反民众基本生活经验的私权授予，引导民间社会力量共同参与知识产权治理。

关键词：知识产权；中国式现代化；民间习惯；自主知识体系

《知识产权强国建设纲要（2021—2035年）》提出"到2035年，全社

---

* 基金来源：最高人民法院2024年度司法研究重大课题"人民法院案例库与法答网融合发展研究"（课题编号：GFZDKT2024A04-2）。

** 作者简介：回亚茹，法学博士，河北经贸大学法学院讲师、硕士生导师。段威，中央民族大学法学院教授，博士生导师，法学博士。

会知识产权文化自觉基本形成""培养公民自觉尊重和保护知识产权的行为习惯"。中国社会在近百年间经历了从传统农耕文明向现代商工文明的急剧转型，具有历史代际性的知识使用习惯已经法理阐发转化为通用名称、正当使用、合理使用等正式限权制度。然而，由于保护客体非实体性，知识产权排他界限难以准确划定，司法实践中原告出具行政机关颁发的权利凭证，其权能主张似乎符合法律规则却悖反民众朴素正义观念，被诉侵权行为形式上似乎违法却符合惯性常理思维与基本生活经验。此类案件诱因大多出乎立法者意料外，其质证论证过程生动展现出法定权利主体与民间社会力量之角力，产权制度现代性与民间实践传统性之张力[1]，引发新闻媒体关注与广大民众讨论，值得知识产权学界深入研究。2023年6月2日，习近平总书记出席文化传承发展座谈会时指出："中华文明具有突出的连续性……如果不从源远流长的历史连续性来认识中国，就也不可能理解现代中国，更不可能理解未来中国。"中国自主知识产权体系建构应把握好本土性与国际性、现代性与非现代性、学理性与实践性的关系[2]，积极回应制度运行中的民众质疑。本文尝试从实务案例中窥探现行制度与民间习惯冲突之概貌，分别从制定法与民间法不同角度分析矛盾成因并探索具体纾解路径，以此防范民间社会出现知识产权制度信任危机，提高知识产权法治民众认可度与运行有效性。

一、知识产权法律与民间使用习惯冲突现象的司法考察

司法是最为典型的问题显现场域，《民法典》对习惯规则源地位的确定统摄知识产权法律适用，在中国裁判文书网、北大法宝等数据库以"知识产权""民间习惯""习惯做法""公序良俗"等为关键词进行全文检索，截至2023年6月30日相关案例141件，剔除重复案例、与本文研究明显不相关

---

[1] 蓝寿荣：《知识产权制度的国际性与我国传统知识的民间性——基于CNKI高影响文献的传统知识问题实证分析》，载《私法》，2021年第2期。
[2] 吴汉东：《试论中国自主的知识产权知识体系》，载《知识产权》，2023年第1期。

案例，适格案例 105 件作为分析样本，以保护客体为标准挑选其中典型进行简要分析，为后续理论阐释提供事实基础。

（一）注册商标专用权与传统称谓使用习惯

当民间称谓使用习惯与注册商标专用权之间发生冲突时，审判机关大多不予支持商标权人提出的停止侵权及赔偿损失诉求。在清平竹马案中，葛沽二村民间表演组织前任"会头"年老后，其儿孙成立相关文化传播公司，以公司名义将清平竹马善事歌词进行版权登记，将"二村清平竹马老会"注册为商标，起诉现任"会头"侵权，被告出示由 44 名村民代表签字的村民"公决"及村委会相关说明，表示不同意原告将民间艺术"占为己有"，法院指出民间艺术表演形式属于该地全体群众，原告以诉讼方式限制他人使用违背公序良俗。在青花椒案中，"青花椒"商标权人起诉多家在门店招牌、菜单、菜碟上标有青花椒字样的餐饮业经营者，一审法院判定诸多被告侵权而受到舆论质疑，二审法院邀请当地市场监管局、相关行业协会、商标协会等工作人员旁听庭审，当庭宣判被告系正当使用①。蒙古文 ᠮᠥᠩᠬᠡ 意为永恒圣火，蒙古族人常将火视为财富象征，诸多企业将其用于装潢或作为商标使用以祈祷生意兴旺，在蒙科立案中，原告为该蒙古文与蒙古包图形组合商标权利人，起诉被告在其官网首页、淘宝店铺等网页中使用该蒙古文字样侵权，法院依法认定并不构成侵权②。此外，市场主体长期习惯使用所在地名称或其旧称、俗称等标注产品，在现代知识产权语境下这一商业惯例面临着被诉侵权的风险。例如官垌镇渔业养殖历史悠久，"官垌鱼"商标权利人起诉当地同行使用官垌字样侵权③；妥甸镇酿造酱油历史悠久，"妥甸酱油"

---

① 四川省高级人民法院（2021）川知民终 2153 号民事判决书；四川省高级人民法院（2021）川知民终 2153 号民事判决书。
② 段威、回亚茹：《数字信息时代少数民族文字私权化现象检视》，载《延边大学学报》，2023 年第 2 期。
③ 张某某诉广西灵山兴桂渔业公司侵害商标权纠纷案，广西壮族自治区钦州市中级人民法院（2020）桂 07 民初 55 号民事判决书。

商标权人起诉当地同行使用妥甸字样侵权①;"春台手抓"商标权利人起诉春台乡同乡经营者侵权②;"龙脊十三寨"为壮族村寨联盟民间俗称,"龙脊"商标权人起诉龙脊景区内经营者在产品包装及店铺装潢中使用"龙脊十三寨"标识侵权③。此外,"西域""河套""珍珠城""恰西"等地名商标权利人均发起过侵权诉讼④。

除了上述被动对抗法定权利主体诉请以外,民间社会力量还会以构成行业性习惯称谓(通用名称)为由否定商标专用权,主动将注册商标复归公共领域。权利意识率先觉醒的市场主体较早关注到特定符号商业价值,申请注册商标并在市场推广中投入资本,地理标志、集体商标、非遗项目等新理念的提出提高了名优特产知名度,也对在先权利产生稀释效果。相关行业协会以此为由提起商标无效申请,使民间习惯称谓复归公共领域,供行业内经营者自由使用,生动展现出法定权利主体与民间社会力量之角力。例如张老埠乡人主村手工挂面合作社提起"张老埠乡人主"商标无效宣告申请⑤;湘潭县湘莲协会提起"湘莲"商标无效申请;潼关县肉夹馍协会提起"老潼关"商标无效申请⑥;隆阳区南红玛瑙协会提起"南红"商标无效申请;四川省调味品协会、四川省火锅协会、重庆市火锅协会等13家协会共同提起"青花椒"商标无效申请。江西省七十家花露水生产企业遭遇"金银花"商标

---

① 云南双柏妥甸酱油公司诉双柏鼎盛酱业商贸公司侵害商标权纠纷案,云南省高级人民法院(2018)云民终379号民事判决书。
② 马某某诉马某某侵害商标权纠纷案,甘肃省高级人民法院(2016)甘民终311号民事判决书。
③ 龙胜县龙脊茶文旅公司诉秦某某侵害商标权纠纷案,广西壮族自治区桂林市叠彩区人民法院(2013)叠民初字第620号民事判决书。
④ 中信国安葡萄酒业公司诉新疆西域沙地葡萄酒业公司等侵害商标权纠纷案,新疆维吾尔自治区高级人民法院(2019)新民终357号民事判决书。内蒙古恒丰食品公司诉中粮海优(北京)公司等侵害商标权纠纷案,北京市高级人民法院(2020)京民申4845号民事判决书。北海市源龙珍珠公司诉北海华美房地产开发公司侵害商标权纠纷案,广西壮族自治区高级人民法院(2013)桂民三终字第3号民事判决书。常某某诉伊犁恰西旅游发展公司侵害商标权纠纷案,新疆维吾尔自治区高级人民法院(2020)新民终361号民事判决书。
⑤ 北京市高级人民法院(2019)京行终4840号行政判决书。
⑥ 北京市高级人民法院(2022)京行终353号行政判决书。

权利人起诉①，该省保健与消毒产品行业协会发表声明指责原告恶意敛财，要求其立即向各地法院撤诉，返还所有调解款，并向国家知识产权局申请信息公开，要求答复金银花商标撤销问题。漯河市数十家企业因在包装上使用"猴头菇"字样被某食品公司起诉，该市食品工业协会指责原告滥诉敲诈，建议司法机关严厉打击滥诉行为②。

（二）已登记作品版权与传统创作使用习惯

严格依照现行著作法规审视民间创作习惯，时常出现违法性质疑，例如以仿真见长的手工艺品习惯以他人绘画为底稿，其在传统农业社会多为家庭内部使用长期以来并无获取授权方能使用的观念，而在权属清晰的现代工商社会则面临着被美术作品著作权人起诉的风险③。在华清浴妃图苏绣案中，法院认定绣品构成侵权，但因内容含有在后作者二次创作，劳动成果"添附"于在先美术作品而不可区分处理，故对原告销毁作品主张不予支持④。再如史料收集整理大多需要从业者秉持原真性理念，尽量还原传统角色元素、故事情节、图案纹样、色彩组合、音律声韵等，同样面临着被在先整理作品著作权人权利人起诉风险，评书表演艺术家单田芳也多次被诉侵犯民间故事衍生文字作品署名权、修改权、保护作品完整权，阔克麦西热普案⑤、涉县赛戏案⑥、黔北仡佬族民间故事案⑦、平果嘹歌案⑧、苗族医药案⑨、玛

---

① 《最高法决定提审"金银花"商标案，并中止原判决执行》，澎湃新闻，https://k.sina.com.cn/article_5044281310_12ca99fde02001sbkz.html#:~:text=%E3%80%82。
② 《"猴头菇"被"猴姑"告了，漯河食品工业协会：这是典型的敲诈》，九派新闻，http://news.sohu.com/a/568980256_121019331
③ 参见南京铁路运输法院（2015）宁铁知民初字第01187号民事判决书，河南省高级人民法院（2018）豫民终1837号民事判决书等。
④ 参见河南省高级人民法院（2018）豫民终1837号民事判决书。
⑤ 参见新疆维吾尔自治区高级人民法院（2018）新民申10号民事判决书。
⑥ 参见最高人民法院（2014）民申字第1418号民事裁定书。
⑦ 参见贵州省遵义市中级人民法院（2019）黔03民初283号民事判决书。
⑧ 参见广西壮族自治区高级人民法院（2007）桂民三终字第51号民事调解书。
⑨ 参见贵州省贵阳市中级人民法院（2016）黔01民初414号民事判决书。

依拉案①、传统瑶药案②、祭祖鹰柱案③、夜郎王案④、妈勒带子访太阳案⑤等同样诱因的司法案例并不少见⑥。

公众难以准确判断独创性有限的传统文化素材衍生内容是否处于私域，习惯性使用行为一般不具备主观恶意，版权登记主体行使诉权常引发舆论争议，例如陕北剪纸艺人诉国家邮政局案相关报道指出山东、辽宁、延安等相距甚远的不同地域均有与涉案作品相似的民间剪纸图像⑦。在诸多汉字字体侵权案中，法院考虑公众书写使用习惯以及权利人未制止使用推定构成默示许可，判定单字使用不构成侵权⑧。在叶某诉冠素堂食品公司案中，法院认定被告在产品包装上使用与民间传说改编作品《观音饼来历》相似的文字构成侵权，但根据原告劳动投入程度，酌情减少判赔金额⑨。在周某诉黄灯笼食品公司案中，法院认定《黄帝椒的传说》"至多"属于民间文艺衍生作品，相应降低判赔金额⑩。在洪某诉五福坊食品公司案中，法院认为被告作为贵州本土企业使用贵州蜡染艺术作品符合民间文学艺术作品作为非物质文化遗产固有的民间性、民族性、区域性的基本特征要求，酌情减少赔偿数额⑪。类似案件还有折纸图像案⑫、京剧脸谱案⑬、牡丹瓷花案⑭等，审判机

---

① 参见天津市高级人民法院（2021）津民终249号民事判决书。
② 参见贵州省贵阳市中级人民法院（2016）黔01民初414号民事判决书。
③ 参见云南省高级人民法院（2015）云高民三终字第33号民事判决书。
④ 王晓君：《民间文学艺术的著作权规制——以刘雍系列工艺美术作品侵权案为视角》，载《河北法学》，2015年第11期。
⑤ 参见广西壮族自治区高级人民法院（2008）桂民三终字第15号民事判决书。
⑥ 回亚茹：《文化遗产史料整理出版著作权纠纷争点透析与进路探论》，载《文化学刊》，2023年第2期。
⑦ 参见北京市高级人民法院（2002）高民终字第252号民事判决书
⑧ 参见北京市海淀区人民法院（2008）民初字第27047号民事判决书；北京市第一中级人民法院（2011）民终字第5969号民事判决书。江苏省高级人民法院（2011）苏知民终字第0018号民事判决书。
⑨ 参见浙江省高级人民法院（2016）浙民终118号民事判决书。
⑩ 参见海南省海口市中级人民法院（2017）琼01民初441号民事判决书。
⑪ 参见贵州省贵阳市中级人民法院（2015）筑知民初字第17号民事判决书。
⑫ 参见西安市碑林区人民法院（2016）陕0103民初1111号民事判决书。
⑬ 参见重庆市高级人民法院（2011）渝高法民终字第188号民事判决书。
⑭ 参见福建省高级人民法院（2014）闽民终字第406号民事判决书。

关对民间使用习惯予以考量，进而下调赔偿数额、不予支持赔礼道歉诉请等，缓解法定责任严厉性。此外，当传统素材自由使用系行业惯例时，违背常理的策略性诉讼不仅无法获得胜诉甚至还需承担刑事责任。在纺织花样案中，某版权代理公司鼓动绍兴轻纺城部分商户对传统花样进行版权登记，发现其他商户使用后以侵权为由索要赔偿累计获利340余万元，使得当地同行从业者不堪其扰，法院依法认定主要负责人构成诈骗罪，判处有期徒刑十一年六个月①。

（三）地理标志商标权与地名习惯性使用

名优特产商誉形成非一朝一夕、一家一户之功，地方行业协会区域性、行业性特征与地理标志"地名+品名"形式相适配，其作为地理标志商标权利人针对地名习惯性使用起诉引发民众广泛质疑。2021年11月开始我国多家媒体曝光"逍遥镇胡辣汤"事件、"潼关肉夹馍"事件，尽管国家知识产权局、最高人民法院通过答记者问、发布政策文件等方式多次予以回应，但目前类似诉讼仍呈高发之势。景德镇陶瓷协会、阿克苏地区苹果协会、郫都区食品行业协会、信阳市茶叶协会、高邮市鸭蛋行业协会、西湖区龙井茶协会、五常市大米协会、湘阴县樟树镇辣椒产业协会等分别就地名使用发起批量诉讼，以其会员遭受损失为名，捆绑集体利益向全国各地零售商索赔②。例如库尔勒香梨协会认为电商平台链接"河北赵县雪花梨皇冠梨鸭梨早酥梨库尔勒香梨6000g"中含有"库尔勒"字样侵犯其商标权，请求判令赔偿80000元，法院认定其在显著位置使用相关字样构成侵权，需赔偿该协会经济损失及合理支出共计23250元③。阳山水蜜桃桃农协会起诉水果零售商在产品包装上使用"阳山"二字构成侵权，法院经查证认为被告不是该协会会员，2020年7、8月销售的水蜜桃确有充分证据证明产地来自核定地域范围，

---

① 范跃红、胡成英：《海量维权"的背后，是打假还是诈骗，数字赋能揭开花样图案著作权恶意维权真相》，载《检察日报》，2023年2月3日第004版。
② 《库尔勒香梨协会三年获赔97万，商标保护成了收保护费？》，https://www.thepaper.cn/newsDetail_forward_15566836
③ 北京市西城区人民法院（2021）京0102民初5776号民事判决书。

但其余时间段销售商品则构成商标侵权,须赔偿协会经济损失及合理费用21500元①。类似案件中审判机关对销售者商品"合法来源"提出较高审核要求,而现实中大量小本经营商户从上家进货时过于随意,并无留存凭证的习惯致使无法认定合法来源而被判侵权,赔偿相关行业协会"损失",裁判结果往往突破民众合理预测,扰乱供应链下游从业者原本交易秩序。

地名习惯性使用还会在地理标志商标注册环节产生影响。行政区域变动导致的地名指代范围古今不同,为核实地理标志商标申请主体资格工作增加困难。例如祁门县临近地区同行经营者长期习惯使用"祁门"字样标注产品,在祁门县祁门红茶协会申请地理标志商标后提出商标无效申请,国家知识产权局商标局商标评审委员会认定历史上的"祁门"并不限定在现行县辖区划,进而宣告商标无效。此外,流传于当地的习惯性称谓还会引起同地域行业协会争夺注册,例如某市陶瓷协会与该市建材协会争夺注册"佛山陶瓷"集体商标,后者公开指责前者浪费国家和企业的大量金钱,两家非营利民间组织由商标纷争升级为名誉权诉讼②;某县蓼花糖传统食品协会与该县食品协会争夺注册"三原蓼花糖"商标,行政部门向前者出具批文后予以废止,使县食品协会后来居上申请成功③,引起新闻媒体关注。

二、现代知识产权与传统民间习惯冲突成因分析

上述案例为知识产权制定法实施情况提供观察窗口,生动展现出法定权利主体与民间社会力量之角力。随着知识产权客体与权能不断扩张,民众习惯性使用知识资源被诉侵权风险大为提高。现代产权制度与传统民间习惯冲突成因可归纳为以下几点:

---

① 陶冠东、奚晓诗:《产自阳山的水蜜桃能不能叫"阳山水蜜桃"?》,载《上海人大》,2022年第12期。
② 《陶瓷协会与建材协会争夺"佛山陶瓷"商标案今日开庭》,新浪网,https://jiaju.sina.cn/news/20151124/6074734114819604877.shtml
③ 《陕西三原两协会争夺蓼花糖地理标志商标》,新浪网,https://finance.sina.com.cn/nongye/nygd/20121022/150713438370.shtml

(一) 以权利为本位的知识产权制定法对民间习惯关注有限

文明发展过程中代代传承的知识信息长期处于公开状态，来自不同地域的人们超越语言、宗教等隔阂不断进行文化互动，而在生产力快速发展的 17 世纪，资产阶级通过私有化制度进行"知识圈地运动"，将创造性劳动整合进资本主义生产关系。1624 年英国《垄断法案》正式确立了"公开换垄断"知识产权基本原则[①]。伴随着晚清时期传统农业社会模式向现代工商社会模式转变，法律制度进行了相应调整，1898 年的《振兴工艺给奖章程》、1904 年的《商标注册试办章程》、1910 年的《著作权律》，内容多为域外法移植，制定过程并未全面开展民间习惯调查，其并非全体民众权利意识自然凝聚，空降式介入原本相对自由的知识生产场域导致其难以广泛实现规范机能。张之洞对清末修律的评价至今值得深思："大率采用西法，于中法本原似有乖违，中国情形亦未尽合，诚恐难挽法权，转滋狱讼……乃阅本法所纂，父子必异财，兄弟必析产，夫妇必分资……袭西俗财产之制，坏中国名教之防……官民惶惑，无所适从。"[②]

目前我国知识产权法治建设已取得一定成就，但总体上处于探索阶段，以权利保护为主要内容的法律文本编排尚且粗糙，法定义务远超民间道德要求，"注册/登记即获权，使用即侵权，侵权即赔偿"强保护模式存在矫枉过正之虞，不断扩充着保护客体与权能，诱导市场主体对公有领域知识资源进行圈占[③]，取得权利凭证后借助制定法权威挑战使用习惯"碰瓷式"诉讼索赔。即便是合法取得的知识产权，当相关侵权产品已进入市场流通环节时，权利人也倾向于采用"撒网捕鱼式"维权策略，将侵权产品流通各环节的参与者（常见链条有"作者—出版社—销售者""广告主—广告经营者—广告发布者""设计者—制作者—使用者"等）一并写入诉状的被告行列，要求承担连带赔偿责任。知识产权语境下，市场风险复杂性持续提升，知识资源

[①] 肖艺能：《互联网时代的社会化知识生产与知识产权制度》，载《东南学术》，2020 年第 4 期。
[②] 故宫博物院明清档案部编：《清末筹备立宪档案史料》，中华书局，1979 年。
[③] 李忠诚：《论知识产权法中理性人标准的价值基础》，载《学海》，2023 年第 2 期。

负载的社会公益价值受到不当压制：致敬、用典等艺术创作习惯、地名标注、称谓使用等商业经营习惯随时面临着被诉侵权可能性，越来越多的乡镇农村小型超市、个体工商户等因侵犯知识产权而站上了被告席①，公告送达和缺席判决的比例越来越高。与民众朴素正义感情存在一定距离的制度运行产生各种出乎意料的"侵权"认定，打破从业者心理预期，经营环境因权利过分伸张而可能走向失序。论者谓，过去几十年间（知识产权）立法机关只听取权利人而非使用者声音……对侵权认定几乎未作任何损害结果方面的要求②。当社会公众产生侵权与否不确定心理时，为规避诉讼风险可能放弃使用或寻找替代表述，导致知识使用混乱，徒增交流成本，进而影响文化正常传播传承。《知识产权强国建设纲要（2021—2035年）》等政策文件多次强调"完善规制知识产权滥用行为的法律制度"，但目前正式法律文本修改相对保守，学界呼吁倡导的"禁止权利滥用""公有领域""公众使用权"等限权制度暂付阙如。2020年4月全国人大网公布的《著作权法（修正案草案）》出现"不得滥用著作权或者与著作权有关的权利影响作品的正常传播"条款，并增加相应行政责任，而此后审议稿删掉了前述规定。2013年修订的《商标法》与2020年修订的《专利法》均引入诚实信用原则，但尚缺乏具体制度设计。《特殊标志管理条例》《集体商标、证明商标管理和保护办法》等修订推进迟缓③。上述案例中审理法院为实现个案正义援引公序良俗或诚实信用原则进行法律论证，实为无法可依现实下的无奈之举。

（二）知识产权制定法局限性使之无法妥善调整"法外空间"

知识产权法律调整社会关系的范围是有限的，其功能在于通过承认智力

---

① 余宁：《小店为何频陷知识产权侵权"怪圈"？》，载《人民法院报》，2022年12月27日第006版。

② 克里斯蒂娜·博翰南、赫伯特·霍温坎普：《创造无羁限：促进创新中的自由与竞争》，兰磊译，法律出版社，2016年。

③ 2022年6月国家知识产权局公布《集体商标、证明商标管理和保护办法（征求意见稿）》；2018年8月民政部公布《社会组织登记管理条例（草案征求意见稿）》；2023年1月国家知识产权局公布公布《商标法修订草案（征求意见稿）》。

创造或前期投资所获竞争优势，保障市场主体收回其成本乃至盈利，"为天才之火添上利益之薪"进而优化资源配置、降低沟通成本、提高效益产出[①]。民众生产生活过程中围绕知识资源的活动多样，时刻受到历史文化、道德习俗、宗教信仰等因素影响，存在着诸多法律无法企及的客观现象，上述经济模型相对于交错复杂的社会现实而言过度简化。例如，我国西南少数民族创世神话传说自古在地民众间代代传诵，民俗学领域知识分子时至今日仍在搜集整理，陆续刊印成书，内容各异的神话传说当前存世多种版本，难以采用修改权、保护作品完整权等现代知识产权观念予以评价。此外，现行制度应对"单一权利人—单一客体"极简模式尚且左支右绌，继承著作权或商标权后权利主体"一变多"问题尚无定论[②]，举轻以明重，民间称谓、民间技艺、民间文艺大多呈现流派多样性与开放共享特征，纷繁复杂的创作传播实践、无处不在的模仿复制、改进衍生现象使之无法被法定规则所囊括，亦无法直接运用现代分配正义法理所规制[③]。例如 2002 年印度尼西亚《著作权法》规定民间传说及其他创作者不详的作品著作权属国家所有，以防范发达国家文化企业对其特色知识私有化，但文艺资源使用须获官方许可同样给本国艺术家造成困扰[④]。

服务于国家发展需要的制度设计在实施过程中辐射力正向递减，形成朝野二分或南北差异样态[⑤]，宏观建设布局与微观利益调整并不能达致完全一致。例如多地版权部门开展民间文艺作品公益登记服务[⑥]，但对作品独创性

---

① 杨雄文、肖尤丹：《知识产权法市场本位论——兼论知识产权制度价值的实现》，载《法学家》，2011 年第 5 期。

② 段威、回亚茹：《继承所得著作权的裁判逻辑与规制路径》，载《电子知识产权》，2023 年第 2 期。

③ 2014 年《民间文学艺术作品著作权保护条例（征求意见稿）》规定"国务院著作权行政管理部门指定的专门机构应当将其收取的民间文学艺术作品著作权报酬及时分配给相应的民族、族群或者社群"迄今未成为正式制度。

④ Lorraine V. Aragon, James Leach: *Arts and Owners: Intellectual Property Law and the Politics of Scale in Indonesian Arts*, *American Ethnologist*, Vol. 4, 2008.

⑤ 邓建鹏：《晚清礼法之争前后关于习惯的认识和争论》，载《华东政法大学学报》，2023 年第 1 期。

⑥ 朱丽娜：《内蒙古自治区版权局：激活民间文艺作品资源价值》，载《中国新闻出版广电报》，2023 年 4 月 6 日第 006 版。

并未做较高要求。据统计，普米族常用图形、傈僳族象征图形等基于传统纹样稍加改变的图案，石佛寺的传说、冰煮羊的故事等基于民间故事稍加改变的文字段落亦获版权登记[1]。上述黄帝椒的故事案、观音饼传说案、纺织花样案纠纷起因在于民众基于习惯判断文化元素处于公有领域而以各种方式使用[2]，此时严格依法认定侵权往往与常理不符，体现了法治强行介入传统知识领域所出现的排斥反应。即便在未来知识产权制度更加精细化，也应对法外空间保持适度克制谦抑，限定其所调整的范围，为民间使用习惯保留自由空间。

（三）民间习惯在知识资源生产利用实践中发挥指引作用

传统中国社会以自给自足的小农经济为主，以地缘为基础的人际关系对智力成果分享共用持包容态度，尽管存在文化产品贸易往来现象，但由于生产力发展水平有限，创造性劳动交换价值不甚明显，并未产出系统的产权分配制度。清末以前我国知识产权法律基本处于缺失状态，民众凭借一般常识开展描绘图案、更新技艺、标注商品、书籍传播[3]等活动。近代以来，中国社会在西方工业文明与制度文明浪潮冲击下日渐重视利用科技与创新发展经济，但建立在农业文明基础上的知识共享、宽容使用、谦逊温和、互帮互助等传统理念并未完全消失，在普通民众看来智力成果排他程度弱于有形物，对不具有明显社会危害的使用传播行为大多持容忍态度。此外，特定行业的人们长期习惯俗成地为特定行为，其中个别做法确实隐含着狭隘行业本位主义，但纵深跨度较为广远的习惯内容大多蕴含着公平正义价值，贴合大多数民众道德准则与良知理性。相比于严格义务（责任）的制定法，其与基层民间社会联系更为紧密，其精神内核更加符合自然法学派所主张的"天然道德"，也与功利主义所追求的"最大多数人的最大幸福"主张方向一致。即使是在高度市场化、职业分工复杂化的现代社会，鲜活人本立场的民间文

---

[1] 参见国作登字 2018-A-00548977，冀作登字 2023-A-00010161。
[2] 晓今：《从直播唱歌被诉侵权说起》，载《人民日报》，2022 年 7 月 21 日第 018 版。
[3] 杨文彬：《知识产权法上的习惯》，载《科技与法律》，2007 年第 4 期。

艺、传统商号、遗传知识等逐渐去语境化，但延存于世的民间习惯依旧发挥行为指引作用，广大民众用以察量长短，评判是非，弥补着制定法覆盖领域的缺失，不断推动实现"无讼"目标①。

法治作为社会控制方式之一，其实现过程充斥着与民间习惯的相互碰撞，过于强调合法性而忽略朴素正义感情的裁判结果难以被民众接受，无形之中降低着知识产权法治权威性。即使自上而下建构的知识产权制度日渐细致完善，但其并非制约一切领域的终极律法。数字时代去中心化生产模式使得知识信息在虚拟空间自由流动，大众参与、开源精神、创客运动等现象与产权逻辑存在结构性矛盾。动态变化的前现代性民间习惯以及网络环境中正在形成的新习惯时刻检验着法律正当性，两者之间的矛盾冲突在个案中时常显现。幸而，机械式遵奉中央法统执法司法已不再是当今法律实践主流景象，法律从业者大多遵循公平诚信理念，在定分止争过程中考量公序良俗，因俗而治地平衡各方权利义务②，达致合理执法与科学司法。

三、现代知识产权与传统民间习惯冲突的纾解进路

知识产权法治宏观指导着知识经济高速运转，其调整不仅需"向前看"积极回应新领域、新业态、新技术所带来的治理需求，也应"向后看"直面本土问题，关注制度施行所倚赖的民间文化基础，避免与民间现实脱节。此等考量并非开历史倒车或试图稀释产权制度效能，而在于抵制权利过分扩张趋势及由此产生的制度信任危机。

（一）知识产权立法完善应充分考量民间使用习惯

在全球法律一体化趋势下，《与贸易有关的知识产权协定》等国际条约

---

① 王雷：《论容忍义务在我国民法典中的体系位置》，载《河南财经政法大学学报》，2017年第1期。
② 段威、回亚茹：《从民间文艺到民间文艺衍生作品：〈著作权法〉第六条的司法考察与规范进路》，载《学术探索》，2023年第9期。

为各国提供规则示范，但知识经济发展程度不同的国家有诠释国内法具体文本的自主话语权。制定法规范机能发挥依赖于民众认同，完善中国特色知识产权法律应与民间习惯充分调适，在不破坏现有框架基础上将习惯做法内化其中，保障合理裁判于法有据。

其一，赋权同时适当限制请求权与诉权。《中华人民共和国宪法》明确了私有财产权行使时的社会义务，正如考夫曼所言："宽容应该成为多元社会所追求的重要法哲学价值。"若制度设计给不同利益主体带来的后果悬殊，则难以在理性民众中获得认可，出于实质公平考虑，可以通过适度限权达致私有产权与公有领域之平衡，避免不当诉求搅扰社会和谐状态，妨碍民众基本文化权利享有①。例如来源地社群长期习惯性演绎特色歌舞，即便借鉴被视为"正统"的相关衍生作品，其权利人也应保持适当谦抑，而非锱铢必较"为权利而斗争"。基于此，近年来发布的《商标法》《集体商标、证明商标管理和保护办法》② 等修改意见稿已对此应有所关注。《著作权法》在未来修改时也可以明确"作品中含有的公有领域文化元素部分，版权登记主体无权禁止他人使用""著作权人恶意阻止他人使用公有领域文化元素，对社会造成不良影响的，由版权行政部门责令限期改正，有违法所得的，没收违法所得；拒不改正的，处以罚款""恶意提起诉讼的，应就被诉方因诉讼支付的合理开支承担民事赔偿责任"。

其二，畅通自愿许可使用路径。大部分知识资源长期处于自由公开状态，不会因多次使用而岌岌可危，反而能在传播使用过程中提高创作者与关联地知名度，间接实现惠益分享，扩大集群产业规模，呈现出互利性特点。大多数权利人基于培育潜在市场、获得荣誉感，实现自我价值，或单纯乐于

---

① 周俊光：《论民间规范义务——一种民间法哲学视角》，载《法治论坛》，2018年第6期。

② 现行《商标法》规定："注册商标中含有的地名，商标专用权人无权禁止他人正当使用。"2023年1月公布的《商标法修订草案（征求意见稿）》规定："对恶意提起商标诉讼的，由人民法院依法给予处罚。给对方当事人造成损失的，应当予以赔偿。"2022年6月公布的《集体商标、证明商标管理和保护办法（征求意见稿）》规定："注册人恶意阻止他人正当使用商标中含有的地名，扰乱商标管理秩序的；其他对社会造成不良影响的，由负责商标执法的部门责令限期改正，有违法所得的，没收违法所得；拒不改正的，处以……罚款。"

看到其成果广泛传播，宽容使用为常态，诉讼维权则为异态，法律完善应关注到这一习惯现象，为自愿许可使用设定法律渠道[①]。具言之，在单行法中规定权利人可以作出声明许可，对允许使用的范围、期限、使用方式等作出事先声明[②]，以此顺畅从私权专有领域向公共领域流动通道，保障广大民众使用时的信赖利益。我国《民法典》已为此类单方允诺许可效力提供了规范依据[③]，阿凡提设计图职务作品案、多件字体著作权案等国内外判例已将该思路付诸实践，贴合共享使用习惯的自愿许可制度设计具有现实可行性。

（二）知识产权行政授权应避免脱离民众基本生活经验

知识产权行政授权具有公示权利权属、避免民众混淆等功能，但登记证书仅是获得权利的形式要件，而实际价值来源于创造性劳动或对商业标识的经济投入持续使用[④]。多部地方法规鼓励通过产权登记方式对传统知识资源进行法律保护[⑤]，授权机关应在审查之际充分考量民间使用习惯，预先判断所授权利的民众可接受度，将民众确信可自由使用的知识资源排除在保护客体之外，以防范抢注公共资源现象，确保公众使用基本文化元素无侵权之虞。

我国幅员辽阔，各地风俗习惯有所不同，周密全面的民间习惯调查实施困难，但也并非毫无突破口，位于独特地理形态的边疆少数民族群体以特定信仰维系传统知识文化传承发展，与现代产权逻辑存在一定差异，当地行政部门应注意尊重少数民族习惯，了解当地民众对知识私权的态度及形成原

[①] 孙昊亮、张倩：《作品"宽容使用"引发的问题及其解决路径》，载《法学杂志》，2021年第9期。
[②] 张德芬、张炎坤：《论网络著作权的默示许可限制——以"钓鱼维权"行为的防治为例》，载《陕西行政学院学报》，2022年第5期。
[③] 《民法典》138条规定："无相对人的意思表示，表示完成时生效。"《民法典》139条规定："以公告方式作出的意思表示，公告发布时生效。"
[④] 张广良：《知识产权价值分析：以社会公众为视角的私权审视》，载《北京大学学报》，2018年第6期。
[⑤] 例如《宁夏回族自治区非物质文化遗产保护条例》规定："县级以上人民政府版权管理等部门应当支持和指导代表性传承人等，通过……著作权登记等方式，对代表性项目进行知识产权保护。"《长阳土家族自治县非物质文化遗产条例》支持非物质文化遗产代表性项目传承人和保护单位依法申请国内外……版权等知识产权。《内蒙古自治区非物质文化遗产保护条例》基于非物质文化遗产所产生的著作权，依法予以保护。

因，了解知识产权法律实施对从业者产生的利弊影响，进而通过避让特定元素减少行政授权权威性质疑。在版权登记领域，对涉及宗教元素的佛像造像、佛经内容、法舞编排、法器造型、法会仪式流程等不宜主动引导进行产权登记，2014 年西藏新闻出版局组织调研唐卡版权问题并向国家版权局征求意见，绝大多数当地画师及信仰藏传佛教民众尚未能接受将唐卡图像私权化①。在商标授权领域，目前"澳门豆捞""沁州黄""鲁锦""承德老酒"等注册商标在司法实践中被认定构成通用名称，"白裤瑶""足球起源地""冼太夫人""梅村二胡""清平竹马"等注册商标由当地行政部门向国家知识产权局商标评审委员申请宣告无效②。为提高知识产权权利证书的稳定性与权威性，授权机关应随时关注民间使用称谓发展更新情况，事先将通用称谓、地理标志、非遗名称及相似文字组合等排除在普通注册商标保护客体之外，避免频繁的撤销无效等权利变动引发制度信任危机。2021 年国家知识产权局发布的《商标审查审理指南》明确有害于社会主义道德风尚的、带有民族歧视性的、民间信仰的偶像名称、场所名称等不得作为商标标志注册，据此，锡伯族民间信仰"喜利妈妈"、藏传佛教"宗喀巴大师"等相关商标申请被依法驳回，避免不适当的私权授予伤害人民群众感情、损害人民群众权益。

（三）知识产权司法应尊重人民群众朴素公平正义观

民间习惯在司法实务中最能凸显其价值③。2023 年 1 月 9 日全国高级法院院长会议提出，要尊重人民群众朴素公平正义观，以严格公正司法捍卫社会公平正义。让人民群众在知识产权案件中感受到公平正义，审理人员需充分考察民间习惯，慎重对待超出了民众预期的权利诉求，灵活运用公序良俗

---

① 回亚茹：《西部民族地区文化资源开发的文化公法理念与文化私法考量》，载《西部学刊》，2023 年第 5 期。
② 关于民间文艺名称商标权问题可参见罗宗奎：《从文化遗产到地标产品：非遗地标化之理论可行性、条件和路径》，载《文化遗产》，2022 年第 6 期。刘亚、边惠淀：《梅村二胡商标保护战》，载《方圆》，2016 年第 8 期。李士林：《论南音的商标法保护》，载《民族艺术研究》，2013 年第 6 期。付金彪、韩志红、郭伏男：《民间表演组织名称法律保护与商标侵权问题研究——以"葛沽二村清平老会"案件为例》，载《中国市场监管研究》，2018 年第 7 期。
③ 谭启平、李琳：《民法的属性与民法渊源的司法定位》，载《河北法学》，2016 年第 2 期。

条款、诚实信用原则等进行合乎逻辑的说理论证，得出民众认可但又不会过度偏离制定法轨道的裁判结果，努力克服知识产权领域"法治不适"问题。近些年来，最高人民法院结合根据现行知识产权单行法实际运行中民间习惯，出台司法解释、指导意见和发布指导性案例等持续制度供给，指导审判人员兼顾情理协调各方利益，使司法裁判结果与社会道德评价尽量贴合。《关于深入推进社会主义核心价值观融入裁判文书释法说理的指导意见》要求法官强化运用社会主义核心价值观释法说理，以公正裁判树立行为规则，培育和弘扬社会主义核心价值观。《加强红色经典和英雄烈士合法权益司法保护，弘扬社会主义核心价值观的通知》要求法院在审理涉及因使用红色经典作品纠纷案件时，应当从维护党和国家利益、社会公共利益的因素考量，不得判令红色经典作品停止表演或者演出。《关于审理侵害植物新品种权纠纷案件具体应用法律问题的若干规定》明确侵权物正处于生长期或者销毁侵权物将导致重大不利后果的，法院可以不采取责令销毁侵权物的方法。审判人员根据具体案情灵活调整侵权认定标准以调处息讼，使责任承担方式符合民众朴素正义认知[1]。例如在罗某诉某师范学院著作权纠纷案中，法院指出《黔北仡佬族民间文学作品集》具有研究和保护仡佬族民间文学的重要意义，对销毁作品及在报刊上公开赔礼道歉的诉求不予支持[2]。在黄某诉南宁市艺术剧院著作权纠纷案中，法院认定戏剧作品间接受益于原告整理壮族民间故事所形成的文字作品，但并不构成侵权，基于尊重在先整理劳动成果，要求被告补偿原告3万元[3]。在何某诉某民族出版社案著作权纠纷案中，涉案作品均为整理汇编壮族民间歌谣而形成，法院判定在后作品作者补偿在先作品作者5万元[4]。在著作权法实施早期的班禅十世大师雕塑案[5]、临猗县志案[6]

---

[1] 冯晓青、张子玥：《公共利益与利益平衡视野下限制知识产权停止侵害适用研究》，载《大理大学学报》，2023年第1期。

[2] 参见贵州省遵义市中级人民法院（2019）黔03民初283号民事判决书。

[3] 参见广西壮族自治区高级人民法院（2008）桂民三终字第15号民事判决书。

[4] 参见广西壮族自治区高级人民法院（2007）桂民三终字第51号民事调解书。

[5] 参见西藏自治区日喀则地区中级人民法院（1995）日中民初字第07号民事判决书。

[6] 参见张延华诉临猗县县志编纂委员会等著作权纠纷案，载《最高人民法院公报》，1999年第1期。

中，审理机关同样采用"不侵权—公平补偿"思路使裁判结果既符合民间使用习惯，又尊重从业者智力劳动，有效提高服判息诉率。

随着所谓"维权意识"提高，个别"权利先觉者"动辄将法外空间事项交至法院裁判。禁止法官拒绝裁判原则蕴含"法律中心主义"倾向，通过法律审判强行分配知识资源并不符合我国多数民众道德价值取向，不适宜的权利义务配置只会浪费司法资源，损及司法权威，引发广大民众疑虑。审判人员在进行现实考量后，可以将行业/地域民间习惯作为检验法律适用边界的工具，摒弃绝对受理模式，对法外空间保持适度克制谦抑。例如"思州"商标权利人认为某省文化厅案认定杨某为思州石砚制作工艺项目省级代表性传承人将误导公众认为杨某系商标权利人，构成对其商标专用权的侵害，诉求法院撤销文化厅相关文件[1]，法院驳回起诉。学术界讨论颇多的安顺地戏案一审二审法院均驳回起诉，同时也提醒被告今后更应当"增强对著作权法和非物质文化遗产法的学习，谨慎从业，尽可能预防和避免民事纠纷的发生"。再如"建水紫陶"地理标志用标企业控诉某同行公司不当用标[2]，存在借助知识产权诉讼排除异己可能性，此风不宜助长，法院驳回起诉。将于法无据的权利主张排除在受案范围之外并非拒绝裁判"踢皮球"，而是在尊重民间自发秩序基础上自觉约束司法权，是提高司法公信力的有益选择[3]，有助于中国特色社会主义法治社会建设。

（四）引导民间社会力量适当参与知识产权治理

中国社会自古至今普遍存在着民间团体组织，行业协会/商会中的成功企业家，村寨/寺院的"寨老"（傣族）、"德古"（彝族）、"阿訇"（回族）、"活佛"（藏族）等在特定社群中具有事实上的权威地位。知识产权纠纷成因与所处时代之社会结构、经济状况、文化意识诸要素息息相关，民间力量

---

[1] 参见贵州思州石砚公司诉贵州省文化厅侵犯商标纠纷案，中华人民共和国最高人民法院（2017）最高法行申594号行政裁决书。
[2] 参见福建省建水县天禧紫陶厂诉福建省德化县冠达家居公司虚假宣传纠纷案，福建省德化县人民法院（2022）闽0526民初275号民事裁定书。
[3] 曹磊：《习惯在"法外空间"的规范效用》，载《法律适用》，2017年第20期。

配合国家机关参与知识产权治理既是惯性使然，也是实践需求。我国《反垄断法》规定，行业协会应当加强行业自律，引导本行业经营者依法竞争，合规经营，维护市场竞争秩序。《知识产权强国建设纲要（2021—2035年）》要求行业协会在知识产权协同保护格局中做到自律自治。清末民国近现代知识产权制度建立之初，行业协会商会等民间社会力量即发挥普及法令、调解矛盾、公示权利、表达诉求等重要作用[1]，当下知识经济时代，民众对知识资源分配正义的期待越来越高，民间社会力量更应主动肩负社会责任，凭借其社会影响力维持知识资源使用和谐秩序，弥合民间意识与产权理论之间的裂缝，引导相关经营者树立正确知识产权观念，回归义利兼顾的商业价值观，同时也应引导经营者摒弃侥幸心理，合法合规经营，主动淘汰民间习惯中的不合理因素。

《关于基层人民法院管辖第一审知识产权民事、行政案件标准的通知》明确全国各地基层法院享有符合特定条件的知识产权案件管辖权，实现审判工作重心前移、力量下沉，也从侧面反映出目前我国知识产权诉讼爆炸现象。《关于加强知识产权纠纷调解工作的意见》（国知发保字〔2021〕27号）提出拓展知识产权纠纷行业性调解，到2025年，形成人民调解、行业性专业性调解、司法调解优势互补、有机衔接、协调联动的大调解工作格局。《关于发挥商会调解优势推进民营经济领域纠纷多元化解机制建设的意见》（法发〔2019〕11号）要求加强商会调解组织建设，引导当事人优先选择商会调解组织解决纠纷。知识产权争诉类型化程度高，相比人民调解，行业协会具有内部性、专业性、效率高、非对抗等优势[2]，由社会精英组成的基层民间组织利用其威望及时把矛盾纠纷化解在萌芽状态。例如在"华梦研学"商标被驳回后，郑州市知识产权协会利用其社会资源优势协助企业与类似商标专用权人取得联系，双方达成"共存不会导致混淆"协议，商标评审委员

---

[1] 段威、回亚茹：《商会与商标：功能变迁、行为偏差与价值回归》，载《理论界》，2023年第10期。

[2] 沈永东、应新安：《行业协会商会参与社会治理的多元路径分析》，载《治理研究》，2020年第1期。

会复审予以认可，核准注册商标①。一些法院在审理涉及行业共同利益的知识产权案件时也邀请当地知识产权协会、行业协会等人员旁听，配合专业调查，敦促当事人达成和解②。

四、结语

以人民为中心是中国特色社会主义法治的本质要求。"使全体人民都成为社会主义法治的忠实崇尚者、自觉遵守者、坚定捍卫者，使尊法、信法、守法、用法、护法成为全体人民的共同追求"同样是知识产权法治体系健全的努力目标。目前学术界关于知识产权限权制度论著相对丰富，不同于主流视角的民间法实证研究能够为这一现代社会议题带来颇具启发性思考。以贯穿古今的历史性思维观察知识产权制度在民间社会运行情境，梳理法律实践与社会生活的交互性经验材料可以发现：尊重民间习惯与保护知识产权并非全然冲突，一些传统创作习惯、称谓使用习惯等已然体现在知识产权合理使用、正当使用、通用名称、不良社会影响等正式制度之中，也在司法活动过程中和法律实践层面上发挥作用。民众对于法有据权利主张的质疑并非全然是庸俗化抱怨，而大多是值得学理反思并予以制度层面正面回应的。现代知识产权与传统民间习惯之间的矛盾难以完全纾解但又不得不竭力为之，体系建设和完善应参照民情民心，契合民间社会自生规律与基本价值观念，提高民众对知识产权法治的信赖与尊奉。

---

① 郑州市知识产权协会：《协会居中调解"华之梦"同名商标历时 2 年善意共存》，https：//mp.weixin.qq.com/s/ckL98rBgQg4slB-WplHvJQ

② 吴元元：《人民调解制度的技艺实践考》，载《法学》，2022 年第 9 期，第 3 页。

律师转任法官制度配套改革研究

——把自己作为方法

商建刚[*]

摘 要：我国 2019 年修订的《法官法》明确规定了律师转任法官制度，然而此机制尚未成为"行动中的法"，表现为遴选法官地区和数量偏少、选任法官年纪轻、未常态化遴选。通过实证考察发现，制约因素包括法院管理行政化、司法责任制过度、司法人员工作超负荷的行政化困境，还存在人事关系困境、人才流动困境方面等，其根源在于目前实施的单轨制试图将"律师法官"完全融入"职业法官"体系中。律师转任法官制度的司法体制综合配套改革，须从双轨制角度发力，采取职业法官与职务法官两套序列、建立兼职法官制度、明确法官任期等举措，形成一套以信任为内核的律师转任法官体系。

关键词：法官遴选；法律共同体；律师转任法官；双轨制；"把自己作为方法"

一、引言

律师转任法官，亦称"从律师中遴选法官""从律师中选拔法官"，是指从律师、专家学者和其他法律工作者中公开选拔法官工作机制中的一种。[①]

---

[*] 作者简介：商建刚，上海政法学院经济法学院副教授。
[①] 2019 年我国修订了《法官法》，《法官法》第十五条明确阐述了可以在律师以及法学教学、研究人员中选任法官。

相较于从专家学者、其他法律工作者中选拔法官以及律师转任检察官、律师转任立法工作者机制，律师转任法官涉及身份角色的变动最大，社会关注度更高，产生的争议亦更大。为此，本文以律师转任法官制度作为研究对象。律师转任法官制度寄托着法律共同体的法治理想，触动着法律人的神经，此项制度何去何从以及如何完善是理论界和实务界普遍关注的问题。实践中律师转任法官的地区和人员数量少，[①] 亟须司法体制综合配套改革。[②] 现有研究多围绕法律共同体建设角度论证律师转任法官制度的必要性[③]，未从律师转任法官制度可行性角度展开研究。笔者立足中国律师转任法官的实践，考察我国从律师中选拔法官的实施效果，结合自己从律师转任法官的个体经验，以人类学的"把自己作为方法"，同时跳开自身身份的认知局限，运用实证法学、比较法研究等方法，对律师转任法官制度尚未普遍铺开的原因以及优化对策进行研究并尝试提出系统性解决方案，以期对司法体制综合配套改革提供借鉴。[④]

二、律师转任法官制度的实施效果实证分析

律师转任法官制度来自域外的司法实践，我国已经将此制度成功地移植进入我国的法律规范体系，但实践中并未全面铺开。自从1999年最高人民法院首次在北京地区面向社会公开招考高级法官人选的尝试，到2014年第四轮司法改革"上海司改方案"创设律师转任法官机制至今，期间已经在8

---

① 本轮司法改革从2014年开始，历经8年跟踪观察10次从律师中选任法官的实践，累计选任法官数量未过百。

② 《最高人民法院关于深化人民法院司法体制综合配套改革的意见——人民法院第五个五年改革纲要（2019—2023）》明确提出，进一步完善从律师、专家学者和其他法律工作者中公开选拔法官的工作机制。

③ 参见拜荣静、白岩岩：《司法改革中法律职业共同体的培育路径——以从律师中遴选初任法官检察官为视角》，载《四川警察学院学报》，2021年第3期，第90页；俞伟宁：《关于构建法律职业共同体的思考》载《中国律师》，2015年第6期，第17页。

④ 姜伟：《深化司法体制综合配套改革 加快建设公正高效权威的中国特色社会主义司法制度》，http://www.mzyfz.com/html/2293/2022-03-25/content-1558705.html，最后访问时间2022年6月25日。

个地区实施了 10 次律师转任法官活动，进行有益的尝试，应当对这些经验进行总结。

（一）律师转任法官的制度供给

我国律师转任法官制度供给从无到有、从泛化到细化，已完成了从政策层面上升为国家立法的制度建设。自从 1999 年至 2006 年，在没有制度和规范依据的情况下，共有 22 名律师、学者通过选拔成为最高人民法院的法官。[1] 此后，各地陆续有些许零星实践。2014 年 6 月，中央全面深化改革委员会第三次会议审议通过《关于司法体制改革试点若干问题的框架意见》和《上海市司法改革试点工作方案》（以下简称"上海司改方案"），我国第四轮司法体制改革正式启动。以此为政策依据，上海首开全国先河成功进行了一次律师转任法官的选拔。作为对上海司法改革实践的总结，2016 年 6 月，中共中央办公厅印发《从律师和法学专家中公开选拔立法工作者、法官、检察官办法》（以下简称《办法》），要求法院应当将从符合条件的律师中公开选拔法官的工作纳入队伍建设规划，并采取切实措施予以落实。在此之后，2019 年我国修订了《法官法》，《法官法》第十五条明确阐述了可以从律师以及法学教学、研究人员中选任法官。自此，律师转任法官制度从政策层面上升为国家法律，完成了制度供给。

（二）第四轮司法改革之后律师转任法官的社会实践

目前我国法官的来源主要有两种途径，第一种是从法官助理中进行初任法官遴选，另一种是律师转任法官机制。律师转任法官机制是伴随着法官员额制改革作为法官精英化的重要手段正式进入制度层面的。2015 年 4 月上海全面推进司法改革工作，将司法人员比例分为法官 33%、审判辅助人员 52%、司法行政人员 15%，建立了司法人员分类管理制度，并创设律师转任法官机制。2015 年 4 月，上海市高级法院通过公告、报名、资格审查、书面

---

[1] 王景亮：《律师走向政治——最高法院从律师中遴选法官所引发的一点思考》，《第二届法律职业高层论坛暨构建和谐社会与法律服务体制改革研讨会论文集》，第 238 页。

考试、面试等程序，最后法官遴选委员会对3名面试合格人员进行投票表决，最终确定商建刚作为三级高级法官的建议人选，由遴选委员会向上海高级人民法院致函推荐。上海首次从律师中选拔法官受到社会的普遍关注，然而近年来律师转任法官制度的实施并不顺畅，集中表现为选拔比例低、实施选拔地区少、选拔次数少等。笔者自2014年就开始关注从律师中选拔法官的实践。历经9年跟踪观察10次实践情况，笔者按照时间、地区、任职条件以及实际招录情况进行了整理信息。

目前，已经开展或者正在开展从律师中选拔法官的法院，除在选任程序上基本遵照公务员招录流程之外，还提出了特别的任职条件，具体情况如下：

序号	地区	公告时间	任职条件	实际招录情况
1	上海①	2015年4月	要求参加公开选拔的律师报名选任三级高级法官的在本市实际执业不少于11年；报名选任四级高级法官的，在本市实际执业不少于9年；报名选任一级法官的，在本市实际执业不少于7年；报名高级法官的律师年龄不得超过50周岁。相比较上海第一轮选拔，第二轮选拔年龄限制从45岁放宽到50岁。	1名律师
		2017年2月		2名律师
2	广东②	2017年5月	参加公开选拔的律师应实际执业不少于5年，年龄不超过38周岁等，选拔目标系针对初任法官。	1名律师
3	江苏③	2018年9月	要求律师实际执业不少于7年，具有硕士研究生、博士研究生学历可分别缩短一年、两年执业年限。	4名律师

---

① https：//www.sh.jcy.gov.cn/xwdt/ggl/28087.jhtml，最后访问时间2022年6月25日。
② http：//www.gdrd.cn/zyfb/ggtz/202010/t20201012_175846.html，最后访问时间2022年6月25日。
③ http：//doj.jiangsu.gov.cn/art/2018/9/29/art_48585_7829872.html，最后访问时间2022年6月25日。

续表

序号	地区	公告时间	任职条件	实际招录情况
4	最高院	2018年12月	要求参加公开选拔的人员应具有法学专业硕士研究生以上学历（包含法律硕士），一般不超过45周岁，律师和专利代理人应具有专利等知识产权诉讼、代理等相关从业经历满10年。	暂无律师
5	浙江①	2019年1月	要求年龄不超过42周岁，报名选任一级法官的律师，要求硕士研究生毕业实际执业7年以上，博士研究生毕业实际执业5年以上。	暂无律师
6	北京②	2019年2月	提出基层法院、检察院选拔一级法官、一级检察官，二级法官、二级检察官，可以在符合中央有关要求的前提下，适当放宽职称条件。	暂无律师
7	陕西③	2019年9月	要求四级高级法官年龄不超过45周岁，一级法官年龄不超过40周岁。报名参加一级及以上法官职位选拔的实际执业须满7年以上；报名参加一级以下法官职位选拔的实际执业不少于5年。报名人员具有硕士、博士研究生以上学历学位的可分别缩短1年、2年执业年限。	1名公职律师、1名专职律师
8	吉林	2020年3月	年龄不超过45周岁，报名选任一级法官的律师，实际执业应不少于7年，报名选任三级法官的律师，实际执业应不少于5年。具有硕士研究生、博士研究生学历的可分别缩短一年、两年执业年限。	2名律师
9	山东	2020年4月	选拔范围面向全国，年龄在40周岁以下，实际执业不少于5年。	15名律师

① http://www.zjjcy.gov.cn/art/2019/1/3/art_29_66591.html，最后访问时间2022年6月25日。
② https://www.bjjc.gov.cn/c/bjoweb/rdxw/100100997.jhtml?zh_choose=n，最后访问时间2022年6月25日。
③ http://www.shaanxi.gov.cn/xw/ztzl/zxzt/zkzl/2019n/2019nsxsclshfxzjzgkxbfgjcggg/201909/t20190916_1482243_wap.html，最后访问时间2022年6月25日。

续表

序号	地区	公告时间	任职条件	实际招录情况
10	河南①	2022年2月	参加选拔的人员应具有普通高等院校大学本科以上、学士以上学历、学位，年龄放宽至40周岁，律师取得执业证书并实际执业不少于8年。	暂未检索到数据

（三）律师转任法官制度的实施效果评价

1. 律师转任法官的总体数量较少

优秀律师被选任为法官本是符合法官精英化的举措，但从数据的角度来看全国成功的案例终究还是少数。自选拔开始以来，律师界对这一制度反应比较淡然，八年中实际招聘人数共27人，选拔人数最多的省份为山东省，也仅有15人，其他地区选拔数量基本保持在1~2人，甚至多省市岗位无法达到招考人数比例以至于不得不取消考试，呈现实际招录为零的尴尬局面，在十余万的法官队伍中占比极小。然而，十八大以来离任法官检察官从事律师职业的人数达到7640人，②律师中选拔到法官人数的稀少性和法官辞职进入律师市场的普遍性形成了鲜明的对比，法院成了优秀法律人才的流出地。我国法律职业的流动整体上体现在法官向律师的流动。

2. 对"律师法官"的年龄上限进行了限制

从律师中选拔的法官，亦称"律师法官"。对于"律师法官"的年龄，多数省市要求在40至45周岁之间，个别省市如广东省要求在38周岁以下，上海市曾要求50周岁以下。这一现象同英美法系国家动辄"执业年限不得少于十五年，年龄不得低于五十岁"的要求呈现明显差异。现有遴选制度对法官年龄上限进行规定的原因有二：一是基于法官退休制度考量的，按照男性法官60岁退休的规定，如果律师在50岁以后被遴选成为法官，那么他们

---

① http://www.henan.gov.cn/2022/02-12/2397290.html，最后访问时间2022年6月25日。
② 中共中央全国政法队伍教育整顿第二次新闻发布会，https://www.chinapeace.gov.cn/chinapeace/jyzd210830/yqfb.shtml，最后访问日期2022年9月10日。

从事审判的工作时间不到 10 年,现有的遴选制度希望从律师当中选任的法官能够为法院服务更长的时间;二是 50 岁以上的法官在身体无法承受中国法官由于繁重审判工作而带来的身体劳累。然而,之所以从律师中选拔法官,看中的就是律师的法律经验,能审理疑难复杂和专业性较强的案件,从而弥补现有法官专业技能的不足。"律师法官"的年龄上限与法官终身制执业之间存在冲突。

3. 从律师中选拔法官未常态化

我国最高人民法院及上海、广东、陕西、浙江、北京、江苏、吉林、山东、河南等省份相继开展了 10 次从律师中选拔法官的活动。从地域来看,律师转任法官制度尚未有效地在全国推行,零星分布在经济较发达地区,虽然中共中央办公厅在 2016 年明确提出这项工作要常态化、制度化,但本轮司法改革后已经完成选拔工作的地区并未长期进行该项工作,比如上海自从 2017 年第二次进行选拔后并未开展新的选拔工作。这一制度的推动力和持续力不足,未常态化、制度化地推行该措施桎梏了律师向法官的流动,降低了律师向法官职业转换的预期可能性,示范作用发挥不足,不利于该措施在实际适用中的不断调整和优化。

总之,我国从律师中选拔法官的比例仍然较低,吸引的律师数量也有限,从律师中选拔法官本应是一条低成本培养精英法官的有效途径,但目前我国的实施现状并未达到预期的效果,还呈现出法官向律师逆向流动的颠倒现象,违背了法律职业互动的基本规律。

三、制约我国律师转任法官制度的困境分析

1974 年《英国律师法》规定:"每个执业律师都是最高人民法院的官员",不同于英美法系国家律师较高的地位以及从律师中选任法官的传统,我国并没有从律师中选任法官的文化传承,且受中国几千年来"以官为本、以官为贵、以官为尊"的官本位思想影响,我国律师较之法官社会地位较低。2016 年 6 月 13 日中共中央办公厅、国务院办公厅颁布《关于深化律师

制度改革的意见》，其中指出"律师是社会主义法治工作队伍的重要组成部分"，而实践中律师这一职业向来有被歧视的文化传统，认为律师业就是商业，归属于体制外的自由职业阶层，甚至很多法官把律师视为唯利是图、钻法律空子的商人，这是我国律师向法官职业流动少的文化障碍。在制度论层面，理论界和实务界对律师转任法官制度的必要性普遍持肯定态度，[①] 几乎没有反对的声音。然而，理论界和实务界对我国律师转任法官制度的实施效果却普遍持消极意义上的评价，[②] 缘何国外律师选任为法官被称为巨大的尊荣，而国内律师选任法官却"叫好不叫座"，现有研究多认为司法环境差[③]、法官收入低责任重[④]、个体自由度受限[⑤]、法官上升空间受限[⑥]等是导致我国律师不愿意转任法官的主要原因，这些都是从社会条件、社会舆论、工作难度等社会情景归因角度进行分析和解释，并没有从个人倾向归因[⑦]角度挖掘到律师不愿意转任法官的深层次缘由。

[①] 胡志斌：《律师到法官职业转换的域外实践与启示》，载《安徽农业大学学报（社会科学版）》，2020年第6期，第70页；袁翠微、刘洋：《〈法官法〉第十五条视域下律师向法官职业流动条件之探析》，载《法制与经济》，2021年第11期，第63页；江必新：《加强法官律师良性互动 探索构建协同诉讼模式》，载《中国律师》，2018年第3期，第32页。

[②] 马巍：《从律师和法学专家中公开选拔法官的现状检视与制度完善》，载《中国律师》，2018年第3期，第417页；曹晨旭、黄信瑜：《完善律师转任法官制度的对策》，载《湖北经济学院学报（人文社会科学版）》，2017年第6期，第85页；叶伶俐：《利益驱动视角下律师向法官职业流动探析》，载《山东审判》，2017年第4期，第29页。

[③] 吴革：《试论法官检察官职业路径的重塑：主要从律师队伍中选任》，载《中国司法》，2018年第7期，第53页。

[④] 杨旗：《法律职业共同体下法官与律师群体之良性互动》，载《山东审判》，2008年第4期，第88页；拜荣静、白岩岩：《司法改革中法律职业共同体的培育路径》，载《四川警察学院学报》，2021年第3期，第92页。

[⑤] 马巍：《从律师和法学专家中公开选拔法官的现状检视与制度完善》，见国家法官学院主编：《司法体制综合配套改革中重大风险防范与化解——全国法院第31届学术讨论会获奖论文集（上）》，人民法院出版社，2020年，第418页；曹晨旭、黄信瑜：《完善律师转任法官制度的对策》，载《湖北经济学院学报（人文社会科学版）》，2017年第6期，第427页。

[⑥] 吴毅恒：《关于"从律师中遴选初任法官"的制度化讨论》，载《石河子大学学报（哲学社会科学版）》，2016年第4期，第66页；胡志斌：《律师到法官职业转换的域外实践与启示》，载《安徽农业大学学报（社会科学版）》，2020年第6期，第72页。

[⑦] 1958年美国心理学家海德（F. Heider）创立归因理论，他把个人行为发生的原因归结为来自外部环境和内在的主观因素，分别称为社会情景归因与个体倾向归因。外部环境的因素有社会条件、社会舆论、工作的难度、运气的好坏等，称为情境归因。个人内在主观因素有性格、兴趣、态度、能力、努力程度等，称为个人倾向归因。

法律人对职业的选择是个体作为理性人基于社会情境和个人倾向双重归因的综合考量，而分析优秀的律师不愿意参加法官选拔的背后原因是解决问题的关键，从我国目前的实施状态来看，法官的职业待遇以及管理体制还难以实现律师们心中关于"法官"的职业理想。从实践上看，律师转任法官制度面临司法行政化、人际关系、程序以及单轨制等四方面的困境。

（一）行政化困境
1. 法院内部管理行政化色彩浓厚

在司法实践中，法院管理的行政化是我国司法管理的重要特征，法院内部的行政化色彩依然浓厚，原来法院的领导层由院长、副院长、庭长组成，员额制改革之后法院系统新设立一个"团队长"岗位，享受副庭长的待遇，无形之中增加了法官的行政层级。法院行政管理部门的干部有行政级别，法官在员额制改革之后就没有行政级别，相应的，法院按照科员来安排待遇。例如，如果法官固定车位有限，科级干部可以安排固定车位，三级高级法官只能和普通干警一样没有固定车位。行政管理部门虽然属于司法辅助人员，但科级干部在开会时有名牌，员额法官们却仅能作为司法管理和考核的对象。在职务升迁方面，员额制法官和行政部门都适用一正两副的配置，致使员额法官的升职空间远小于行政人员。法院维持着典型的科层制式特征，甚至在"上命下从"的社会管理体制中出现重行政管理轻法律适用的现象，致使大部分法官个体会逐渐养成适应该种权力模式的思维定式以及个人品性，反之又会固化和维护该种权力构造。[①] 过多的行政化必定会削弱法官这一职业的荣誉感，成为抑制法律职业互动的重要现实因素。

对于合议庭审理的案件，若合议庭对案件裁判有不同意见，那么需要提交由专业法官会议讨论。专业法官会议虽然是咨询机构，但是其对法官判案的影响巨大。在对案件进行定责时，案件是否经过专业法官会议讨论是员额法官是否需要担任责任的重要考量。裁判意见的听取规则以及法官既是公务

[①] 曹志瑜：《中国法律职业共同体构建的基本要素分析》，载《中共南宁市委党校学报》，2019年第1期，第53页。

员又是审判人员的身份使得理应具有独立自主判断权的法官深陷司法行政化的拘束之中,享有案件决定权的人没有参与案件审理,而参与案件审理的人虽然知悉律师的代理观点但不敢于做出有悖于专业法官会议的决定权。法院内部工作机制使法官处于被动地位,丧失了原本法官的职责和立场,法院内部形成一张纵横交错的权力之网,理应具有独立地位及自主判断权的法官竟被整合进一个个权力的网格之中,① 司法的行政化不仅让律师在诉讼中的作用大打折扣,也加深了律师和法官之间的裂痕,增加了律师与法官两个执业彼此之间的不信任。

2. 司法责任制过度使用

错案责任追究制度的确立明确了司法裁判的责任,使得法官在判案时小心谨慎,确保每一个案件都有充分的事实和法律依据,避免冤案、错案的重现。错案责任追究制度致使法官在审判案件时只要案子被上级法院改判,法院内部就会启动复查程序,办案法官就需要写审查意见,经过审监庭的法官评估后再由审判委员会定责。将裁判结果的改变与启动法官问责程序画等号,违背了司法工作的特点和基本规律。从目前的司法实践来看,虽然绝大部分案件最后并不会定责审判法官,但只要经历一次上述程序就会对审判法官本人的心理造成不小的伤害。案件的判决结果系通过判决书的形式展现,而判决书通常会含有审判法官个人裁量的内容,错案责任追究制度使得审判法官意识到个人在案件审理过程中不能发挥过大的作用,让按照自己的法律逻辑书写判决书的理想妥协于现实,即唯一稳妥的做法就是遵循法院的先例进行裁判,使得法官作出裁判的逻辑不是追求一个好判决,而是避免错误的判决。

法官遵循先例,不独出心裁,这会令他的权力受损。② 虽然最高人民法院 2015 年就出台了《关于完善人民法院司法责任制的若干意见》,但该意见

---

① 张青:《基层法官流失的图景及逻辑:以 Y 省部分基层法院为例》,载《清华法学》,2018 年第 4 版,第 50 页。

② See Lewis A. Kornhauser: *Modeling Collegial Court I: Path Dependencem*, *international Review of Law and Economics*, Vol. 12, 1991.

并未就司法责任的认定标准与追究程序予以细化,由此在司法实践中带来的后果就是司法责任的高度不确定性以及追究程序启动的任意性。① 错案责任追究制度让整个法院系统乃至整个社会都以严苛的态度审视法官的工作,对法官职业本身造成了重大压力。实质上这也会陷入一种信任危机,不仅是体制对法官的不信任,也会造成法官对司法制度的不信任。错案责任追究制度无论在形式上还是内容上都存在扩大错误认定范围的可能,使得审判法官承担着较高的风险,甚至还因去行政化不够的原因让审判法官为担任领导职务的过错买单,严重挫伤了法官审理案件的积极性,使法官在从事本应自主进行审判的案件因有所顾虑而放弃了独立性和自主性。

3. 超负荷工作量充斥着法院

律师担任法官之后不仅仅意味着收入"减少",还意味着"凡事都要亲力亲为",亲力亲为地看材料,亲力亲为地整理文书、写判决,大部分法官特别是基层法官还要频繁的加班,做一个尽职尽责的"扫地僧"。近年来随着经济的发展和人们法治观念的提升,我们已步入一个诉讼爆炸的时代,2021年1月1日至11月15日期间,全国法官共受理案件3051.7万件,同比2020年同期新收案件数量增长10.8%;与2019年同期相比,新收案件增长3.8%。全国共计约12.7万名员额法官,人均受理案件240件,人均结案188件。② 大量案件涌入法院使得司法系统处于超负荷状态,法官除审理案件外,文书校对、案件汇报、参加会议等非审判工作任务通常侵占法官较多工作时间,使得案多人少的矛盾日益凸显。除此之外,日常开会、学习等行政性事务亦占据法官较多时间,为本就承受压力较大的法官增加了几分忙碌。为了在预期内完成审判任务,据不完全统计,大约47.78%的法官加班较多(每周5小时),18.68%的法官加班频繁(每周10小时甚至放弃周末),并且往往法官层级越低越忙,③ 致使大多事业有成的优秀律师并不愿意

---

① 张青:《基层法官流失的图景及逻辑:以Y省部分基层法院为例》,载《清华法学》,2018年,第4版,第52页。

② https://m.gmw.cn/baijia/2021-11/25/1302693906.html,最后访问时间2022年8月12日。

③ 胡昌明:《中国法官职业保障研究》,中国社会科学出版社,2019年,第43-45页。

吃"法官的苦"。

根据查德·波斯纳法官的研究，一个法官的总效用总是受他的审判时间、休闲时间、收入、声誉和众望等因素影响。用效用函数表示，就是 U = U (t_j, t_i, I, R, O)，其中 t_j 是每天用于裁判的小时数，t_i 是用于休闲的时间，[①] I 是金钱收入，限于法官的工资，R 是声誉，而 O 代表了除法官投票本身以外的法官的其他效用来源——众望，威望以及避免司法判决被撤销，等等。[②] 在此效用函数中，法官所投入的成本是法官每天用于审判的时间，而获得的收益是休息时间、收入、声誉和众望。法官可以在保证完成工作量的前提下通过重新配置时间，从不那么有价值的活动转移到更有价值的活动上来，从此增加他的总体效用。[③] 套用波斯纳的效用函数模型，诉讼案件量巨大导致法官们工作负荷大、身心不堪重负，并进一步妨碍法院及时作出公正判决的效能发挥，这已经是全球性问题，并被称为"司法能力危机"，中国法官自然也不例外。[④] 但相比之下中国法官的收入、声誉和众望远不及英美法系国家，法官的声誉和众望并不是短期可以提升的。至于休闲时间，从实际来看我国法官增加休闲时间还处于被动地位，这也是我国不少优秀法官因为审判工作压力大选择逆向流动以及律师不愿意选择进入法院的重要原因。

（二）人际关系困境

首先，和普通人一样，法官也有人情交往以及外出活动的需要，但不同于普通人的是，相比于律师生活，法官生活受公权力的约束体现在多个方面。根据当前政策法官若想出省则要报备，若想出国，根据《法官行为规范》第八十九条："因私出国（境）探亲、旅游应如实向组织申报所去的国

[①] 休闲时间指裁判之外的一切活动，因此 $t_j+t_i=24$ 小时。

[②] [美] 理查德·波斯纳：《超越法律》，苏力译，中国政法大学出版社，2001年，第119-120页。

[③] [美] 理查德·波斯纳：《超越法律》，苏力译，中国政法大学出版社，2001年，第120页。

[④] 程金华：《法院"案多人少"的跨国比较——对美国、日本、和中国的实证分析》，载《社会科学辑刊》，2022年第5期，第73页。

家、地区及返回的时间，经组织同意后方可出行"之规定，因私出国要批准。其次，遴选进入法院的"律师法官"早已事业有成，甚至实现了财务自由，这可能导致"律师法官"在与同体制内人员相处时不得不面对同事的"酸葡萄心理"，但凡有评优评奖等涉及经济利益的竞争场合，"律师法官"多会主动选择让贤。再次，法官接受高校邀请，从事讲座教学活动在制度上是允许的，但实践中法官接受邀请需要院领导的审批，这将本应归属于法官的一项权利沦为领导手中的"待遇"。最后，"律师法官"来自律师，必须切断与原来律师队伍的交往，甚至于正常交往都受到影响。在人们的固有印象中，律师同法官交朋友无非是盯上了法官手中的权力而已，而法官把律师当作朋友也无非是看中律师能给予自己丰厚的回报，目前最高院以及各个省市法院等部门纷纷就法官与律师的接触、交往行为进行限制。"律师法官"在正式选拔为法官之前已在律师行业深耕数年，甚至十余年，以此来要求他们同以前的同事或朋友"绝交"将意味着选择法院就意味着选择了孤独，选择了和自己的朋友圈告别，生活方式的改变会带来法官生活的适应困难。

（三）人才流动困境

法律的复杂化和专业性必然使得"不是谁都可以胜任司法职业，不是具有自然理性的任何人都能担当法官或裁判案件。"[①]《从律师和法学专家中公开选拔立法工作者、法官、检察官办法》规定了律师被选拔为法官的，适用国家机关工作人员禁止性规定，不得持有非上市公司的股份，不得在企业、律师事务所及营利性机构兼职，并给予一年期限处理，一年内未按规定处理的视为试用不合格，不予录用。若存在上述情形，律师遴选进入法院无法胜任审判工作该怎么处理？抑或从事审判工作若干年后想退出继续从事律师工作或去高校从事法学教育是否可行？应如何保障他们的权利？目前除《律师法》"曾经担任法官、检察官的律师，从人民法院、人民检察院离任2年内，不得担任诉讼律师"和最高人民法院关于贯彻执行〈关于规范公务员辞去公

[①] 刘联军：《司法与民主的三种关系》，载《东方法学》，2011年第3期，第83-93页。

职后从业行为的意见〉的实施意见》"最高法法官和处级以上人员辞去公职后的从业限制时间为3年，其他人员为2年，禁止辞职人员在限制期内受聘于律所"之规定外，并无其他法律政策对此有所涉及。至于遴选进入法院的法官离职后能否直接进入高校从事教学工作也不得而知，"律师法官"虽然有丰富的审判经验，抑或在《人民司法》《中国审判》等法院系统期刊发表文章数篇，但这些期刊同高校评职称所要求的论文发表要求并不相同，以及法官的等级同高校教师的职称没有明确的转换规则，退出通道的未明确以及缺乏职业流动的长效机制无疑增加了律师的担忧，表面上看"律师法官"在行政管理体制下可以过上安稳的生活，实质上缺乏合理、完善的程序机制限制了"律师法官"的思维和工作激情，也降低了法官执业对律师的吸引力。

（四）单轨制困境

之所以从律师中遴选法官是因为相比于职业法官，那些优秀律师对于当事人有着天然的亲和力，作出的司法判决可能更立足于社会常识和社会经验，他们丰富的实践经验为律师与法官相互学习提供了重要的机会，通过二者的讨论学习和多维思维的交流可以为司法进步作出卓越的贡献。[①]"律师法官"和职业法官具有同等的地位，如果按照来源不同设置不同的法官职业发展配套制度，可以发挥他们不同职业的优势，互为补益。英国大法官柯克曾说，法律乃是一门艺术，一个人只有经过长期的学习和实践才能获得对它的认知。理想的精英选拔方案必须面对实际操作中的现实，任命法官本应是招募司法精英、更好地完成审判职责的过程，然而现有法官选任制度并未对"律师法官"和职业法官的管理加以区分，在此背景下法院更不会主动给予"律师法官"特殊对待，最终呈现将遴选进入法院的"律师法官"和原本司法系统内的职业法官"一视同仁"的局面，即按照与职业法官相同的制度管理从律师中选任的法官，二者在职责定位、岗位分配、考核机制方面并无差别，配备相同数量的律师助理、书记员等辅助办案人员，使得遴选进入法院

---

① Aaron Ment, *The Transition from Lawyer to Judge: Connecticut's Pre-Bench Orientation Program*, 73 Judicature 281 (1990), pp. 283-285.

的"律师法官"无法发挥其能办案、多办案的优势,反而把"律师法官"同化为新的一批"职业法官",呈现逆同化的现象,这一单轨制度的实施虽然可以缓解法院的审判压力,但从长远看却泯灭了"律师法官"的审判优势,背离了从律师中选任法官的初衷,多元思考、多元审判的成果并未显现出来,削弱了从律师中选任法官制度的生命力。因此,对"律师法官"适用和职业法官相同的职务序列进行管理制约了将"律师法官"独特优势转化为司法审判中的生产力,致使无法实现招募司法精英的期许,这种单轨制度的实施不仅冷却了律师参与法官选拔的热情,也增加了社会公众对法官选任的忧虑,成为限制我国从律师中选任法官工作展开的根本性制度障碍。

四、律师转任法官的理论基础和实践经验

我国法官、律师、检察官分别受制于《法官法》《检察官法》和《律师法》的约束,外加司法制度的不完善,致使舶来的"法律职业共同体"在我国迄今仍未形成,各个法律职业之间存在着某种天然屏障。如果说普通法系国家的法律职业是一个统一的整体,那么与普通法系国家的法律职业共同体相反,大陆法系国家的法律职业则是一个支离破碎的个体的结合。[①] 无论英美法系还是大陆法系,律师和法官都是促进司法资源有效利用的主要群体,法官的工作需要律师配合,律师的工作亦需要法官的尊重,从律师中选拔法官既是法律职业共同体理论建设的需要,也是国际上优化法官队伍通行做法的实践经验体现。

(一)律师转任法官的理论基础

律师和法官之间的职业流转,折射了一个国家的法治状况。法律职业共同体就是法律职业发展到一定阶段的产物,是法治社会发展到一定水平的重要标志。法律职业是化解矛盾纠纷、维护公平正义的职业,法律职业

[①] [美] 约翰·亨利·梅利曼、[委] 罗格里奥·佩雷斯·佩尔多莫编著:《大陆法系》,顾培东等译,法律出版社,2021年,第125页。

群体作为法律职业共同体的组成部分，是国家权力与社会利益间的缓冲装置。各法律职业人员基于各自的职业职责开展活动，虽然活动的形式、内容存有差异，但本质都是为了平衡多方的利益冲突。如法官、律师作为法律职业共同体的主要成员，在法治国家的建设中主持着法律的运作和循环，[1] 虽然他们承担的社会功能、职业理念以及职业技能存有差异，但共同的法律教育背景使得彼此工作存在交叉，甚至需要共同合作完成，以实现维护社会秩序、维护法律正确实施、追求公平正义的职业目标，正如博登海默认为法律职业共同体犹如社会正常运行的"社会医生"，他们要用自己的专业知识和技能对社会问题进行诊断，并提出治疗方案。当前，我国《法官法》和《律师法》均以法律的形式统一了准入标准，将任职法官、律师的前提条件限制为通过国家法律职业资格考试，近年来还限制了非法学本科参与司法考试的资格，将没有接受过系统法律学习仅通过一次考试就进入法律行业的人拒之门外。除此之外，我国高校的法学教育体系对于法科生的培养方式也具有统一性，统一的学习环境，统一的法学教育，在同一套法律知识体系的长期熏陶下，法律职业群体成员具备了统一的法律知识结构和法律技能，培育了法律职业群体的价值共识，为我国法律职业共同体的形成奠定了理论基础。正如孙笑侠所说，之所以认为法学教育在促进法律共同体中起着举足轻重的作用，是因为它生产了一套系统和一般化的法律知识，从而为法律职业共同体创造了一套系统和一般化的法律知识，从而为法律职业共同体创造了一套工人的"意义"体系，把这个群体构建成一个享有同一套语言的解释共同体。[2] 法律职业共同体是一个由法官、律师、检察官等法律人组成的职业群体，统一的职业准入标准和法学教育体系促成了这个群体的共同使命感，形成了统一的法律语言和法律意识，最终在法律职业者之间形成一种精神上的连带关系，在法律职业者个体的基础上围绕着诉讼形成稳定的法律职业共同体。

---

[1] 张海燕、赵贵龙：《论法律职业共同体的培育路径：以法官和律师关系为视角》，载《法律适用》，2013年第11期，第27页。

[2] 孙笑侠、李学尧：《论法律职业共同体自治的条件》，载《法学》，2004年第4期，第25页。

法律职业互动是实现法律职业共同体的必由之路。法官代表着法律的权威，力求在法理和情理之间权衡并做出公正的判决，而律师以维护当事人的权益为至高目标，在利益最大化和遵纪守法之间寻求平衡，欲想将两个立场不同、工作方向不同的职业者的法治精神凝聚在一起，形成共同的法律信仰，追求共同的法律价值，单个法律职业者无法承担此法律功能，唯有通过法律职业互动，才能够消除彼此间的职业偏见、认识误区和技能差距，在角色分工的基础上，齐心协力地促进法治的文明和社会的进步，[①] 最终实现法治精神下的社会公平与正义。而从律师中选任法官，就律师本身而言，有利于律师自觉遵守职业操守、强化职业自律；就法官而言，创造了一个良性竞争的环境，使法官队伍更加精英化、职业化，有利于法官队伍精英化建设；对法律职业而言，有利于"今天的法官"和"明天的法官"产生法律共鸣，打破法律职业间的身份壁垒，增进法律职业间的信任，形成并强化法律共同体的认同感和归属感，提升法律职业整体的素质。当前我国法官的社会地位以及社会尊荣远高于律师，吸引一批执业经验丰富、仓廪实而知礼节的优秀律师到法官中去，有利于将法官和律师的法律精神凝练在一起，消除彼此之间的偏见，逐步形成法律职业共同体所应有的状态，积极地推动依法治国的进程，而我们目前就选任法官实施的单轨制度及实施效果正与法律职业共同体和职业法律人共同追求的目标相违背，影响了法律职业共同体一体化的进程。

（二）其他地区从律师中选拔法官的实施经验

从世界范围来看，从律师中选拔法官具有可供借鉴的成熟模式，已成为可供遵循的国际惯例，不仅在欧美法系地区盛行，大陆法系地区也深受其影响，均把优秀律师的职业经历作为丰富法官来源以及提升审判质效的重要考量因素。单轨制不仅妨碍了法律职业共同体的建设，还扼杀了"律师法官"对法治精神的追求。国内外关于从律师中选任法官的经验做法，

---

① 谭世贵等著：《法律职业良性互动研究》，中国人民大学出版社，2016年，第23页。

值得我们在促进法官与律师两大法律职业走向交融的过程中适当借鉴和反思。

1. 英美法系国家

普拉克内特曾说:"将法院与法律职业者永久结合在一起的唯一方法就是从律师中选任永久的法官,这一制度在英美法系国家一直延续至今,它最主要的特征在于,法官与律师之间的紧密联系。"[①] 英美法系国家更强调法官的司法能力在实践中得以检验。在英国,职业律师分为事务律师和出庭律师,英国除治安法官以外,其他法院的法官都是从具有律师资格并有一定从业年限的律师中选任,而高等法院的法官更是几乎全部从杰出的出庭律师中产生。根据法院层级不同,选任标准的高低程度也不尽相同,即法院层级越高,标准也越高,使得在40岁以前能被任命为法官成为极为罕见的事情。如地方法院法官在任职前,应当具有七年以上的出庭律师的执业经历;高等法院选任法官对律师的资历、年龄标准有所提高,不仅要有不少于十年的出庭执业经历,而且年龄不得低于五十岁,其中绝大多数已是皇家大律师。上诉法院从律师中选任法官的标准要求出庭辩护或者代理的执业年限不得少于十五年,年龄不得低于五十岁。为了促进律师和法官的互动,英国还创设了两家高级律师会所,各级法官和高级律师都在该平台进行互动交流,但禁止探讨未审结的个案。律师和法官在高级律师会所中共同居住和用餐无疑可以增进彼此之间的友谊,正如韦伯所说:"共餐本身就是等级地位的重要体现",[②] 这不仅体现律师的地位接近于法官,还有利于法律共同体的形成与发展。

在美国,法院体系分为联邦法院和州法院,担任联邦法官应首先获得其他专业学位,然后要从法学院毕业取得 JD 学位,即所谓的法律职业博士,而后通过律师资格考试并取得州最高法院的许可后从事律师若干年方有资格由总统任命为联邦法院法官,所以美国法官的年龄一般都在40岁以上。为

[①] [英] 西奥多·F·T·普拉克内特:《简明普通法史》,中信出版社,2003年,第238页。
[②] [德] 马克思·韦伯:《经济与社会》,林远荣译,商务印书馆,1997年,第338页。

保证联邦法官的独立性，美国还发展出了成熟的联邦法官终身制，[①] 只有以叛国罪、受贿罪或者其他重大的罪行为由才能追责。州法院法官采取了任期制，且大多数州还采取了"密苏里方案"的法官选举方法[②]。美国采用高薪养廉的措施，2022 年美国法官起薪突破 22 万美元，首席大法官薪资最高，达到 286700 美元，丰厚的薪水为其独立性和减少司法腐败起到了一定作用。[③] 在美国律师是法律职业的起点，也是走向法官职业的跳板，然而并非所有的律师都有机会转任法官，而是只有律师中的精英才有机会实现法官梦。

2. 日本

英美法系国家的法律职业流动性很大，而大陆法系国家法律职业流动性极小。[④] 日本作为大陆法系国家将法官、检察官和律师统称为"法曹三杰"，使用统一的选任标准。司法考试是从事法官、检察官和律师的前提和条件，但仅通过司法考试并不能获得职业资格，还要通过法官考试，两轮考试的合格者还需要进行一年左右的司法研修，研修经考察合格后才能成为一名真正的法曹。"二战"以后，受英美法系国家的影响，日本非常注重法官的实践经验，遂开始从一定资历的律师中选拔法官。其中，具有三年以上法律工作经历可以被任命为简易法院法官。具有十年以上法律工作经历可以被任命为高等法院的法官，而最高法院的法官，法律规定不得低于四十周岁，法官必须要有高等法院十年以上的审判工作经历，或者具有简易法院法官二十年审判经历或者其他法律职业（如法学副教授、教授或者律师、检察官等）二十

[①] 联邦宪法规定："在良好行为的前提下，法官除因违法犯罪受弹劾或自动辞退，其职务是终身的，工作也是终身的。"

[②] 即由州律师协会选出的律师若干人和州长指定的当地有威信、与前者相同数目的公民组成一个委员会，采用书面的和面试的方法，对可能被提名的法官进行审查，向州长提出三名法官候选人。然后，由州长从这三名候选人中，任命其中一人为法官；法官被任命至少试用一年后，再由选民在下一次选举中根据其工作成绩重新进行投票选举，予以确认继续留任或者拒绝确认。在选举中，法官的名字写在一张单独的不由党派提名的法官选票中，由选民做出抉择。

[③] https://www.uscourts.gov/judges-judgeships/judicial-compensation, last visited on September 10, 2022.

[④] 沈宗灵：《比较法研究》，北京大学出版社，2018 年，第 162-275 页。

年的经历。① 由于司法考试通过率限制得极低，所以日本法律职业者的素质较高，这套科学严格的法曹选拔制度对日本迅速实现法制现代化起了极大的促进作用。

3. 我国台湾地区

英国、日本还采用了非常任裁判官，美国也存在着临时裁判官制度，即律师在保留律师身份的前提下兼任法官，兼职法官同专职法官几乎享有同样的权利。兼职律师制度的实施受到了广大人民群众的欢迎，因为具有律师经验的法官在审判案件的过程中可以加入市民感情，更容易接受代理律师提出的维护当事人正当权益的诉求，有利于提高法院的审案效率，解决传统法官官僚性、僵化性的弊端。担任兼职法官并不意味着最终要加入专职法官队伍当中，从法院的角度而言，法院会对兼职的法官进行考核，判断其是否适合从事审判业务，是否能够担任法官。对兼职法官本身而言，兼职法官会有一定的任期年限，如日本《民事调停法》规定兼职法官的任期期限为两年，在这两年的时间里兼职法官可以慎重地考虑是否成为专职法官。

五、律师转任法官制度的中国方案

2021 年 9 月 30 日，最高人民法院、最高人民检察院、司法部共同发布《关于建立健全禁止法官、检察官与律师不正当接触交往制度机制的意见》，再次明确要"完善从律师中选拔法官、检察官制度"。上述法律职业共同体构建的基础和背景以及国外已有经验都表明从优秀律师中选任法官的必要性，但我国现有制度难以突破当前律师转任法官的困境，为此律师向法官的流动应由过去零星的、偶发的形态转变为常态的、普遍的制度建设，形成一套可信任的司法制度。现有的理论研究和实务探索提出应当发挥律师协会的

---

① 胡志斌：《律师到法官职业转换的域外实践与启示》，载《安徽农业大学学报》，2020 年第 11 期，第 72 页。

作用选任法官①，增强法官自主性、提高法官收入；②加强律师行政责任，构建平等交流平台，加强法官职业保障③等解决途径。笔者认为，当前我国从律师中选任的法官一般都是各个律师事务所的合伙人，专业能力较强且有着较高的社会收入，有丰富的处理法律纠纷的经验，因此从律师中选任法官的障碍核心并不在于"选"，而在于"任"，正因为任命制度缺乏吸引力，"律师法官"才不愿意与之合作，因此，把我国律师协会变革成像英美国家由律师协会推荐"律师法官"候选人，并对候选人进行审查认可的情形不仅操作起来难度较大，也不能从实质上优化我国选任法官的制度构架。目前呼声最高的无疑是提高法官收入，加强法官职业保障。笔者认为，无论英美法系国家还是大陆法系国家，优秀律师的收入都普遍高于法官收入，即便是法治发达的美国终身首席大法官年收入虽可高达20万美元，相比于卓越律师的年收入依然相差很大。因此，并非比成功律师收入低就意味着法官收入差，而是要同普通公务员的收入相比，员额制改革之后我国法官的薪酬水平已有很大提升，薪酬的提升不能一蹴而就，而应根据具体的条件和背景来逐步提升。从个人倾向归因④角度来看律师之所以选择离开律师行业进入法院系统更看重的是法院的尊荣、实现政治理想等非物质收入，物质收入并不应该是其不情愿转任法官的实质障碍。综上，以上改革措施不仅在操作路径上难以落地为现实，即便如此也难以达成预期目标。任何制度的改革都以理性为前提，也应在理性的逻辑上查出症结并对症下药，本文认为在当前的中国

---

① 拜荣静、白岩岩：《司法改革中法律职业共同体的培育路径》，载《四川警察学院学报》，2021年第3期，第94页；吴毅恒：《关于"从律师中遴选初任法官"的制度化讨论》，载《石河子大学学报（哲学社会科学版）》，2016年第4期，第68页。

② 曹晨旭、黄信瑜：《完善律师转任法官制度的对策》，载《湖北经济学院学报（人文社会科学版）》，2017年第6期，第86页；苏力：《法官遴选制度考察》，载《法学》，2004年第3版，第83页。

③ 叶伶俐：《利益驱动视角下律师向法官职业流动探析》，载《山东审判》，第2017年第4期，第31页；杨旗：《法律职业共同体下法官与律师群体之良性互动》，载《山东审判》，2008年第4期，第90页。

④ 1958年美国心理学家海德（F. Heider）创立归因理论，他把个人行为发生的原因归结为来自外部环境和内在的主观因素，分别称为社会情境归因与个体倾向归因。外部环境的因素有社会条件、社会舆论、工作的难度、运气的好坏等，称为情境归因。个人内在主观因素有性格、兴趣、态度、能力、努力程度等，称为个人倾向归因。

环境下，唯有通过实施双轨制才能从根本上提升从律师选任法官制度的实施效果，在实施双规制度的前提下应重点把握以下方面：

（一）建立与现有法官体系平行的"律师法官"体系

从律师中遴选法官减少了法官助理晋升为员额法官的名额，冲击了现行法官的逐级晋升制度，增加了法检在编人员的抵触心理，正如蒋勇所担心"我如果一进法院就获得了很高的职级，法官同时会不会心理不平衡？"① 而实施聘任制公务员制度可以减少排队、插队现象，从而缓解制度内的抵触心理。社会心理学家格尔（Ted Robert Gurr）认为，现实生活中人人都有某种价值期望，社会则应具有价值赋予能力来满足大众的价值期望。制度的变迁如导致价值期望落空，尤其是不平等加大，人们会产生"相对剥夺感"，这种"相对剥夺感"是形成负面社会情绪的重要因素。若法院自己培养的法官和从律师中选出来的法官做着完全相同的事、适用完全相同的管理模式，这就相当于从社会上找来一个人，抹去了他身上的优势，然后把他改造成符合一定标准的公务员，故我们应把进入法院的律师与体制内的法官用人制度区别开来，建立与现有法官体系平行的"律师法官"体系，即对遴选进入法院的律师单独适用聘任制公务员制度，以减少插队带来的"相对剥夺感"，在制度差异的基础上维系友好的同事关系。关于聘任制公务员制度可参照上海公务员局公开招聘上海知识产权法院技术调查官②或参照《深圳市聘任制公务员管理办法》，③ 即聘任制人员取得准公务员身份，签订聘用合同并依据合同进行管理，弱化法院内部的行政化色彩，犹如把聘任制公务员这条"鲶鱼"放在鱼缸中，通过鲶鱼效应来激活传统公务员的积极性和工作效率。

---

① 蒋勇：《到那个时候，我真的愿意回到法院，做一名真正的法官》，载 tiantongsusong 公众号。
② https://mp.weixin.qq.com/s/3zzZ-DgySnTeStFuHp_d7w，最后一次访问 2022 年 10 月 8 日。
③ 第十九条 聘任合同期限为 1 至 5 年，由用人机关根据工作任务和工作目标确定。聘任合同期限不得超过其编制的使用期限。用人机关与聘任制公务员首次签订聘任合同的，可以约定试用期，试用期为 1 至 6 个月。试用期包括在合同期内。第二十条 聘任合同期满，用人机关与聘任制公务员双方愿意续聘的，可直接续签聘任合同。是否续签聘任合同，应当在聘任合同期限届满 30 日前确定。第二十一条 聘任合同经双方协商一致，可以变更或解除。

法院在管理和考核聘任制法官时不应与传统法官一视同仁，应给予聘任制法官"特殊"对待，如不附加行政职务，减免审判业务之外不必要的工作量，让其真正的依据法律公正司法，助其全身心投入审判工作；多配备助理，辅助其承办更多的案件，而非机械地采取"1+1"模式，提高判案效率，缓解案多人少的矛盾；也要用人所长，设置的岗位不宜与本身钻研领域有太大偏差，着重发挥其在知识产权、金融等重大疑难以及新类型案件中的专业技能，在案件审判数量以及业绩考核方面不必做硬性要求，以利于其结合自身的司法经验，遵从内心、独立自主的作出具有示范指引作用的判决，避免"律师法官"成为缓解案多人少矛盾的错误做法，违背从律师中选任法官的制度价值。除审理案件外，也应根据"律师法官"特有的职业经验发挥其应有的社会价值，如当过律师的法官根据以往跟当事人站在同一战线的经验，通过近距离的接触当事人有着比较强的当事人接待经验，将来转任法官之后，通常比较具有同理心，更理解当事人的所做所想，故亦可在审判工作之余安排他们去做一些诉讼服务中心的工作。

（二）建立兼职制度，作为"律师转任法官"的过渡期

律师大都是某一领域的专业人士，有能力运用自己的专业知识和社会经验去解决法律问题，但受行业特性的影响，优秀的律师未必适合做法官。不同于荷兰、台湾地区等地对外部律师转任法官先行实施任职前培训制度，我国律师转任法官的试用期仅为一年[1]，只要"律师法官"满足持有股份、兼职、回避的相关要求，即便"律师法官"能力不能适应法官工作也能顺利通过试用期，即便"律师法官"主观想退出法院也无法"恢复原状"，这一规

---

[1] 中共中央办公厅印发《从律师和法学专家中公开选拔立法工作者、法官、检察官办法》第十三条："律师、法学专家被选拔为立法工作者、法官、检察官的，适用国家机关工作人员禁止性规定，不得持有非上市公司的股份；不得在企业、律师事务所及营利性机构兼职；律师、法学专家被选拔为法官、检察官的，其父母、配偶、子女在拟任职人民法院、人民检察院辖区内开办律师事务所、担任律师或者从事司法鉴定、司法拍卖等与司法活动利益相关职业的，应当按照任职回避的要求不再担任律师事务所设立人、合伙人或者退出股份、调整工作；在一年试用期内未能按照本条规定要求不再担任律师事务所设立人、合伙人或者退出股份、调整工作的，视为试用不合格，不予录用。"

定大大提高了"律师法官"选择法官职业的机会成本。在此背景下我们可以借鉴英美以及日本国家的兼职法官制度，充分的利用律师的实务经验，提高法院的工作效率。也可借鉴我国的调解员的选任制度，虽然我国已允许律师担任调解员，律师凭借其独特的职业优势和实践优势有效地保障了调解工作的科学性与专业性，减少了诉累，但律师仅仅担任调解员既没有最大化地发挥律师的专业优势，也不利于吸引优秀的律师到法官队伍中。设立兼职法官制度，可设置1~2年的任期，律师在担任兼职法官的同时，有充分的时间考虑自己是否适合职业法官这一职位，法院也可以对兼职法官进行考察，判断其是否适合从事审判业务，进而通过双向选择选出最适合、最优秀的律师进入法官队伍，降低职业预期和现实情况的差距，以避免出现因不适应法官岗位而无法退出的程序困境。

（三）建立人才循环流动机制，以吸引优秀律师进入法院体系

优秀律师选择进入法院系统并非图安稳的生活，也不是为了获得公务员的身份，而是追求法官这份职业所带来的尊荣。从法院的角度来看，吸引律师进入法院系统不单是为了解决案多人少的矛盾，或者增加公务员的数量，重心应在于提高法院的审判质量，因此在当前院长、庭长和审判委员会领导案件进程的背景下，律师进入法官序列有必要区分职务法官、职业法官（聘任制法官）两种法官序列，职务法官就是目前法院系统按照传统招录方式所招录的法官，既可以审理案件，又可以担任行政职位，而职业法官仅限于运用自己的专业所长审理案件，无须担任行政职位，给予其一定的任期限制，任期届满后可以自由选择是去是留，有进退空间。比如毕业就进入法院的法官以此作为职业并寻求级别的晋升，这类法官就是职业法官，相对比较容易被体制化。而职务法官是指具有较为丰富的办理案件经验，并愿意用自己积累的经验作出独立判决的一类法官，不具备行政级别，少受烦琐的事务性工作干扰，给予法官充分的时间去思考案情，提升"律师法官"队伍的归属感和社会责任。为此，建议律师进入法院后，法院可同律师约定5年服务期，5年服务期届满后，法院应为"律师法官"提供多个退出通道，既允许其选

择转变为长期公务员，即职业法官，还可为条件优秀、成绩显著且有晋升意愿的"律师法官"提供上升通道，担任一定行政职务，符合条件的还可选择退出法院重新择业，并对其竞业限制稍作放宽，降低择业机会成本，让"自由进出"成为共识以解决"律师法官"的忧虑，也是实现法官精英化的内在要求。

（四）支持有条件的发达地区开展双轨制的先行先试

习近平总书记十分重视国家战略在地方先行先试，在各地考察时多次强调国家战略要在地方改革开放中先行先试，为加快实现高质量发展先行探路。推动国家战略在地方先行先试，积极发挥国家战略对高质量发展的牵引作用，是我们党治国理政的重要方式，是我国立足新发展阶段，贯彻新发展理念，构建新发展格局，推动高质量发展的重大战略举措。国家战略在地方先行先试，充分彰显了我国社会主义制度的优越性，也深刻体现了新时代我国治理体系和治理能力现代化的实践特征。国家战略在地方先行先试，牵引地方高质量发展的实践成就和经验，也为构建中国特色社会主义政治经济学提供了重要的实践来源。律师转任法官制度对国家司法能力具有明显的提升作用，应上升为国家战略，并在发达地区先行先试。

学术视点

超越地方性知识：人类命运共同体视域下的刑事法治图景建构[*]

尹训洋[**]

摘 要：刑法作为人类法律制度的组成部分，与私法相比，更容易表现为一种地方性知识，一国的刑事法治所包含传统、理念、规范和制度具有明显的"国权主义刑法"特色。地方性知识概念区别于全球化知识或普遍性知识，消解不同法律文化的冲突、致力于全世界人类的和平发展需要从地方性知识迈向法律多元，就刑事法治而言需要协调好刑法本土化和刑法国际化的关系。人类命运共同体理念不仅是中国在新时代向国际社会贡献的全球治理新方案，更为法律的全球化、全球犯罪治理优化以及国际司法合作提供了方案性指导。我国未来刑事法治的图景要超越地方性知识，构建"三层次两进路"的发展模型，以人类命运共同体理念为指导协调国内刑事法治、涉外刑事法治和国际刑事法治三个层次的关系，提升国家间刑事法话语的交流，构建顺畅的沟通商谈机制。

关键词：地方性知识；法律多元；人类命运共同体；世界刑法；犯罪治理

---

[*] 本文系国家社科基金青年项目"民族地区新乡贤治理的机理和路径研究"（项目编号：24CMZ061）阶段性成果。

[**] 作者简介：尹训洋，法学博士（后），贵州财经大学法学院副教授，研究方向：法律人类学、刑法学。

一、问题的提出

习近平总书记在二十大报告中强调:"全面推进中国特色大国外交,推动构建人类命运共同体。"从 2013 年习近平总书记在莫斯科国际关系学院发表演讲时首次在国际场合向世界提出"命运共同体"[①] 概念,到"人类命运共同体"先后写入联合国社会发展委员会、安全理事会、人权理事会等决议,被写进中国共产党章程和我国宪法序言,纳入我国法律制度体系之中,推动构建人类命运共同体在理念、制度、法律和行动中不断发展,成为中国在新时代向国际社会贡献的全球治理新方案。

刑法作为人类法律制度的组成部分,与私法相比,更容易表现为一种"地方性知识"[②],一国的刑事法治所包含的传统、理念、规范和制度具有明显的"国权主义刑法"[③] 特色。历史车轮滚滚向前,中国由闭关锁国、积贫积弱逐步走向世界舞台的中央,渐次成为世界举足轻重的经济大国强国,治国者乃至普通国民的关注从以往的亡国灭种、救亡图存到自力更生建设国家,到如今的胸怀天下全球治理,在这样的历史语境中,刑事法治所面临的问题也会相应转变。

法学研究领域关于人类命运共同体的研究多集中于国际法、人权法,或者是法理学,国内法或部门法与之相关的研究相对较少抑或是说国内法较之人类命运共同体理念似乎是落后了,例如我国《宪法》第 28 条[④]到

[①] 习近平:《顺应时代前进潮流 促进世界和平发展——在莫斯科国际关系学院的演讲》,载《人民日报》,2013 年 3 月 24 日第 2 版。

[②] 克利福德·格尔兹曾指出:"法律就是地方性知识。地方在此处不只是指空间、时间、阶级和各种问题,而且也指特色(accent),即把对所发生的事件的本地认识与对可能发生的事件的本地想象联系在一起。这种认识与想象的复合体,以及隐含于对原则的形象化描述中的事件叙述。"参见[美]克利福德·格尔兹:《地方性知识:事实与法律的比较透视》,见梁治平著:《法律的文化解释》,生活·读书·新知三联书店,1994 年,第 126 页。

[③] "国权主义刑法是以国家为出发点而以国民为对象的刑法。"参见卢建平:《国际人权公约与中国刑事法律的完善》,中国人民公安大学出版社,2010 年,第 72 页。

[④] 《宪法》第 28 条:"国家维护社会秩序,镇压叛国和其他危害国家安全的犯罪活动,制裁危害社会治安、破坏社会主义经济和其他犯罪的活动,惩办和改造犯罪分子。"

《刑法》第2条①，这种落后是否是源于对地方性知识的固守，人类命运共同体新语境下我们需要超越地方性知识，实现法学对构建人类命运共同体的贡献，如何去超越，答案便是万丈高楼平地起，要从国内法和部门法的改变做起。

就我国的刑事法治而言，至今尚未全面地触及"人类命运共同体"层面，换言之，在构建人类命运共同体的进程中，我国刑事法领域尚未形成与之相匹配的理念、体系以及规范和制度层面的调适方案。当然，无论是指导犯罪治理的刑事政策，抑或以规范为研究内容的刑法学，都有一个特点，拘泥于民族国家的立场，倾向于本国犯罪治理研究，而很少有保护全球、全人类共同利益的考虑。也正因此，我国的刑事法治理念、规范和制度相较于人类命运共同体是落后的。而这些年，中国刑事法治进步一个最重要的方面就是追赶世界的脚步，将事关人类命运和前途的生态环境、生物科技、生命科学、文化遗产特别是人格尊严、人类独特性等领域的风险防控，纳入了刑事法调整的范围。这一进步仍在进行，这个转型仍不彻底，就我国刑事法治而言，我们的语境依然是打击惩罚犯罪，与国际主流的人权保障、犯罪控制、犯罪治理相去甚远，如此而论，全球犯罪治理中国贡献将大打折扣。

随着安全、政治、经济、文化、生态、科学交流的进一步全球化，以反腐败、反恐、反毒等为传统代表，以网络信息、气候环境和生命科技为新代表的犯罪活动也不断走向全球化。以人类命运为本，立足地方性知识而又超越地方性知识，从世界社会的视角把握犯罪及其治理新趋势，是人类命运共同体视域下我国刑事法治的新图景。

---

① 《刑法》第2条："中华人民共和国刑法的任务，是用刑罚同一切犯罪行为作斗争，以保卫国家安全，保卫人民民主专政的政权和社会主义制度，保护国有财产和劳动群众集体所有的财产，保护公民私人所有的财产，保护公民的人身权利、民主权利和其他权利，维护社会秩序、经济秩序，保障社会主义建设事业的顺利进行。"

二、地方性知识与刑事法治的本土资源

(一) 人类学中的地方性知识及其运用场景

地方性知识是人类学的一个重要术语,是由美国阐释人类学家格尔(Cliford Geertz, 1926—)提出的。这一术语与后现代主义对宏大叙事的批判、后殖民主义对西方重权主义的批判联袂面行,既与反本质主义民族志以及田野作业研究方法密切相关,也与康德有关科学知识的先验和胡塞尔有关严密科学的构想的最终失败遥相呼应。①

在人类学研究中,一直存在着普遍主义与历史特殊主义研究方法的论争。前者认为人类学的宗旨是发现人类文化的共同结构或普遍规律,如结构人类学理论;后者强调各种不同文化的差异性特征,主张做具体细微的田野个案考察,相对轻视和避免宏大的理论建构,如象征人类学和阐释人类学。②格尔兹是阐释人类学的代表人物,他通过实践活动认识到西方文化之外丰富多彩的地域文化,提出地方性知识的概念,以区别于全球化知识或普遍性知识。文化是一种象征系统,一种"从历史上留下来的存在于符号中的意义模式,是以符号形式表达的前后相袭击的概念系统","借此人类交流、保存和发展对生命的知识和态度"。③ 简言之,文化的功能包括阐释世界秩序以及指导人类行为。

所谓地方性知识,不是指任何特定的、具有地方特征的知识,而是一种新型的知识观念,而且"地方性"(local)或者说"局域性"也不仅是在特定的地域意义上说的,它还涉及在知识的生成与辩护中所形成的特定的语境,包括由特定的历史条件所形成的文化与亚文化群体的价值观,由特定的利益关系所决定的立场和视域,等等。正是由于知识总是在特定的情境中生成并得到辩护的,因此我们对知识的考察与其关注普遍的准则,不如着眼于

---

① 汪民安主编:《文化研究关键词》,江苏人民出版社,2007年,第41-42页。
② 汪民安主编:《文化研究关键词》,江苏人民出版社,2007年,第42页。
③ [美]格尔兹:《文化的解释》,译林出版社,1999年,第109页。

如何形成知识的具体的情境条件。格尔兹主张："我们至少被逼迫在实验室，在诊疗室，在贫民区，在电脑中心，或在非洲的村落，去仔细寻想我们到底是怎样思考'思想'的。"①

在人类学研究中，内部眼光和外部眼光、"贴近感知经验"和"遥距感知经验"的方法存在内在的相悖性，前者虽然可以从文化的内里去进行体察，却容易流于琐细而忽略实质的东西；后者则容易囿于先入为主的概念术语而难以把握文化对象的要领。地方性知识强调，"文化持有者的内部视界"来自人类学对"族内人"（insider）和"外来者"（outsider）如何分别看待他们的思维和解释立场及话语表达的问题。有人概括成所谓"emic/etic"。Emic 是文化承担者本身的认知，代表着内部的世界观乃至其超自然的感知方式，是内部的描写，亦是内部知识体系的传承者。Etic 则代表着一种外来的客观的"科学"的观察。格尔兹认为，人类学者在很大程度上并不能感知一个当地人所拥有的感知，而只能尽量地近似于那种感知。其关键似乎在于把地方性的知识非地方化。格尔兹说到他自己的经验：既不以局外人自况，又不自视为当地人；而是勉力搜求和析验当地的语言、想象、社会制度、人的行为等这类有象征意味的形式，从中去把握一个社会中人们如何在他们自己人之间表现自己，以及他们如何向外人表现自己，"它既不应完全沉醉于文化持有者的心境和理解，把他的文化描写之中的巫术部分写得像是个真正的巫师写的那样，又不能像请一个对于音色没有任何真切概念的聋子去鉴别音色似的，把一部文化描写志中的巫术部分写得像是一个几何学家写的那样"。用文化相对主义的眼光审视地方性知识，"用别人的眼光看我们自己，可启悟出很多令人瞠目的事实。承认他人也具有和我们一样的本性则是一种最起码的态度。但是，在别的文化中间发现我们自己，作为一种人类生活中生活形式地方化的地方性的例子，作为众多个案中的一个个案，作为众多世界中的一个世界来看待，这将会是一个十分难能可贵的成就。只有这样，宏阔的胸怀，不带自吹自擂的假冒的宽容的那种客观化的胸襟才会出现。如果

---

① ［美］格尔兹：《地方性知识——阐释人类学论文集》，王海龙、张家瑄译，中央编译出版社，2004 年，199 页。

阐释人类学家们在这个世界上真有其位置的话，他就应该不断申述这稍纵即逝的真理"。①

（二）从地方性知识到法律多元——对于世界刑法的启示

随着地方性知识理论的不断发展，它不仅作为人类学的重要概念和理论而存在，更是受到法律人类学学者的青睐和推崇。在很长的一段时期，关于地方性知识和法律多元的概念在学术论著成为时髦的术语，法律多元理论在中国的时兴显然与日本法人类学者千叶正士教授的著作《法律多元——从日本法律文化迈向一般理论》有关。千叶正士的这部著作被译成中文，其思想和观点在中国法学界产生了较大的影响。而此书恰好又与吉尔兹的《地方性知识——阐释人类学论文集》在中国彼此呼应，所以使爱好新思想的学人纷纷辗转敷陈，形成话语的几何数级"繁殖"。

千叶正士注重法律民族性的探讨，认为日本人最有特色的行为模式是"变形虫式的思维方式"，概括出英国的绅士式的条理性、美国的法治至上、德国的日耳曼式的体系主义、法国的精神式的象征主义、中国天道式的多元主义等本质主义特征。尽管从字面意义上讲西方法学是一回事，构成其对象的西方法又是另一回事，但它们在实质上是不可分割的，因为西方法学的目的就是为了论证、保护和推进西方法，因此西方法是西方法学的产物。② 西方的法学家如果想真正面对法律与发展问题，就必须走出自己的体系，发展出一种跨文化的且内在于社会的法律多元的实证哲学。千叶正士认为，真正有资格理解一种独特的非西方文化的是本地的学者。他从非西方国家的角度最初发展出包括官方法、非官方法和基本法在内的"法律的三层结构"。这在本质上就是由自然法、官方法和习惯法三方面所构成的结构，但千叶正士认为习惯法等术语模糊不清，所以弃之不用。后来，有人批评千叶正士把第

---

① ［美］格尔兹：《地方性知识——阐释人类学论文集》，王海龙、张家瑄译，中央编译出版社，2004年，199页。
② 张世明：《对于"法律多元"与"地方性知识"理论的反思》，载《商丘师范学院学报》，2015年第4期。

三个层次的基本法包括价值和观念,而这不宜称之为"法",颇滋疑义。为回应这种批评,千叶正士遂在1982年用"法律假设(jural postulate)"、1984年以来又用"'法学假设'(legal postulate)"替代了"基本法",但定义均没有实质变化。这三个层次构成一个国家现行法律的整体结构。这三个层次的结合随社会文化的不同而不同。在现代社会中,官方法优越于非官方法,而在初民社会,情形正好相反。后来,千叶正士又进一步修正自己的概念框架,提出"法律的三重二分法",即:官方法与非官方法、法律规则与法律原理、固有法与移植法。千叶正士采取操作性定义对法做出这样的界定:法是由无数权利义务和特殊的制度,以及特有的价值理念的整体构成的一种组织性制度,由特定的社会组织创立并维持。

千叶正士教授书名的副标题就是"从日本法律文化迈向一般理论",其理论志趣并非仅仅局限于对于法律多元现象的描述,而是在于通过法人类学的研究创建一套普遍理论,即"多元法律的三重二分法",他认为任何国家的法结构都可以利用"三重二分法"加以观察和分析。在这种意义上,千叶正士的志趣实际上是以突破西方中心论法学的狭隘性和开拓一般法学理论为旨归。事实上,法人类学研究在德语法学国家首推维也纳大学法律系。据维也纳大学法律系对于法人类学研究范围的界定可以看出,法人类学研究主要包括以下几个领域:法律多元、土著民族法律、发展合作法律、跨文化冲突治理。可见,除集中于法律多元研究以外,对于不同法律文化冲突的消解、协调从而致力于全世界人类的和平发展,对于法人类学而言才是更加任重而道远的宏大课题。[1]

地方性知识和法律多元实际上共同指向不同文化之间求同存异的问题,这恰恰与中国"和而不同"的传统文化思想相契合,在中国传统哲学中,"和而不同"既是一种世界观,也是一种治国理政、为人处世的价值观,深刻影响着人们的思维方式,成为中华民族重要的文化基因。[2] 中国提出的人类命运共同体思想蕴含丰富的和合文化,"和"有"和平、和睦、和谐"之意,是人类处

---

[1] 张世明:《"地方性知识"的概念陷阱》,载《中华读书报》,2015年04月08日第13版。
[2] 参见董卫国:《彰显和而不同的时代意蕴》,载《人民日报》,2019年7月8日第2版。

理与自然、社会、人际以及自身心灵关系的基本理念和行为准则，无论是精神层面还是实践层面，"和"提供的是最根本、最核心的人文精神。"合"强调"多元的和谐、差异的包容、异质的协调和对立的消融"①。中华传统和合文化最早的应用场域就是如何处理好人与自然之间的关系，包括"和而不同"②的价值观和"大同社会"③的崇高理想。孔子主张"和而不同"，反对"同而不和"，并将"和而不同"的思想从自然哲学领域引申到了社会领域，使其不仅成为个体加强自身修养的重要准则，同时也发展成为国家与社会治理的重要指南。世界继续保持和而不同向前推进，最终必然会达至大同社会。"天下大同"的理想归根到底是一种强烈的民族责任感，只有在立己立人的情况下才能够构建完整的世界格局，才能够为全人类谋发展谋利益。由此可见，传统的和合观和大同思想归根结底是一种交往观和对于世界秩序演进的愿景，如何去推进，我们需要传统和合文化和大同思想的传承与践行。

综上所述，或许存在一种可能的应对方式：逐步建立世界刑法空间。在刑法领域充斥着一组矛盾——究竟是要追求单边主义的有效性还是多边主义的合法性。单边主义导致国家刑法有效④但却不合法的外延，而多边主义的合法性建立在国际法的基础上，但是面对强权国家敏感的主权主义时却无法证明自己的有效性。如果将合法性和有效性结合起来的话，可以避免单边战略和多边战略之间的对立，因为单边战略更多的是和全球化有关，不能只局限于手段有效性这唯一标准之上，它应该同国际标准结合，以建立自己的合法

---

① 陈霞：《和合文化：人类命运共同体的思想溯源》，载《新疆大学学报（哲学·人文社会科学版）》，2020年第3期。

② 在中国传统哲学中，"和而不同"既是一种世界观，也是一种治国理政、为人处世的价值观，深刻影响着人们的思维方式，成为中华民族重要的文化基因。参见董卫国：《彰显和而不同的时代意蕴》，载《人民日报》，2019年7月8日第2版。

③ 儒家的经典著作《礼记·礼运》篇提出了"大同"社会的崇高理想。原文写道："大道之行也，天下为公，选贤与能，讲信修睦，故人不独亲其亲，不独子其子，使老有所终，壮有所用，幼有所长，鳏寡孤独废疾者，皆有所养。男有分，女有归，货恶其弃于地也，不必藏于己，力恶其不出于身也，不必为己，是故谋闭而不兴，盗窃乱贼而不作，故外户而不闭，是谓大同。"参见《礼记·礼运》。

④ 这种有效是指惩罚的有效性。一般认为，惩罚的权力在传统上被看作是国家主权的象征，基本上局限于领土原则之内而不涉及域外领域。

性；相反，多边战略是以普遍性为基础，不能在单一的有效性上得到公认，它的有效性应该通过合作和国家司法的强化来进一步加强。为了实现这种平衡，也许应该建立一个世界刑法——它不是一个自动封闭的"系统"，它对整个纵向互动关系（国际刑法与国家刑法之间）开放，但是同时也对横向的互动关系（国际刑法、人道主义法、国际人权法和国际基本法之间）开放。

（三）辩证看待中国刑事法治的本土资源

当我们讨论刑事法治现代化时，我们无法回避这样一个问题：一方面，中国文化的精神似乎与现代很不相容，中国法处在这种现代与非现代的精神夹缝中，这使我们在追赶现代的时候面临传统无所不在的压力；另一方面，在中国小心翼翼地追赶法的现代化的时候，发达国家思想界却正为现代之后的知识状况烦恼，这又不断迫使我们检讨现代化的努力。[①] 我们不得不回答这样一个问题：如何看待本土资源在中国刑事法治建设中的作用？如何看待刑法国际化与刑法本土化的关系？

苏力认为，法治要依靠本土资源，然而到哪儿去寻找本土资源呢？苏力认为，寻找本土资源不外两个方面：一是从历史典章制度或者传统法律文化中寻找本土资源，这是次要的；二是从亿万人民的社会生活实践中寻找本土资源，这是更为重要的。[②] 然而，"从根本上说，中国传统法制与现代法制是截然对立的。比如，中国传统法制在价值取向上，它将法律视为制服民众，强调人治、强制、专制、特权、依附、集权等，这与主张法治、自由、民主、平等、独立、人权等现代法治思想是截然相悖的；法律体系的特点是诸法合体，刑法畸形发达，法律部门残缺不全，既无保护公民权利和自由的民法，也无规范司法部门及其运行的程序法，更无对国家权力进行约束与制衡的行政法；从法律的运作看，传统法制的司法机构与行政机构结合在一起，在'德主刑辅'、皇权意志至上的思想指导下，其司法机构并不是以维护法律的尊严与权威，保护民众的权利与自由为其基本任务，而是以维护封建伦

---

① 葛洪义：《法律与理性——法的现代性问题解读》，法律出版社，2001年，第2页。
② 苏力：《法治及其本土资源》，中国政法大学出版社，1996年，第14页。

理道德与皇权意志为根本目的。在中国法制现代化进程中,我们是不能以中国传统为基础来架构现代法制的。"[1] 中国刑事法治的现代化,是一场以法律至上、国家权力有限、保障人权等民主、科学观念的确立为前提,以罪刑法定、罪刑均衡和法律面前人人平等为基本原则,内容包括刑法观念现代化、刑事立法现代化与刑事司法现代化的宏伟革命。遍寻中国的传统刑法文化,有多少本土资源可供孕育出法律至上、限制国家公权而保护民权的现代法治观念呢?又有多少可以生长出罪刑法定、罪刑均衡与法律面前人人平等等基本原则的"传统土壤"呢?对于中国这样一个有着上千年封建传统的国家,沉淀的历史中,更多的,只是"普天之下,莫非王土;率土之滨,莫非王臣"的神圣不可侵犯的皇权传统;只是"诸犯罪无正条者,比附援引"的刑事类推;只是维护身份和封建伦常的"八议""十恶"制度。"后现代的西方学界对于地域性知识和特殊性问题的关心,已经在中国唤起了怀古之幽思,甚至传统中的某些负面因素也因'本土化'问题的提出而受到法律研究者的垂青","这个问题很值得考虑和戒备。"[2]

然本土资源不仅仅是传统文化资源。苏力的观点使我们在进行正式的制度建设时,不应忽视民间活生生的非正式制度的作用,但能够促进法治的民间习惯、惯例的形成是需要时间的(因为在中国现成的习惯、惯例中是没有多少符合市场经济要求、促进法治的)。正因如此,苏力也承认中国现代法治的建立和形成最需要的也许是时间,因为任何制度、规则、习惯和惯例在社会生活中形成和确立都需要时间。然而,中国法治现代化建设所缺少的恰恰就是时间,在当今的全球格局里,要融入国际社会与他国进行交往,就必须采用国际社会普遍承认的制度。没有国家有时间等我们来慢慢形成良好的习惯、惯例以形成法治,中国采用变法或移植的模式建设法治,本身就是这种现实迫切的要求,中国加入世界贸易组织就是说明这种现实要求的现成例子。那种主张"只能依靠本土资源来建设中国法治"的本土资源论观点是不可取的,诸如中华优秀传统文化中的传统生命意识与"天人合一"思想、传

---

[1] 夏锦文、秦国荣:《国际经济一体化对中国法制现代化的影响》,载《法学》,1997年第1期。
[2] 参见季卫东:《法治秩序的建构》,中国政法大学出版社,1999年,第399页。

统的和合观与大同思想以及"仁""兼爱""民权"等朴素人权观实际上是本土资源中的精华,笔者只是主张本土资源在我国的法治建设所占的比重应是极小的。同理,那种主张"全面吸收外来法治经验推动刑事法治向前"的观点也是不可取的,我们要审视如何使国际化了的刑法理念、刑法规范、司法运作在本土得以生根、得以有效实施的问题。

习近平总书记深刻指出:"法治的精髓和要旨对于各国国家治理和社会治理具有普遍意义,我们要学习借鉴世界上优秀的法治文明成果"。从人类文明发展史来看,世界各国、各民族都为人类法治文明作出了自己的贡献,而且国与国、民族与民族的法治文明往往是相互影响乃至传承的。西方资产阶级在与封建专制的斗争中提出来的罪刑法定、罪刑相适应、刑罚人道主义、保障人权、反对罪刑擅断、反对有罪推定和疑罪从有以及反对程序恣意等刑事法治文明成果,是世界各国人民历经数千年共同创造的法治实践结晶。文艺复兴时期的启蒙思想家们,在创立西方法律制度和法治思想理论的过程中也关注了中国、印度等东方大国的经验。因此,人类文明尤其是治理国家和社会的法治文明,其性质和功能都具有二重性:既有共同性和民族性,也有进步意义和时空局限性。这就要求我们在弘扬中华优秀传统法律文化和坚持中国特色社会主义法治道路等方面,不仅要切实防止夜郎自大、唯我独尊,而且要积极吸收借鉴世界上其他国家和民族的优秀法治文明成果。[①]我们在学习、借鉴域外法治文明成果时,既不能囫囵吞枣、照搬照抄,更不能搞"全盘西化",也即协调好刑法本土化和刑法国际化,在立足基本国情、坚持中国特色社会主义根本政治制度、坚持党的全面领导的前提下,走适合中国国情、体现自己特色的中国刑事法治之路。

三、人类命运共同体理念:地方性知识与人类共同利益的契合

人类命运共同体理念的核心是强调人类命运休戚与共,包含相互依存的

[①] 胡云腾:《习近平法治思想的刑事法治理论及其指导下的新实践》,载《法制与社会发展》,2022年第5期。

国际权力观、共同利益观、可持续发展观和全球治理观，包括"持久和平、普遍安全、共同繁荣、开放包容、清洁美丽"五大支柱。人类命运共同体理念不仅是中国在新时代向国际社会贡献的全球治理新方案，更为法律的全球化、全球犯罪治理优化以及国际司法合作提供了方案性指导。

（一）从法律的人类学进路理解人类命运共同体理念

法律的人类学进路要求我们进入可实施的规范的语境中：社会的、政治的、经济的以及思想的。这些规范包括但远不限于西方（政府和法院）所定义的法律。在人类学中，"社会法律"（socio-legal）不仅包括正式的司法制度以及与之相应的社会环境，也包括那些在我们或其他社会的诸多领域中建立秩序的——正式与非正式、官方与非官方的类法律（law-like）活动和过程。申言之，法律的人类学进路对待不同规范的态度是包容的，主张"求同存异"。人类命运共同体理念以全人类共同价值为价值支撑，它不同于过分强调西方中心主义，无法凝聚不同文明间的价值共识的西方"普世价值"。全人类共同价值凝聚了各国人民普遍认同的价值理念，体现的是多元文明间的求同存异，反映的是全人类共同的理想追求，彰显了人类命运共同体对人的自由全面发展的终极价值关怀，是对西方"普世价值"的超越。因此，法律的人类学进路本质上与人类命运共同体的价值理念相契合。

人类学的传统议题是研究不熟悉的环境。但在当代，比较视角展现出研究熟悉环境的新进路。人类学家是在两个截然不同的场景中，思考现代国家的社会—法律面向：存在于民族国家之中，非官方但组织化的社会分支领域（social sub-fields）；存在于国家间和超越国家层面的跨国性或全球性领域（有些是官方的，有些则是非官方的）。由此可见，人类学议题不仅立足于民族国家内部种种场景，而且包含更大范围的，关注超出一国管辖区的政治互动与商事交易的网络，聚焦于国际的、跨国的和联结全球的法律与类法律的秩序。它们影响着各国国内及其社会内部的事务，反之亦然。这样的多元性的规范位点（normative loci）的最重要特征，就是其场所（locale）与层级是交互式的。人类命运共同体议题背景是世界正处于大发展大变革大调整时期，和平与发展仍然是时代主题。世界多极化、经济全球化、社会信息化、文化多样化深入发展，全球治理体系和国际秩序变革加速推进，各国相互联系和依存日益加深，国际力量对比更趋平衡，和平发展大势不可逆转。应对共同风险、共同挑战、共同环境是人类命运共同体的主要议题。在此层面，人类学议题与人类命运共同体议题是契合的。

前文提到在人类学研究中的内部眼光和外部眼光、"贴近感知经验"和"遥距感知经验"的方法，地方性知识也强调，"文化持有者的内部视界"。人类命运共同体理念有其独特文化观，它主张要尊重世界文明多样性，以文明交流超越文明隔阂、文明互鉴超越文明冲突、文明共存超越文明优越。它用文化相对主义的眼光审视地方性知识，任何一个国家都不应该唯我独尊，藐视或者否定其他国家，人类文明的普遍法则与基本价值在于公平和正义，人类社会的发展追求公平正义，世界各国的秩序也应该以天下和谐、和顺为前提，只有这样，才能增进彼此之间的互信互利、开放包容，无论大国小国、强国弱国，尊重每个国家的生存权和发展权，平等对待不同文明主体。

（二）人类命运共同体理念与刑事法治理念的价值契合

人类命运共同体理念对于中国法治建设的影响是全面而深刻的，更是为全球犯罪治理提供了新思路、新方案，也必将为我国刑法的发展开辟新境界，指明新方向，催生新动力。一国刑法有其独特的地方性知识要素，但更多的是包含着体现人类法律文明共同属性的要素，因而在发展过程中也存在相互吸收先进经验以及与国际接轨的国际化问题。在构建人类命运共同体这一新的语境下我国刑法与世界刑法互渗共进、协调发展的国际化趋势将继续加强。

价值是客体的属性对主体需要的满足，人类共同价值是共同体成员共同需要的满足。习近平总书记指出："中国共产党将继续同一切爱好和平的国家和人民一道，弘扬和平、发展、公平、正义、民主、自由的全人类共同价值。"① 习近平总书记关于全人类共同价值的重要论述体现了中国共产党推动新的文明秩序建设的世界情怀，是构建人类命运共同体的重要价值支撑，也与联合国的崇高目标相一致。全人类共同价值的实现需要各国提供依法治国理念和制度的保障，即通过法律的确定性来塑造和制约国家公权力，保证国家权力对公民自由的干预符合正义原理。于刑法而言，不同国家刑法现代化的表现形式和实现程度或不尽相同，但这一现代化进程的价值取向也是相对一致的，即由政治刑法走向市民刑法，由罪刑擅断走向罪刑法定，由强调刑法的实质合理性到强调刑法的形式合理性，从追求刑法的"刀把子"功能到追求对人权的保障，从追求刑法的惩罚性到追求刑法的有效性。人类社会的这种共同的刑事法治理想和相近的价值取向，从根基上决定了世界刑法发展的方向与进程。凡是符合人类刑事法治理想的刑事性规范，必然能超越国家、民族、种族、文化的界限而被广为传播并接受。以罪刑法定原则的普遍确立为例。罪刑法定原则最初被英国、美国、法国等西方国家率先确认，但因其限制国家刑罚、保障公民自由、防止罪刑擅断的价值内涵，契合了现代依法治国的要求，满足了人类对刑事法治理想的追求，罪刑法定原则被公认为近现代刑法的铁则，当今世界各国刑法基本上都确认了这一原则，从而使刑法基本原则在世界范围内呈现趋同化、国际化的趋势。

21世纪的今天，人类已经进入互联互通的新时代，各国利益休戚相关、命运紧密相连，各国人民更加懂得和平合作、平等相待、开放包容、共赢共享的重大意义。② 自1889年德国刑法学家李斯特等人创建国际刑法学联盟起，刑法国际化的理论和实践不断向前迈进，21世纪刑法国际化现象将继续存在并不断增多，这必然会为构建人类命运共同体提供强有力的"最后法"保障。刑法国际化包含着体现人类刑法文明共同属性的要素，因而在发展过程中也存在相互吸收先进经验以及与国际接轨的国际化问题。在人类命运共同体语境下共同的刑事法治价值这一互渗共进、协调发展的国际化趋势也将继续加强。在全球性犯罪日益猖獗的国际社会中，国际组织制定的刑事法律规范（硬法属性）

---

① 2021年7月1日习近平总书记在庆祝中国共产党成立100周年大会上的讲话。
② 《携手守护全人类共同价值》，载《人民日报》，2021年01月15日第03版。

难以适用，而从改变国内法做起，不断推动国内刑法与国际刑法的协调，立足于主权的前提下突破民族国家界限实现全人类共同价值，这样在处理相关国际刑事关系时才会变得更有效力且易得到国际社会的认可。以实现全人类共同的价值为目标，在人类共同的刑事法治理想引导下，加强主权国家之间的刑事司法合作，惩治跨国和国际犯罪；强调保护人权，尊重不同国家之间的差异；推动部分行为刑事定罪处罚国际化或实现区域协同，指导国内刑事立法活动；等等。唯其如此才能不断提升刑事法治价值的实践转化能力。

（三）协调地方性知识与人类共同利益

在古代传统社会的中国，作为亚洲最早步入封建时代的国家，至唐代封建刑事法律制度已经发展到相当发达的程度，日本、朝鲜、越南等后进入封建社会的国家，在制定封建刑典时，无不以中国《唐律》为楷模，进而推动了刑法在东亚范围内的国际化。无独有偶，近代英国通过"光荣革命"率先建立了资本主义制度，并在判例法传统基础上建立资本主义刑事法律制度。苏联建立的社会主义刑法被之后的欧亚社会主义国家广为学习、移植，直到今天我们仍可以从中国的现行刑法典中发现苏联刑法的痕迹。[①] 由此可见，当某个国家率先进入某种相对先进的历史类型的社会，建立起相应的法律制度，而其他国家相对滞后时，这种新型法律制度就会成为仿效的楷模，从而使法律在一定的世界范围内呈现趋同化、国际化走势，进而不断推动地方性知识向外流动。这种向外流动往往会造成两种结果：一是具有强烈的排斥性，如我国清末修律时对德、日刑法的吸收和移植等，只是注重和强调物质的法律制度建设，在精神层面上就难以形成与之配套的刑法理念和精神文化；二是被广为传播或接受，如近代日本刑法对法、德刑法的吸收和移植，因为所输入的地方性知识与其国内有着共同的刑事法治理想和相近的价值取向，必然能超越国家、民族、种族、文化的界限而得到较好的融合。以刑事法治中的刑事政策为例，当下宽严相济的刑事政策是我国现阶段惩治和预防犯罪

[①] 苏彩霞：《刑法国际化原因探析》，载《政治与法律》，2005年第1期。

的基本刑事政策，是我们正视社会稳定与犯罪增长关系后的理性回应，体现了社会形势变迁的要求和我们党对刑事政策认识的深化，体现了新时期党和国家解决社会问题的新思路，还表明了我国刑事司法对国际上"轻轻重重"刑事政策的关注与回应。① 由此可见，地方性知识与人类共同利益并非完全对立，在某些关于人类社会最高价值的问题上存在着共同的利益，如构建人类命运共同体对人类安全、人的尊严和经济发展的要求，任何国家、民族都是一致的。人类命运共同体视域下刑事法治的发展要协调地方性知识与人类共同利益。

"从法文化学意义上说，作为文化的一部分，法律既是一种符号，一种规则，更是一种文化信息的载体，其承载着一定的价值与观念，它表达着特定的文化选择与价值定位，而这种文化选择与价值定位，从根基上决定着法律如何生长，决定着法律的发展方向与进程。"② 中国传统刑事法治中的生命意识与"天人合一"思想和合观与大同思想以及"仁""兼爱""民权"等思想是刑事法治地方性知识的文化之根，反映了人类社会共同的刑事法治理想与共同利益，如我国台湾学者陈玮所言："人类之良知虽因所处社会之地理环境、宗教信仰及生活习惯之不同而有小异，但在基本上则属相同，如无故杀人，人人知其不可；非分取财，各国皆有禁律。"③ 这种共同性的内容随着时间的推移、文化的传播而逐渐表现为彼此吸收、协调发展的态势。并且，"随着社会经济文化的发展，交往的日益频繁，历史上存在的国家、民族以及地域间的堡垒，会越来越打开，从而法律文明的历史个性逐渐减弱。在法律文明的交流与传播过程中，各个民族或民族国家的法律制度之间相互沟通，相互渗透，相互吸收，从而逐渐成为一个协调发展、趋于接近的法律格局"。④ 这是当今世界法律全球化进程的客观趋势，也是当代刑事法治国际化进程的客观趋势。

人类命运共同体所包含的"持久和平、普遍安全、共同繁荣、开放包容、清洁美丽"五大支柱，是从中国参与全球治理的实践中不断发展完善

---

① 高铭暄：《宽严相济刑事政策与酌定量刑情节的适用》，载《法学杂志》，2007年第1期。
② 蔡道通：《罪刑法定原则确立的观念基础》，载《法学》，1997年第4期。
③ 转引自蔡道通：《后现代思潮与中国的刑事法治建设》，见陈兴良主编：《刑事法评论（第7卷）》，中国政法大学出版社，2000年，第103页。
④ 公丕祥：《国际化与本土化：法制现代化的时代挑战》，载《法学研究》，1997年第1期。

的，具备中国特色的地方性知识理论体系和话语体系，为解决全球范围的安全、政治、经济、文化和生态等犯罪问题提供了思路，同时也是引领或推动中国刑事法治走向国际化的精神力量，能够实现地方性知识与人类共同利益协调，这种协调主要表现在：刑事法治价值理念的相似性，如对刑事立法正义和刑事司法正义的追求、对人权的确认和保障等；打击国际犯罪要求的共同性，如刑事司法协助的互惠性、针对国际犯罪的法律反应机制的和谐性和国际性，对新型犯罪治理的需求的一致性，如对网络信息、生态环境和生命科技等罪行的犯罪预防与控制。

四、超越地方性知识：刑事法治的建构图景

我国提出的"人类命运共同体"，首先，它是一个以地方性知识为主导的国家本位概念，国家在全球治理体系中占据着主导的关键位置。这种主导性贯穿于刑事法治的全体系、全进程，体现于参与全球治理的各个领域、各个方面、各个环节；其次，它也是一个超越地方性知识的概念，突破国家本位提醒各国持久和平、普遍安全、经济发展、文明多样和生态环境问题的紧迫性，需要在共同风险的语境下考虑如何在政策上进行协调和合作，使得应对风险、预防风险成为可能。① 由此不难理解，在理论、理念上超越地方性知识主导的国家本位理念，在未来刑事法治中已不是一个非常生僻、神秘、遥不可及的思想观念，很多思想家已经在此做出很多努力。②

（一）犯罪全球化倒逼刑事法治全球化

现代刑事司法制度以民族国家主权为基础，这个世界犯罪治理体系由国家刑事司法和国际刑事司法构成，按照国内法/国际法的二元编码，构建出

---

① 张辉：《人类命运共同体：国际法社会基础理论的当代发展》，载《中国社会科学》，2018年第5期。
② Evan J, Criddle & d Evan Fox-Decent：*Fiduciaries of Humanity*，Oxford University Press，2016，pp79-85.

一个"威斯特伐利亚二重奏"的运作结构和逻辑。[①] 然而，随着犯罪的全球流动，全球犯罪风险对于建立在上述"威斯特伐利亚原则"基础上的现代刑事司法体系形成了巨大挑战。哈贝马斯指出："长期以来，各种危险的全球化客观上将世界联系在一起，把世界变成一个基于所有人都面临的危险的无意识共同体。"[②] 传统上，我们认为犯罪的社会语境是地方性的，因此，犯罪学家试图通过地方的经济、政治、法律、宗教、文化、教育现状来解释相关的犯罪现象。进而犯罪控制通常被认为是国家主权垄断的领域。随着犯罪和刑事司法的全球化流动的加剧，刑事法治的演进需要超越地方性知识，因为犯罪问题已经跨越民族国家的边界而游走全球。犯罪被视为一种全球风险，除了恐怖主义之外，还有各种跨国有组织犯罪和国家犯罪问题，应对这些全球犯罪风险需要建立全球治理的体制。[③] 全球犯罪可能造成国家刑事司法制度运作失灵。这种失灵主要表现为国家刑事司法管制失灵，要么因为国家本身被犯罪集团俘获，要么因为国家本身进行犯罪却被合法化。

一方面国家对犯罪控制权力的垄断，往往可能使得国家成为犯罪的帮凶，比如，在国际环境犯罪领域，跨国公司对亚马孙热带雨林的过度砍伐，往往危害到生态环境，却不会遭到该地区国家刑事立法规制，这种破坏生态环境和生物多样性的生态——全球犯罪，甚至被视为促进国家经济增长的途径。另一方面国家本身合法地实施犯罪，比如，在非法入境方面，由于边境控制，使得跨国人口贩卖与走私犯罪更加猖獗，为了严厉打击这些犯罪，西方国家对边境非法移民的拘留和惩罚，甚至造成了严重侵犯人权的罪行，但是，这种系统性的国家犯罪却以执法名义存在，甚至是以消极执法的方式引发悲剧。比如，欧洲海岸警卫队对一艘载满非法移民的船只不予救援，从而导致这些移民饿死在船上。因此，立足地方性知识而又要对其超越，从世界社会的视角把握犯罪及其治理应为刑事法治发展的新趋势。

---

① [英]埃辛·奥赫绪、[意]戴维·奈尔肯：《比较法新论》，马剑银、鲁楠等译，清华大学出版社，2012年，第80页。

② [德]尤尔根·哈贝马斯：《纪念康德持久和平思想200周年》，巴黎Cerf出版社，1996年，第74页。

③ 张文龙：《挑战与应对：犯罪全球化的主要表现及其研究》，载《求是学刊》，2017年第1期。

(二) 人类命运共同体与刑事法治"三层次两进路"模型

人类命运共同体理念建立在一种世界社会的规范性期待基础上。这样一种规范性期待是超越文化的异质性的,更确切地说是具有多元文化的包容性,因为不同文明社会对于罪与非罪以及罪与罚的区分具有不同的文化语境建构。唯有以全人类共同价值为核心建立的规范性期待,才可能有效规制全球犯罪风险。人类命运共同体视域下我国刑事法治的演进需从纯粹的内国法过渡到涉外法治,再过渡到国际法或全球法治。

刑事法治是法治国家建设的重要拼图,在全球化趋势的促动下,法治越来越成为世界各国普遍认可的治理模式。一个高度文明的国家必然是法治先进、完备的国家,在国家内部的法律行动关系到一国法治记录在国际上的声誉。在确保良好的国内法治文明的同时,构建良好的涉外法治和国际法治体系,才能树立负责任大国的形象,更加充分有效地维护国家利益,消除国家发展过程中的阻碍,提升国家发展的正面认可程度。因此,刑事法治的发展要统筹好国内法治、涉外法治和国际法治关系。在笔者看来,人类命运共同体语境下刑事法治的图景建构不仅要透过国家规制实现犯罪治理,更是追求建立起世界范围内关于犯罪化、起诉和惩罚的专门规制活动。因此,我国未来刑事法治的图景建构关键在于协调好国内刑事法治、涉外刑事法治和国际刑事法治的关系,构建"三层次两进路"的发展模型。(见图1)

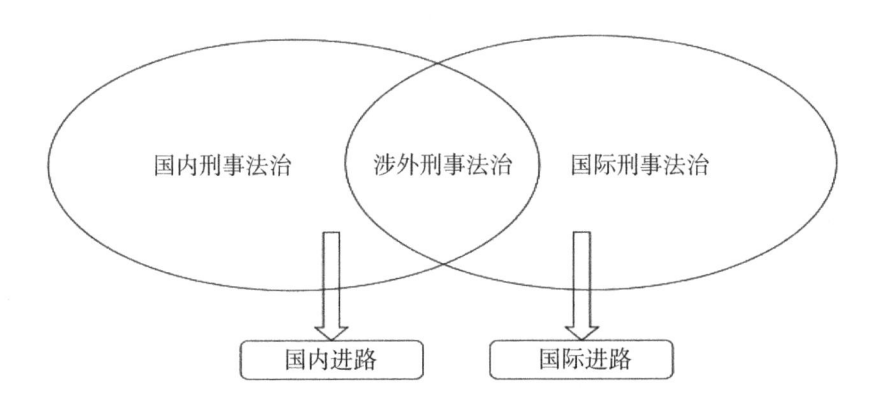

图1 刑事法治"三层次两进路"模型

刑事法治"三层次两进路"的发展模型，实际上就是以人类命运共同体理念为指导协调国内法治、涉外法治和国际法治三个层次的关系，以期在国内刑事法治、涉外刑事法治和国际刑事法治的互动中形成合力。现实中却阻力重重，例如，恐怖主义犯罪经常具有跨国性的特点。在 A 国进行训练和准备，继而跨越边境到 B 国具体实施。此时，如果没有涉外的法治安排，不能进行跨国拘捕，不能对恐怖分子的账户和财产进行有效的冻结，则反恐的所有努力都难以见到良好的效果。又如，由于贪腐分子非常容易通过逃到另外一个国家而逃避所在国的法律惩治。此时，跨国追逃追赃就成为有效治理腐败的关键环节。同样，如果国际法治的各项要求和允诺不能在国内的法律制度体系之中得以有效实施，则很多国际条约、国际立法都会付诸东流，刑事法治需要国内进路与国际进路"齐头并进"。

(三) 超越地方性知识的法治进路

"三层次两进路"的发展模型首先应对国内法治、涉外法治和国际法治的关系进行解读。国内法治调整的是从国家架构到私人的具体日常交往中需要法律规制的关系。其行动领域是国家内部的立法、执法、司法、守法领域，旨在建设良好的国内法治环境；涉外法治是国家法治的对外部分，是国内法治的对外延伸，与国内法治、社会治理、政府治理一起构成国家治理能力、治理体系在涉外关系中法治化发展变革的一部分，是涉外法规范水平提升（构建涉外良法）和涉外法应用机制的完善（塑造涉外善治）的结合；国际法治是国际关系的法治化，是法治原则在国际关系中的展开。[1] 其中，包括与一个国家进行法治合作的双边法治；与几个同一领域的国家进行合作的区域法治；在更大的范围内与多个国家展开法治合作的多边法治；以及能够涵盖全球绝大多数国家进行法治规划、研讨、实施的全球法治体系和进程。如何协调三者之间的关系，发挥合力作用，人类命运共同体理念提供了思路。

---

[1] 中国国际私法学会课题组：《习近平法治思想中的国际法治观》，载《武大国际法评论》，2021 年第 1 期；黄惠康：《论习近平法治思想关于国际法治系列重要论述的实践逻辑、历史逻辑和理论逻辑》，载《国际法研究》，2021 年第 1 期。

于宏观层面而言，中国提出的人类命运共同体理念在很大程度上就标志着中国从被动追随、消极接受国际法规范向积极促进国际法规范的理念演进。① 由此，中国不仅是国际法律体系的见证者、遵行者，而且是国际法律体系完善的积极参与者、倡导者。

于中观层面而言，人类命运共同体理念倡导国家利益与国际社会利益的协调共进，从国家利益到个人利益与全球利益，从"国家安全"走向"人的安全"，是构建人类命运共同体的题中应有之义。国际法的主体在逐渐走向多元化，但是，国家仍然是国际法的原生主体、核心主体和首要主体，这种基本的格局长期不会发生变化。当下，协调国内法治、涉外法治和国际法治关系的核心仍然是立足于主权，立足于国家利益。

于微观层面而言，人类命运共同体"五大支柱"倡导国家之间在人权、环境、贸易等国际事务上协商对话，恐怖主义的界定与打击、网络犯罪与规制、知识产权等等都是国内法治、涉外法治和国际法治所关切的对象。

因此，人类命运共同体理念指导下完善国内法、涉外法和国际法的关系，应当把握如下几点：

一是以国家主权、国家利益作为国内法治、涉外法治与国际法治的首要驱动。国际法的国家本位是国家以其思想观念、实际行动和身份存在而导致的。正如中国俗语所言，"解铃还须系铃人"，想要超越国际法的国家本位状况，当然也必须由国家采取行动予以解决。如果认为国际组织、非政府组织，或者跨国企业能够有效地采取行动，改变国际法国家本位的状况，显然高估了这些组织机构的地位、能量和作用。因为所有的这些"非国家行为体"（如国际组织或者跨国网络）都无法撼动国家的地位，也无法改变国家的行为方式，它们最多只能对国家起到监督和引导的作用。故而，必须从主权国家自身的观念转型与制度调整入手，要求国家在观念上更新，在行动方

---

① 冯玉军认为，我国要积极参与国际规则制定，做全球治理变革进程的参与者、推动者、引领者，要求我们协调推进国内治理和国际治理，站在人类法治和道义制高点上，提出世界法治发展方案。参见冯玉军：《构建以人类命运共同体为导向的涉外法治体系》，载《学习时报》，2021年4月16日第2版。

式上转变，只有这样在客观条件上推动国家本位走向式微，重塑国际法的格局和理念。

二是以规范为导向是协调国内法治、涉外法治和国际法治的价值理念。一个高度文明的国家必须且必然在法治方面全面建设、系统提升。法治经验的交流和传播可以降低治理成本，提升治理质量。于国内法而言，若要推动法治进程的发展，一方面，在本土资源的基础上，吸收借鉴国外的优秀法治经验，不断完善内国法，实现法律规范的接轨与协调。另一方面，国家立法不能违背国际法的强行性、禁止性规定，不违背国家的国际法义务，对于世界各国的各种主体和行动发生效力。于国际法而言，我国必须使用作为规范的国际法维护自身利益。从规范确立和规范解释的角度来促动国际法的规范和体系创新，在实体规则、组织模式和程序机制上体现出与以往不同的新特征。如人类命运共同体就代表着国际法律观念和体系中的新特征，这些新特征都可能为国际法的发展、理论建构发挥重要的作用。

三是超越地方性知识实现全人类共同价值是国内法治、涉外法治和国际法治的最终目标。《联合国宪章》《世界人权宣言》以及国际人权公约等一系列的文件折射出国际社会对于全人类共同价值的追求。人类命运共同体是一个超越地方性知识的思维方式，提醒各国持久和平、普遍安全、经济发展、文明多样和生态环境问题的紧迫性，需要在共同风险的语境下考虑如何在政策上进行协调和合作，使得应对风险、预防风险成为可能。[1] 超越地方性知识的刑事法治进路，需要加强国家间刑事法理论与司法实践的交流，构建顺畅的沟通商谈机制。超越国家狭隘的短期的利益观，形成彼此深刻相互依赖的认知，具有共同的风险与命运的思想理念，就需要国家之间创造和增加商谈的机会，通过双边会谈、多边会议等方式，提升国家参与国际机制的热情，并试图使国家在参与国际机制的过程中，获得积极激励和正向反馈，从而使国家愿意参与国际机制，在多边体系中获得更加稳定、长远的利益及预期。

---

[1] 张辉：《人类命运共同体：国际法社会基础理论的当代发展》，载《中国社会科学》，2018年第5期。

"羁绊"中的力量：波斯比西的法律动力学研究

谢思思*

摘　要：法律动力学作为波斯比西"被忽略"的理论，国内学界对其能否展开研究存在疑问。基于波斯比西的相关论著，可发现其法律动力学对著名法人类学家霍贝尔的法律的动态比较研究的进一步发展。波斯比西的法律动力学的基本观点认为，由于社会环境、秩序、需求等的动态变化以及羁绊各方的互动，群体成员对规范的个人内化以及社会内化的程度发生变化。最后通过"权威"的行为，导致规范的废弃、创造和适用。波斯比西的法律动力学是法律变革之下的理论实践工具，重视人类社会和法律变革之中个体的作用。同时，它连接着规范体系与现实社会，使法律现象浮出自然法的真空，在一般理解上得到加强。波斯比西的研究，回应了社会"变迁"中现实世界的规范构造，为法律的动态比较及其发展趋势提供方法和理论框架，将其展开研究必将为理解和研究中国法学理论带来新角度和新方法。

关键词：波斯比西；法律动力学；动态比较；法律人类学

一、问题的提出

2021年12月6日，习近平在十九届中央政治局第三十五次集体学习时

---

* 作者简介：谢思思，女，湖南岳阳人，中南大学法学院2024级法理学专业博士研究生。

的重要讲话中指出:"推进法治体系建设,重点和难点在于通过严格执法、公正司法、全民守法,推进法律正确实施,把'纸上的法律'变为'行动中的法律'。"① 法律的生命力在于实施,如何使"纸上的法"活跃起来,走进群众,指导社会生活实践,是推动法治体系建设的重要一环。"行动中的法"反映了法的社会目标,关注社会发展对法的实际需要。现有研究大多从现实与历史的角度分析"行动中的法",但是对于它如何在社会中"流通"、群众又如何"反应"这种"流通"的过程却不甚明晰,而且相关的传统探究又往往是缺少科学性的理论推测。就此,波斯比西(Leopold J. Pospisil)曾多次深入卡波库(Kapauku)社会文化内部,通过数据收集、资料分析、理论构建等提出了"法律动力学"(Legal dynamics)的理论,旨在呈现社会变迁中规范的动态变化过程,探究法律和社会的实质相关性的方法。不过,国内学界对于波斯比西的法律动力学并未投以太多关注,且"法律动力学"一词在国内最早见于2000年3月出版的《地方性知识:阐释人类学文集》,也只是在引用《原始人的法》时以注释的形式出现。

这本由著名法人类学家霍贝尔(E. Adamson Hoebel)所著的《原始人的法》,是第一部传入中国的西方法律人类学译著。该译本出现之后很快成为汉语学界法律人类学的"经典名著"。② 大多数学者对于这本著作的关注点主要集中在这部作品本身出现的意义,但是对于副标题的部分讨论甚少,多是集中于"Primitive"在中国语境下的翻译问题。如果我们从副标题的翻译史出发,也能发现一些有趣的问题。

早在1986年,严存生等人就完成了《原始人的法》的译稿。1992年8月,贵州人民出版社出版了他们所译的这本书。起初这一版本并没有副标题,③ 直到2012年的第2版,才添上"法律的动态比较研究",以此作为该

---

① 习近平:《习近平谈治国理政》(第四卷),外文出版社,2022年,第302页。
② 王伟臣:《从边缘到边缘:法律人类学在中国的译介与传播》,载《法治现代化研究》,2019年第1期,第139页。
③ [美]霍贝尔:《原始人的法》,严存生等译,贵州人民出版社,1992年,第11页。

书的副标题。① 1993 年 8 月，中国社会科学出版社出版了周勇所译的另外一个版本，其一开始就将副标题译为"法律的动态比较研究"。然而有意思的是，在 2000 年版王海龙和张家瑄翻译、吉尔兹所著的《地方性知识：阐释人类学论文集》的注释部分，《原始人的法》的副标题被翻译为"比较法律动力学研究"，② 并没有延续 1993 年版的译名。除此之外，吕世伦在其主编的《当代西方理论法学研究》的第五章中曾提到过此书，其中副标题所用的也是"一个比较的法律动力学研究"。③ 在已有过将"comparative legal dynamics"翻译成"法律的动态比较"的做法之下，后两本书却没有参考此种译法。另一方面，波斯比西更是认为："霍贝尔的最大成就（这里将霍贝尔与他和卢埃林合作取得的成就分开）在于法律变革领域，正如他的著作《原始人的法律：法律的动态比较研究》的副标题所暗示的那样。"④ 如此，波斯比西的法律动力学是否进一步发展了霍贝尔的"动态比较研究"？波斯比西的法律动力学到底研究什么？它是否是被低估的理论？其自身是否存在局限性？又将为法律人类学研究提供怎样的理论贡献？本文将围绕这些问题进行探索研究。

二、波斯比西"法律动力学"的内核

利奥波德·波斯比西（Leopold J. Pospisil）于 1923 年 4 月 26 日出生在捷克斯洛伐克的奥洛穆茨城市，其父亲是一名法官。波斯比西拥有丰富的学习生涯，经历过生物学、医学、法律、社会学、人类学、哲学的研究学习。

---

① ［美］霍贝尔：《原始人的法———法律的动态比较研究》，严存生等译，法律出版社，2012 年。
② ［美］吉尔兹：《地方性知识：阐释人类学论文集》，王海龙、张家瑄译，中央编译出版社，2000 年，第 206 页。
③ 由吕世伦所主编的《当代西方理论法学研究》一书，西安交通大学出版社出版的 2016 年版以及黑龙江美术出版社出版的 2018 年版都将《原始人的法》的副标题翻译为"一个比较的法律动力学研究"。
④ L. Pospisil: *E. Adamson Hoebel and the Anthropology of Law*, *Law & Society Review*, vol. 7, 1973, pp. 537-560.

也就是在俄勒冈学习时，波斯比西在其导师的引导下将法律知识和人类学知识结合起来，走上了法律人类学的道路。① 对于很多人来说，波斯比西是法律人类学这一分支学科的创始人。他的一生，致力于传统的田野调查，深入研究实地。其研究范围遍及亚利桑那州的霍皮印第安人、荷属新几内亚的卡波库巴布亚人、阿拉斯加布鲁克山脉的努纳米特人以及奥地利蒂罗尔州奥伯恩贝格山谷的农民，重点关注他们的法律制度、政治和社会结构以及经济等问题。②

波斯比西最初的法律人类学研究是从卡波库（Kapauku）入手的，他曾于1954—1955年去往卡波库当地研究，1959年、1962年、1975年、1977年等分别进行过多次回访。1958年，耶鲁大学出版社出版了波斯比西的《卡波库巴布亚人和他们的法律》，1964年该书经过一次重印。③ 巴布亚卡波库的调查事实是对波斯比西以及其法律理论影响最大的一次调查，比如波斯比西在该田野调查的基础上产出的令人瞩目的理论贡献——"法律层次论"④，其相关的理论观点和个案分析最早出现于他的博士论文《荷属新几内亚卡保库人的法律》，最后在《卡波库巴布亚人和他们的法律》一书和同时期的数篇论文中提出并论证了它。⑤

但是就《卡波库巴布亚人和他们的法律》一书来说，除了经典的法律层

---

① 参见张冠梓：《多向度的法：与当代法律人类学家对话》，法律出版社，2012年，第229页。

② 参见 Ledvinka, Tomas and James M. Donovan: Leopold Pospíšil，最后访问时间为2023年8月9日，https://www.anthropology-news.org/articles/leopold-pospisil/。

③ L. Pospisil: *Kapauku Papuans and Their Law*, Human Relations Area Files Press, 1964, p296. (1958年版的重印版。)

④ 波斯比西的"法律层次论"的基本观点认为，法律是一种具有复杂多样性的社会事实，法律的多样性源于社会的多样性，每一个社会都是由若干个不同的子群体构成的共同体，作为共同体的社会有高于子群体之上施行于全社会的法律，而组成共同体的每一个子群体也有自己独立、施行于本子群体内部的法律，甚至在子群体内部也有次子群体或更小的子群体的内部法律，由此构成了社会中存在不同层次法律的复杂局面。但是，波斯比西并没有把"法律层次论"贯彻到底，在对变迁、司法和实体法进行比较时，他回避了法律层次的问题。参见张晓辉：《波斯比西和"法律层次论"：对一种法律多元理论的考察》，载《贵州民族研究》，2021年第1期，第39页。

⑤ 参见张晓辉：《波斯比西和"法律层次论"：对一种法律多元理论的考察》，载《贵州民族研究》，2021年第1期，第40页。

次论和法的四属性①的著名见解，也存在一些未尽了解的研究。在本书结尾，波斯比西分别单独讨论了法律层次论（Legal Levels）、法律动力学（Legal Daynamics）、正义（Justice）和法律的相对性（The Relative of Law）。②从该书的篇章安排以及结构来看，法律动力学应与法律层次论属于同级，倾向于作者主要观点的提炼。所谓一切行为的背后都有其存在的动机，我们甚至可以合理猜测作者对此体系安排的独特用意。同时，波斯比西明确指出他在本书最后的理论分析部分介绍了他的法律理论，展示了其概念和定理在法律案件分析中的实用价值。③但是实际上，法律动力学并没有如"法律层次论"一样在国内学界被人熟知，甚至鲜有人提及。古德尔在谈到"波斯比西文艺复兴"时，也同样认为波斯比西的作品尽管在某些方面没有达标，但其关于法律与社会的许多研究的贡献都被忽视或低估了。④

西方学者的大多数批评，多是针对波斯比西的理论缺乏人们所期待的"临时性"的谨慎态度以及对理论的普遍性的质疑。⑤不过，霍贝尔对波斯比西的数据、分析和理论持有好评，这一点与其他一些人类学家的观点形成鲜明对比。⑥波斯比西在发展科学的理解中，并没有回避特殊与一般联系起

---

① 波斯比西提出的"法的四属性"分别为：权威（Authority）、普遍适用的意图（Intention of Universal Application）、当事人双方间的权利义务关系（Obligatio）、制裁（Sanctions）。

② L. Pospisil: *Kapauku Papuans and Their Law.*, Yale University Press, 1958, p. 10. 波斯比西也曾在《法人类学：一种比较研究的理论》（1971年）第六章"法律变革"中谈到心理内化与社会内化。

③ L. Pospisil: *Kapauku Papuans and their Law in Retrospect*, *Newsletter of the Association for Political and Legal Anthropology*, Vol. 5, 1981, pp. 3-7.

④ Mark Ryan Goodale: *Leopold Pospisil - A Critical Reappraisal*, *Journal of Legal Pluralism and Unofficial Law*, Vol. 40, 1998, pp. 123-150.

⑤ 针对这个问题，波斯比西曾在为回应古德尔的评论所写的《对Leopold Pospisil重新评估的修正》一文中给出自己的看法。他认为他坚持学者了解所研究对象的语言和文化，以及坚持民族学家不得研究他们自己的文化来避免种族中心主义偏见的观点。这激怒了许多未能学习母语，而使用通用语的口译员，或者通过研究自己的文化来避免所有语言问题的学者。参见L. Pospisil: *Corrections of a Reappraisal of Leopold Pospisil*, *Journal of Legal Pluralism and Unofficial Law*, vol. 46, 2001, pp. 115-120。

⑥ 霍贝尔的《原始人的法》最早于1954年由哈佛大学出版社出版。同年，波斯比西去往新几内亚进行研究。两年之后，波斯比西完成了《卡波库巴布亚人和他们的法律》，于1958年出版。而这本书也正好引用过霍贝尔的《原始人的法》，且霍贝尔本人曾审阅。参见L. Pospisil: *Kapauku Papuans and their Law in Retrospect*, *Newsletter of the Association for Political and Legal Anthropology*, vol. 5, 1981, pp. 3-7。

来的需要。他的方法使人们对于法律现象的理解可以在一般层面上得到加强，而不是在自然法文化的真空中，特别是他为了争取跨文化与法律和社会的实质相关性的方法。① 这些在对卡波库人的研究中也有所体现。由此，波斯比西通过相对精确的实证研究，发现规范可以分为两类：一是通过心理内化与社会内化获得"认可"，另一类是依靠外部的权威强制使人们被动遵守。② 这个发现是波斯比西对法律动力学分析的伊始。

对波斯比西的法律动力学理论进行概括，其内核主要包括法律的心理内化、社会内化以及法律的动态性特征。

（一）法律内化——心理内化与社会内化

习惯法不是原始社会中唯一的法律类型，在卡波库社会，影响社会控制的不是规范而是法律决定。③ 因此，波斯比西认为"文化漂移（Cultural drift）"也不是原始法律体系变革的唯一原因。波斯比西尝试证明"部落社会的法律体系完全由习惯法组成"的想法的不切实际，他认为以往的人类学文献严重忽视了立法者的法令和权威相对突然的立法行动。无论多么"原始"或"文明"，以立法者的法令和法律权威相对突然的立法行动的形式存在的权威法（Authoritarian law），是每个社会在不同程度上存在的普遍现象。④ 为了验证他的观点，波斯比西将法律领域设想为一个被过渡区域包围的椭圆，而不是将视野局限于对法律现象的分析以及区分这一领域与周围的社会现象当中。相反，他希望试图找出法律以何种方式一方面与权威决定相关，另一方面与习惯相关。⑤ 为此，波斯比西通过实证研究提出了他的理论分析框架。

---

① Nicola Lacey, Boaventura de Sousa Santos: *Toward a New Common Sense: Law, Science and Politics in the Paradigmatic Transition*, Social & Legal Studies, Vol. 6, 1997, pp. 148-153.

② 参见张晓辉：《波斯比西和"法律层次论"：对一种法律多元理论的考察》，载《贵州民族研究》，2021年第1期，第41页。

③ L. Pospisil: *Kapauku Papuans and Their Law*, Yale University Press, 1958, p. 4.

④ 参见 L. Pospisil: *The Anthropology of Law: A Comparative Theory*, Harper & Row, 1971, p. 193.

⑤ L. Pospisil: *Kapauku Papuans and Their Law*, Yale University Press, 1958, p. 278.

a: 法律的内化
c: 法律的消亡
f: 法律变更的初始内化，在一些波动之后，进入消亡
d和e: 静态的法
g: 习惯变成法律
h: 一项政治决定变成法律

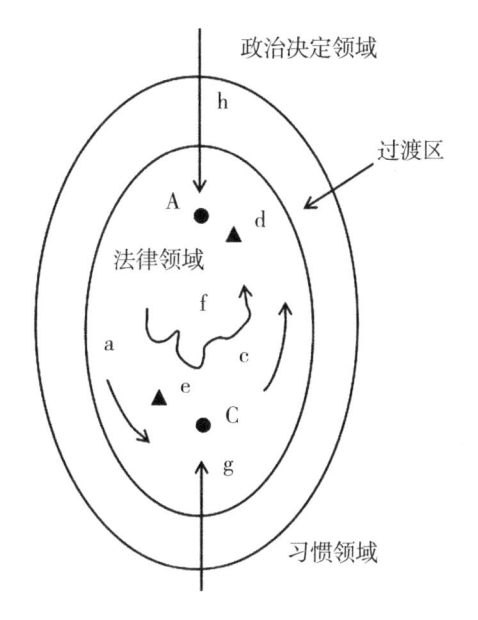

图 1　法律动力学图解①

为了完成这项任务，波斯比西认为，首先要研究传统的法律二分法，即习惯法与代表立法者活动的法令之间的区别。图 1 中的"习惯"指被社会群体内化的法律。当群体中的大多数成员认为它具有约束力时，我们就称它为内化的法律，它代表特定情况下适当的行为。例如，"因为地方团体本身是一个范围狭小的亲属团体，他们无需依据法律的基础便可以处理他们之间的个人问题，他们只需要运用羞辱的方式就足够了"。② 如果违反了这种法律，肇事者可能会感到内疚或者自己的良心不好；如果没有，他至少有一种自己做错了的感觉——他的行为不当。如果社会的其他成员也以同样的方式行事，他不会喜欢。并且遵守这样的法律并不会受到外部压力太大的影响。这种感觉是由不同的内部机制产生的，在某些文化中可以称之为良心，在另一

---

① 该图来源于 L. Pospisil: *Kapauku Papuans and Their Law*, Yale University Press, 1958, p. 279。
② [美]霍贝尔:《初民的法律——法的动态比较研究》，周勇译，中国社会科学出版社，1993 年，第 355 页。

些文化中则称为对羞耻的恐惧,而在民族志学家眼中这是"群体的法律财产"。①

另一方面,即使在一些内化良好的案例中,法律权威的特性在决定、遵守和改变习惯法上发挥了重要的作用。在波斯比西看来,如果未经权威同意,习惯法将不是法律,而只是一种习惯。他试图通过量化这种内在化的程度,从数据中抽象出相关理论的概括。② 权威型法律最初并没有被团体的大多数成员内化,支持它们的最初是一批影响力大的少数人,这些人可能将这样的法律提升为一种"理想",甚至可能迫使其他人接受它们。在某些情况下,这种法律仅由权威内部法律化,甚至可能出于机会主义的原因强加于法律,而对它可能包含正确的行为方式保持怀疑。这个时候,法律的权威性通常没有足够的时间内化,团体中的持相反观点的成员只有在外部压力下才遵守这个被权威和可能已经被那些有影响力的少数人内化执行的法律。但是大多数人认为这种法律是不公正的,所以在违反此类法律时也不会感到内疚,可能只是害怕被发现。③

波斯比西认为两种法律之间的区别不是定性的。相反,给定的法律(a given law)被认为是为习惯的还是权威的由内化程度决定,即这两种类型之间有一个渐进的过渡。给定的法律(a given law)可以从权威变为习惯,这一事实也强调了这两个焦点之间的数量差异,这种变化表明了内在化一词的

---

① L. Pospisil: *Kapauku Papuans and Their Law*, Yale University Press, 1958, p. 278.
② 例如在 132 项法律决定中有 44 项因不合法而被取消资格,或他所收集的 176 个案例中 114 个案例都是习惯规则的案例。在所有这些案子里,这些决定曾被应用过的群体中的线人都认同他们的正义性。线人对这种决定的认同,是法律内在化的体现。波斯比西将内部化的法律案例与其相应的规则进行比较,我们会发现 45 个习惯类型的判决不符合各自的规则。因此,确实存在违反社会抽象规则。参见 L. Pospisil: *Kapauku Papuans and Their Law*, Yale University Press, 1958, p. 280。
③ 波斯比西在解释权威法(Authoritarian law)时,用了书中案件 65 的例子。Amojepa 作为一家之主,决定他的儿子和兄弟在没有特别许可的情况下不能从他的田地里拿走任何东西。弟弟由于违反了这条法律,Amojepa 就对他进行了严厉的殴打。他的家庭成员大多数都不认为他的决定和惩罚是公正的,而其他家庭的相应法律允许家庭成员从属于任何家庭成员的地里自取一些水果和一些可以立即食用的食物。所有其他人都批评了 Amojepa 的行为和禁令,并指控他残暴。无论他的行为在外人看来多么不合理甚至是"犯罪",在他自己的家里,它都被作为"权威法"永久存在。L. Pospisil: *Kapauku Papuans and Their Law*, Yale University Press, 1958, p. 280.

实际含义。我们可以发现，这个过程有两个方面：当我们将注意力集中在个人身上时，我们会研究发生在他脑海中的内化。当我们将群体视为一个整体时，内化的视角将会转向法律内化的个体的数量的增加。波斯比西将这两个方面分别称为心理内化（Psychological Internalization）和社会内化（Societal Internalization）。① 不过波斯比西将这种内化程度用简单的法律内化的个体数量来描述的方式是存在疑问的，他强调个体心理内化数量对社会内化的影响时，却忽略了这种"数量"内部的个体之间的互动与羁绊。

米勒（Miller）和多拉德（Dollard）认为"社会就是学习"，将这种心理内化描述为个体观念的变化。② 当个体用新反应面临对特定情境类型时，心理内化就开始了。其他个体通过"学习"，一种新的反应取代以前占主导地位的反应，且该过程不会在一个新反应（response）占主导地位时停止。③ 不太一样的是，波斯比西的内化的概念的前提是假设新建立的"反应"层次体系（hierarchy）会继续发生变化，新反应与旧反应也可能会同时存在于它们存在的社会。具体来说，在法律内化过程中，主导反应可能会变得越来越重要，而其余可能的反应会逐渐减弱，直到后者消失。用凯尔森（Kelsen）的话来解释，就是长久未被适用或遵守的法律规范，通过所谓的废弃（desuetude）来丧失有效性。④ 为了描述各种"反应"的动态"运动"，波斯比西将"反应"过程视化为图1中的垂直序列（如 A—C），他认为顶部的主导反应与下一个最接近的替代反应之间的距离也许可以作为在给定时间内主导反应内化的衡量标准。随着内化过程的继续，两种反应之间的差距越来越大，甚至导致前主导反应的消退。但是这些变化的速度是"不规则"的，甚至可能在一段时间内"内化行动"静止。波斯比西认为这种心理内化的程度由个人感觉（individual's feeling）的强度来表示，即在给定情况下做出反

---

① 参见 L. Pospisil：*Kapauku Papuans and Their Law*，Yale University Press, 1958, p.281.
② 参见 Neal E. Miller, John Dollard：*social Learning and Imitation*，Routledge, 1998, p.415.
③ 参见 L. Pospisil：*Kapauku Papuans and Their Law*，Yale University Press, 1958, p.281.
④ 参见［奥］凯尔森、［德］马蒂亚斯·耶施泰特：《纯粹法学说》，雷磊译，法律出版社，2020年，第19页。

应的正确程度以及使用替代反应的"难以置信"的程度。① 从而导致我们所看到的"此种反应内化的程度增强，彼种反应内化程度的削弱，直至消失"。

当我们将视野从个人转移到社会时，波斯比西不再只强调内化的心理方面。他认为我们的主要目标是找出有多少社会成员（或子群体）在心理上内化了给定的法律（a given law），这些成员（或子群体）数量的任何增加都可以称为社会内化的过程。在区分大多数人内化的法律和少数人内化的法律时，我们可以得到民间法和权威法之间的区别。这种数量上的差异是复杂的，很难找到区分两种法律的客观和精准的标准。由于个人的内化在法律实际内化的程度上也会不同，这使得计算更加困难，必须建立某些标准（相对于特定文化）来确定心理内化程度。② 但是如何建立这种标准，波斯比西并未提及。笔者认为，社会内化的程度不仅能够在心理内化的个体数量上进行量化体现，还能体现在内化过程中个体之间以及个体与社会的羁绊上。羁绊的形成是社会运动驱动的结果，所形成的羁绊的力量难以量化。羁绊的各方，有着强有力的难以割舍的联系，这种联系是社会的，也是由个体与社会对法律的需求搭建的桥梁，也是个体主观行为合集在社会上的法律预期性③表现的连接，影响着法律的发展的动态变化。

(二) 法律的动态性

雷磊在其译作《纯粹法学说（第二版）》中将凯尔森的 1934 年版、1960 年第二版《纯粹法学说》中的第五章分别翻译为"法秩序及其阶层构造"和"法动态学"，他认为，凯尔森的这种细节化处理，是将基础规范学说置于对法动态学的一切观察之始，赋予法动态学在法秩序观念中更加核心的位置。④ 同时，雷磊并没有用"法律的动态方面"或者其他可替代性的译法，而是运用相对学理化的"法动态学"，来说明法律的动态理论对研究基础规

---

① L. Pospisil: *Kapauku Papuans and Their Law*, Yale University Press, 1958, p. 281.
② L. Pospisil: *Kapauku Papuans and Their Law*, Yale University Press, 1958, p. 282.
③ 参见谢晖：《论法律预期性》，载《浙江社会科学》，2022 年第 8 期，第 34 页。
④ 参见 [奥] 凯尔森、[德] 马蒂亚斯·耶施泰特：《纯粹法学说》，雷磊译，法律出版社，2020 年，第 2、15 页。

范的重要作用。

凯尔森认为，我们区分静态的和动态的法律理论，取决于是由规范调节的人类行为还是规范人类行为的规范（即认知是否指向被人类的行为所创造、应用或服从的法律规范，还是指向由法律规范确定的创造、应用或服从的法律规范）。根据第一个选择，法律理论的对象是作为有效规范体系的法律——处于静止状态的法律。根据第二种观点，法学理论的对象是法律被创造和适用的过程——运动中的法律。值得注意的是，这个过程本身是受法律监管的。因为法律的一个最显著的特点是它规范自己的创造和应用。[1] 我们可以说，法的动态理论（the dynamic theory of law）也指向法律规范，即那些规范法律的创造和适用的规范。而这种"规范"的动态过程也体现在波斯比西的法律动力学的动态性特征。

在分析卡波库社会的法律结构时，波斯比西主要关注的也是法律的动态方面与法律维护的较小群体和整个社会的关系。[2] 例如，在他收集的卡波库社会的许多实例中，有一个故事反复出现。不仅是在阐释社会的法律多样性和法律层次时，他论述法律动力学理论以及关于法律形式的一节时，这个故事都曾被提到：[3]

> Botukebo 的首领 Ijaaj Awitigaaj 是一个强壮而富有的人，他喜欢欣赏异性的美，就像鉴赏家一样。他通过与南卡姆谷（South Kamu Valley）最有吸引力的十位女性结婚，将她们作为家中最有价值的"标本"收藏起来。因为他发现，禁止同胞结婚的乱伦禁忌会剥夺他的"爱好"。所以，他通过与他的两个表亲结婚，毫不犹豫地打破了这个禁忌。当然，为了使他的行为显得合法（pio），他宣布只要不是直系血亲，就可以与同村同胞的女孩结婚。过去人们没有想到这个做法，但现在它是合法

---

[1] Hans Kelsen: *Pure Theory of Law*, University of California Press, 1967, p70-71.（Max Knight 译，伯克利和旧金山 University of Colifornia Press 出版社 1967 年版。）
[2] L. Pospisil: *Kapauku Papuans and Their Law*, Yale University Press, 1958, p. 4.
[3] 参见张晓辉：《波斯比西和"法律层次论"：对一种法律多元理论的考察》，载《贵州民族研究》，2021 年第 1 期，第 42 页。

的。同时,他发现住在卡姆山谷(Kamu Valley)南部的 Adii 族已经违反了禁忌,他认为他们应当是一样的,便推行了这种改变。波斯比西单独询问过首领,基于他们"最好的朋友"的关系,该首领告诉了波斯比西他的真实想法——与表妹结婚是基于喜欢,而对于波斯比西提出、关于禁止第一代表亲结婚的新乱伦禁忌规定的问题,他认为只要是自己喜欢的女孩都应该和她结婚。和第一代表亲结婚,对他来说并没有关系。就算大多数人认为和自己的妹妹结婚是不好的,他也并不太认同。"我设立新的禁忌只是为了成功打破旧的限制。人们就是这样,必须有人对他们说谎。"他知道,一旦村里其他人知道他的这个想法,他就会失去影响力。①

因此,在南卡姆(South Kamu),一个单身首领因为对亲戚的爱而引发了乱伦法律的重要变化,以及随之而来的社会结构的深度变革。引入这一变化的首领 Awiitigaaj 也捍卫了在获得配偶方面几乎完全的选择自由。

> 新法律起初是专制的,因为只有少数追随者支持首领。然而,随着时间的推移,越来越多的人认为新规定是公正的。被询问的人中 57.5% 认为这是合法(proper)的,并接受了它,37.5% 的人拒绝接受,5% 的人保持中立。这个样本几乎包括了这个区域中所有 14 岁以上的男性,他们占总人口的 22.5%,其中 33.3% 是儿童。所以我们可以说在这个区域中这项法律是内化的。然而,最后陈述几乎没有说明个体心理内化的不同程度和资格。但是,仍然可以说,新乱伦法已被 Botukebo 村内化,成为 Botukebo 村的习惯法。②

我们可以发现,波斯比西提出的给定的法律(a given law)的转变过程是一种动态现象。在图 1 中,波斯比西用不同的箭头来表示这种变化规律:(a)从"A"到"C"方向的运动意味着原本权威的法律得到越来越多的个

---

① 参见 L. Pospisil: *Social Change and Primitive Law: Consequences of a Papuan Legal Case*, *American Anthropologist*, New Series, Vol. 60, 1958, pp. 832-837。

② L. Pospisil: *Kapauku Papuans and Their Law*, Yale University Press, 1958, p. 284.

人的支持,直到它最终进入习惯范畴并被社会内化(例如首领 Awiitigaaj 的案例)。相反的方向代表了一个给定法律(a given law)的支持者逐渐丧失直至消亡(c)(例如在 Kapauku 中处决通奸的妻子①)。值得注意的是,在这个过程中,运动速度可能不同,甚至可能会在一段时间内几乎静止(d 和 e)或在两个焦点之间波动(f)。②

因此,波斯比西从而认为一项新的法律可能以两种方式产生,首先它可以从习惯(g)领域进入法律领域。权威当局承认习惯作为法律决定的基础时,就会发生这种情况。而起源于权威当局承认的习惯的法律具有流行性和习惯性,但随着时间的推移,它可能会失去越来越多的支持者,变得越来越专制,只有少数群体支持,这属于西方"过时的法律"的案例。这些法律只会得到少数保守派的支持,最终可能会被立法废除。第二种可能的法律起源是权威决定的直接创造,或者是政治决定转化为法律。③ 这种权威在罗斯看来是"效力"的心理——逻辑事实,即生活在其秩序中的人相信其有制定法的权能。④ 而一个政治决定最初成为法律是因为权威向它提供了普遍适用的意图,例如,该决定旨在适用于未来所有类似的案例。以这种方式创建的权威型法律可能会在追随者中获得越来越多的吸引力,并最终成为习惯。权威当局也可能会废除这样的法律,不再将其作为法律决定的基础。如果发生这种情况并且法律被视为不重要而被废弃,已经合法化的惯例至少也会在一段时间内作为一种习惯继续存在。波斯比西运用法律动力学来描述这种法律发

---

① Kapauku 村的规则规定,一个通奸的女人通常会被丈夫处死。然而,卡波库人发现杀死她们的女人并不好。因为女人要花很多贝壳,所以他们只能通过殴打或伤害来惩罚她们。由于起初只有穷人不处死通奸的妻子,所以这种做法首先是成为一种习惯。随着时间的推移,富人和首领也接受了这一习惯,并将其纳入他们的法律决定中(贝壳是卡波库社会的货币,富人因有大量的贝壳,有能力延续旧的习俗。然而他们最终也改变了现在的方式)。因此,只有用殴打和伤人的方式才能惩罚通奸的妻子的原始习惯便成了法律。可参见 L. Pospisil: *Kapauku Papuans and Their Law*, Yale University Press, 1958, p. 285. 霍贝尔认为,法是应社会的需要而产生的。Kapauku 村穷人的生存境况就决定了他们对法的需求,最后导致新的规定取代了"过时的法律"。

② 参见 L. Pospisil: *Kapauku Papuans and Their Law*, Yale University Press, 1958, p. 283.

③ 参见 L. Pospisil: *Kapauku Papuans and Their Law*, Yale University Press, 1958, p. 284.

④ [奥] 凯尔森、[德] 马蒂亚斯·耶施泰特:《纯粹法学说》,雷磊译,法律出版社,2020年,第 380 页。

展的动态性特征。

(三) 内在缺陷

波斯比西的法律理论并没有完全通过推测或只是理论化，这得益于波斯比西的社会学的学术背景。对卡波库社会的研究，他致力于使其在实证分析方法中安全着陆，强调社会与法律研究的经验中的"科学"性。在这个基础上，他认为法律分析必须以民族志方法收集的数据前提作为驱动，这些数据可以对社会控制领域的变化过程进行相对充分的分析。"深入研究了……三十二种文化，并得到了对另外六十三个社会的调查的支持。"①这样的研究背景确实令人好奇，我们无法判断他在这些领域的民族志研究工作是否充分，但是确实能够使经验性理论从其中得到相关事实的代表性样本的支持。波斯比西提出，科学理论应该与科学假设区分开来，并最终可以通过经验方法来证明提出。反过来，所有这些都应该与纯粹的猜测、建立在"纯粹逻辑"基础上的知识宝塔分开，有时甚至是与纯粹幻想的情感分开。②古德尔认为波斯比西对于法律社会研究方法区别于凯尔森主张的严格的"纯粹法理论"方法。他的方法让人们对于法律现象的理解在一般层面上得到加强，必然参与在滋养它的特定文化例子的概念空间中。③换个角度讲，如果波斯比西只是将自己感知的法律现象的相关陈述作为结论，那么是否会将被视为没有科学意义而被驳回？不过，计算本身在某种程度上就是"危险"的。第一，如果学者根据自己观察的现象预设了某种结论，那么他的数据是否会有为了证明而证明的嫌疑，且这种证明是否存在只是为了得到自己想要的结论的情况。此时我们似乎不能说他是错误的，当然也很难将其认定为"正确"；第二，计算无法渗透个体之间、个体与社会之间的羁绊。他们之间存在的强烈的联系与互动所带来的相互影

---

① L. Pospisil: *The Anthropology of Law: A Comparative Theory*, Harper & Row, 1971, p. xii.
② L. Pospisil: *The Anthropology of Law: A Comparative Theory*, Harper & Row, 1971, p. x.
③ Mark Ryan Goodale: *Leopold Pospisil - A Critical Reappraisal*, Journal of Legal Pluralism and Unofficial Law, Vol. 40, 1998, p. 123-150.

响无法通过定量来表现，波斯比西在分析心理内化与社会内化时，并没有提出内化程度的标准，这使得我们很难去判断个体或社会内化一项规则的变化过程和程度，只能分析过程中某些特殊法律现象出现时的"点"或通过个体与社会的"接受与否"来统计最后结果。

三、"过去"与"未来"：法律动力学的研究路径

波斯比西的"法律动力学"如何在我国法治现代化发展中做出理论贡献，需要在中国构建它的知识网格。在此基础上，笔者概括了"法律动力学"在我国的四种可能的研究路径：一是从霍贝尔开始，以法律人类学的方法研究法律的动态发展过程或趋势；二是由孔德（Auguste Comte）的社会动力学衍生出的法律动力学，描述法律为适应社会秩序的变化而变化发展的趋势；三是表现在凯尔森的"法律动态方面"或"法律动态学"，关注规范间的创制与适用及其在效力上的关系；四是在比较法的基础上，瓦尔特·威尔伯格（Walter Wilburg）创立的动态系统论或动态体系论，以及由萨科（R. Sacco）提出的"法律共振峰"理论和对它的阐释所讨论的比较法的动态研究。

（一）法律人类学视域下的法律动力学

严存生曾总结霍贝尔提出的法律的四个功能：为人们树立行为准则，明确相互间的权利和义务，防止发生不必要的冲突，以维护其统一；建立为维护秩序所必需的权力机构和确定实施制裁的形式；处理疑难案件；社会关系的重新规定和期望的重新定向。而第四个功能即根据客观情况的变化建立新的社会秩序。法律的这一功能突出地表现在新旧社会交替之际，面对一系列新的创造、新的观点和新的处世等带来的新的社会问题，法律将怎样回应出现的新"病症"。从而能使社会问题"迅速而有效地得以解决，以使社会的

基本价值通过法律得以实现而免遭毁灭"①。而这最后一点在霍贝尔看来对法律的意义极大,它保证了法律与社会运行的活力。

具体而言,霍贝尔在《原始人的法》中围绕多个部落法展开研究,他发现这些部落的社会发展水平不仅各异,且法律观念也存在明显不同。同时,他将本书中所分析的几种法律制度仅仅作为描述法律制度变革一组"数据"、按照其复杂的程度由简入繁地排列,而不含任何对其发展先后顺序的推断,这样的描述,可以称为比较-功能论。一旦涉及发展的先后顺序,这种处理就成为比较-功能-进化论。② 但是霍贝尔在强调法律制度变革的性质时,经常避免使用"进化",而是使用"趋势"(trend)。③ 正如霍贝尔所说:"在法的进化过程中,没有一条笔直的发展轨迹可循,作为社会进化一个方面的法的进化,同生物界各种生命形式的进化一样,不是呈一种不偏离正轨的单线发展态势。"④他所强调的发展态势,更偏向动态,这种动态发展相对于单线发展更能解释一条笔直的进化轨道中的"脱轨现象"。这种现象用麦考文(MacIver)的话来表达,就是"从少有的固定形式中发现各种各样为数众多的某些独特的形式"。⑤

波斯比西在《法人类学:一种比较的法律理论》中分析了提出与法律制度变革有关理论的十一位法律理论家(范围从 18 世纪开始),他认为这十一位理论家大致可以分为三类:

> 第一类包括孟德斯鸠(Montesquieu)和萨维尼(Friedrich Karl Von Savigny),他们不关心法律的普遍性演变,而是将不同社会中法律的发展与系统运行的"生命周期"进行了比较。他们的伟大成就在于开创了

---

① 参见严存生:《霍贝尔的法人类学》,载《法律科学》,1991 年第 4 期,第 91 页。

② 参见[美]霍贝尔:《初民的法律———法的动态比较研究》,周勇译,中国社会科学出版社,1993 年,第 324 页。

③ L. Pospisil: *E. Adamson Hoebel and the Anthropology of Law*, Law & Society Review, Vol. 7, 1973, pp. 537–560.

④ [美]霍贝尔:《初民的法律———法的动态比较研究》,周勇译,中国社会科学出版社,1993 年,第 323 页。

⑤ R. M. MacIver: *Society: Its Struture and Changes*, Ray Long & Richard Smith, 1931, p. 424。转引自[美]霍贝尔:《初民的法律———法的动态比较研究》,周勇译,中国社会科学出版社,1993 年,第 323 页。

对法律本质的科学与历史探究,并成功推翻了自然法的非科学和教条理论。对他们而言,法律成为文化的一部分,随着时间和空间的变化而变化。第二类受到单线进化论的影响,它首先以梅因(Maine)为代表。他的最重要的贡献是对法律进行比较研究的尝试,从中得出普遍的概括。因此,他可以被视为仅次于孟德斯鸠的法学奠基人。第三类理论以霍布豪斯(Hobhouse)和霍贝尔的作品为代表,将科学方法与精确性置于简单的概念化上。他们具有前一类的特征,在仍然试图发现与法律有关概括的同时,运用世界范围内社会的大量样本进行比较分析,这一努力的最好结果由"霍贝尔"的"法律趋势(trend of law)"为代表。这表明,就世界范围内,不同社会的法律制度的演变可能采取不同的路径。我们只能描述总体趋势和倾向,而不是明确的、确定的、演变的阶段。[①]

霍贝尔在《原始人的法》的最后一章,对于法的发展趋势正式进行了描绘,而这一章正回应了该书的副标题"comparative legal dynamics"。他用存在"血亲世代相杀盛行不被禁止,但是不同地方团体都采用不同的方法解决纠纷的时代",提出进化论中的一个错误观点——在人类的某个发展时期,曾出现过人类的某一侵权行为无法补救的情况。实际情况是:在地方群体自治的松散组织的部落中,如果涉及不同群体之间的肢体暴力冲突,并不标志法律的缺失,也并不代表是某种特权。每个社会都会根据其地区文化采取一些既定的程序来避免或停止争执。在更高层次的文化发展水平上,或者公共活动范围扩大,社会利益超出了原来的地方团体的利益的情况下,这种争执也经常被代表侵害整个社会利益而被禁止,即人们找到创制司法和行政权力的方法,从而使这种行为在更大的社会范围内受到阻碍。[②]

因此,霍贝尔认为,对于今天和未来的人类社会,次级的社会团体、国家和城市想要生存下来,就应该以解决真正发生冲突的基本点为出发点,发现世界范围的社会的建立所需的共同的前提原理和价值观念(在这一点上,

---

① 参见 L. Pospisil: *The Anthropology of Law: A Comparative Theory*, Harper & Row, 1971, p.191。
② 参见 E. A. Hoebel: *The Law of Primitive Man: A Study in Comparative Legal Dynamics*, Harvard University Press, 1954, p.330。

霍贝尔认为所谓的国际法是在世界范围内的原始法），而在这个过程中，法的动态比较研究或者说比较法律动力学（comparative legal dynamics）将会在世界范围内的原始法向现代法律的实质性转变发挥重要的催化作用。霍贝尔更是提出："倘若这项工作能在我们的时代付诸实践，我们将非常幸运参与了这一法律史上最伟大的事变。"[①] 在这种程度上，霍贝尔的"法律动力学"是希望解决法律的发展趋势问题，这也是波斯比西认为霍贝尔研究的重点之一。而动态比较作为一种方法，在人类历史不断发展的过程中，在公共活动范围的扩大和不同次级团体的频繁交往的情况下，它将成为在更大社会范围内寻求解决可能发生的冲突的关键力量，这种力量是维持大团体社会与次级团体社会长久存在的不竭动力。

与之前关于法律制度变迁的理论性、推测性和主要哲学导向的理论不同，波斯比西在法律变革下讨论的法律动力学是一种过程理论。他放弃了在现有理论的基础上再增加一种法律演变理论，而是探究法律在其生命周期中的结构变化以及它们在法律领域内的衰落和消亡。[②] 他用法律的个人内化与社会内化的实证分析框架来描绘这种变化，这也是与霍贝尔提出的"法律动力学"的不同所在。

（二）社会动力学衍生的法律动力学

孔德是第一个使用"社会学""社会科学"的名词的人，他在论证其社会学时，也利用力学中的静力学和动力学之分把社会学分为社会静力学和社会动力学。[③] 何其生以此为出发点，借鉴社会静力学与社会动力学之分，演

[①] 参见［美］霍贝尔：《初民的法律———法的动态比较研究》，周勇译，中国社会科学出版社，1993年，第373-374页。

[②] 参见 L. Pospisil: *The Anthropology of Law: A Comparative Theory*, Harper & Row, 1971, p.193.

[③] 孔德的社会静力学是静态地解剖社会的横断面，研究社会的组织、结构、秩序与和谐以及它们的相互关系。他十分推崇18世纪末、19世纪初的生物学家毕夏的生物有机体观点，认为社会就是一个有机体，该有机体的存在有赖于其中各个机构、各阶级的平衡，秩序和稳定是社会存在和进步的首要条件。而他认为这种平衡取决于人们道德心理即利己心与利他心的平衡，从而陷入唯心主义。孔德的社会动力学是从动态上考察社会体系的变化、趋势及动因，又称为"实证的社会进步论"。参见徐伟新著：《新社会动力观》，经济科学出版社，1996年，第116-118页。

绎出法律静力学和法律动力学的概念。他认为法律静力学是指当社会秩序和法律相对稳定时,法律的结构、秩序与和谐以及法律自身内在的不同规定之间以及与其他社会制度之间的相互关系,等等;而法律动力学,描述的是法律为适应社会秩序的变化而变化发展的趋势、动因以及自身所应具备的状态等。他试图用法律静力学和法律动力学的概念探讨我国的法律改革的问题,即法律改革的渐近性、法律改革与其他正式或非正式制度的互动、法律制度的回应性以及司法制度应具备的回应功能,进而为我国的"法治"之路提供可能的相关思路。①

何其生是国内第一位明确提出法律动力学概念的学者,该理念在关注改革与社会的回应和理念追寻的合理性②之上突显了法律动力学的普遍价值。这种回应与波斯比西提出的"内化"都是社会与个体对法律的一种"反应",只不过后者更强调持续性和过程性,并且拥有相对客观的比较法律材料和数据的支撑。

(三) 凯尔森的"法动态学"

与孔德从动态的角度出发考察社会动力学一样,何其生提出的"法律动力学"同样是从动态上考察社会秩序变化中的法律自身变化、发展趋势及动因。而最先将法律规范间的关系区分为静态和动态的是汉斯·凯尔森(Hans Kelsen),③ 他在《纯粹法理论》中用独立的两个章节讨论了法律的静态方面(the static aspect of law)和法律的动态方面(the dynamic aspect of law)。④ 张书友认为凯尔森的静态结构是法律规范间在内容上的关系,其不考虑诸规范位阶上的高低和逻辑上的先后;动态结构是法律规范间在效力上的关系,其

---

① 参见何其生:《变革与回应:法律静力学和法律动力学的视角》,载《河南省政法管理干部学院学报》,2000年第5期,第98-99页。
② 何其生:《变革与回应:法律静力学和法律动力学的视角》,载《河南省政法管理干部学院学报》,2000年第5期,第101页。
③ 参见 [奥] 凯尔森:《纯粹法理论》,张书友译,中国法制出版社,2008年,第81-82页。
④ Hans Kelsen: *Pure Theory of Law*, trans. Max Knight, Berkeley: University of California Press, 1967, pp. vii, ix.

不考虑内容的区别和功能的差异。在凯尔森之后，约瑟夫·拉兹（Joseph Raz）进一步发挥了动态与静态这两个认识角度的划分，他认为凯尔森的理论中，静态结构一度处于优先地位。无论是凯尔森还是拉兹，都对这两种结构形成了相当成熟的理论形态。①

而萨尔托尔（Giovanni Sartor）认为凯尔森的《纯粹法理论》第四章"the dynamic aspect of law"的目的在于阐释"法律动态的方面"或更学理化地称为法律动力学（Rechtsdynamik）。② 换言之，萨尔托尔认为"法律动力学"是"法律的动态方面"的学理化的表达方式，也就是从"法律的动态方面"过渡到"法律动力学"是经过了实践经验的认识上升到理论认识的结果。该理论与波斯比西的法律动力学都关注规范间的创制与适用关系，而后者通过实证研究进一步提出心理内化和社会内化，从动态比较的视角，解释了习惯与法律的相对性。

（四）比较法视角下的动态理论

威尔伯格也曾在比较法的基础上提出从动态的角度看待法律体系的思想。1950年11月他在就任奥地利格拉兹大学校长的就职演讲了《私法领域内动态体系的发展》一文，标志着动态体系论的诞生。③ 动态体系论在进入我国学者的视野中就受到了民法学者的广泛关注，王磊认为它既可克服概念法学思维之僵化，又可填充评价法学技术结构的空缺，所以学者在解构或建构法律制度时多采纳之。按照动态体系论的思路，对法律的理解不像概念法学那样，把法律作为"物体"来理解，而是把它看作"多种作用力作用的结果"。④ 这多种作用力的作用，表明了规范背后各要素之间的相互影响。

---

① 参见张书友:《凯尔森:纯粹法理论》，黑龙江大学出版社，2013年，第106页。
② 此处《纯粹法理论》，萨尔托尔重点参考的是1967年麦克斯·耐特（Max Knigh）的英译本。[意]乔瓦尼·萨尔托尔:《法律推理:法律的认知路径》，汪习根译，武汉大学出版社2011年版，第705页。
③ 参见解亘、班天可:《被误解和被高估的动态体系论》，载《法学研究》，2017年第2期，第42页。
④ 参见王磊:《动态体系论:迈向规范形态的"中间道路"》，载《法制与社会发展》，2021年第4期，第159页。

与此相似的是，西方比较法学界曾提出动态比较和静态比较的一种比较方法。在这个方面，意大利比较法学者萨科的"法律共振峰"理论有一定代表性。该理论强调在所有多元的法律制度和法律体系中，都存在着某些基本的法律元（例如制定法规则、判例和法学家的论述，也包括立法者、法官、法学家所做出的各种非行为规则等）。这些基本的法律元产生共振，即相互影响，会直接影响法律文化的生成与发展。与此同时，共振是不断发生变化的。通过调整与控制，法律文化也在动态的发展过程之中。[1] 萨科认为对于研究比较法的人来说，法律人类学是一项具有丰富信息的经验。他强调法律人类学中"他者"对我们的重要性，这在一定程度体现在对法律元"共振"的关注上。[2] 这种"共振"的影响，如同人与人之间的"羁绊"产生的作用。在"法律共振峰"中，这种羁绊表现在法律元之间的强烈联系与相互影响上；而在波斯比西的法律动力学中，这种"共振"就表现在心理内化与社会内化的强度中。

沈宗灵在1993年发表了《评萨科的"法律共振峰"学说》一文。通过对萨科的"法律共振峰"的阐释，1998年他又在其《比较法总论》中提出"动态比较和静态比较"[3] 的方法。沈宗灵认为，萨科试图通过"法律共振峰"这个新概念的阐释来创立一种对比较法的动态研究。他的动态研究"基于对特定法律制度运行中的各种成分的实际观察"，有助于提高我国法学工作者对法律现象的动态研究的关注。[4]

不过对于比较法的动态研究是否由萨科创立，我们至少可以追溯到霍贝尔的"法律的动态比较研究"之上。而波斯比西的法律动力学又是在霍贝尔的动态比较的理论上的一个进展，由此，我们可见法律动力学在一定程度上推开来进一步研究的可能性。一个"引进来"的理论在中国语境下无论是展开翻译还是阐释，都是我们对它的"本土化"过程，我们侧重的都应是解决

---

[1] 参见米健：《比较法学导论》，商务印书馆，2013年，第122页。
[2] 参见 R. Sacco: *Legal formants: dynamic approach to comparative law*, American Journal of Comparative Law, Vol. 39, 1991, pp. 1-34。
[3] 沈宗灵：《比较法研究》，北京大学出版社，1998年，第46页。
[4] 参见沈宗灵：《评萨科的"法律共振峰"学说》，载《中外法学》，1995年第6期，第65页。

中国问题。而波斯比西的法律动力学强调的心理内化与社会内化关注的是法律在社会层面存在的理由,落地于"普通人"的规范需求。有利于制度上对于"普通人"的关怀,有利于聚焦基层法治研究。这些"普通人"也许是法学知识体制中的"无言的大多数",或者是"不作数的数字"。[1] 但是他们的生活往往是反映中国问题的最真实的写照,是我们的法治建设和司法改革无法回避的问题。正如波斯比西评价"社会决定论者"(尤其是萨维尼、马克思、恩格斯、列宁和涂尔干)所体现的价值关怀,波斯比西认为他们在相信人类社会的所有变化和法律中抽象的社会力量时,却使个人的作用被忽略。[2] 另一方面,特别是对于比较法学者来说,法律动力学能够在方法上有一定启发。重要的是,法律动力学的动态比较有助于我们理解复杂的法律现象,进而更有助于我们理解"作为概念的法律"与"作为描述的法律"[3] 的实践意义。

四、结语

面对新时代法律问题的"日新月异",如何使纸上的法"活"起来?如何探究法律与社会或个人的动态互动和羁绊,以及解放僵化的法学思维?我们需要法律动力学的"理论与方法工具库"。波斯比西通过实证经验解释了非正式性规范与法律领域的动态转化和不稳定性,在一定程度上拓宽了法技术的理论与方法。但遗憾的是,波斯比西只是用量化的数据支撑其理论的科学性,对于如何建立心理内化与社会内化程度的标准,并未提出明确的解决办法。除此之外,波斯比西的法律动力学在国内仍存在一些困境,这与起初萨科的"法律共振峰"理论有着类似的处境。后者当时在西方有着较为积极的响应,但是在国内,这种火花也并不太热烈。[4] 而本文,也仅仅只是拂开

---

[1] 参见苏力:《送法下乡》,北京大学出版社,2011年,第07页。
[2] L. Pospisil: *The Anthropology of Law: A Comparative Theory*, Harper & Row, 1971, p.193.
[3] Mark Ryan Goodale: *Leopold Pospisil - A Critical Reappraisal*, Journal of Legal Pluralism and Unofficial Law, Vol. 40, 1998, pp.123-150.
[4] 参见米健:《比较法学导论》,商务印书馆,2013年,第125页。

了落在法律动力学上的积尘。

另外，20世纪70年代以后，法律人类学的研究持续关注着法律与社会之关系的互动过程。[①] 波斯比西的法律内化程度也主要体现在法律与社会的互动中。首先，这种具有"社会连带关系"的羁绊，推动着法律的动态变化。并且，法律多元理论的研究也应该建立在动态比较的基础之上，以更广阔的视野观察社会的多样性，进而更全面地揭示、论证和解释法律现象、法律规范、法律经验、法律观念或法律模式多样性的理论。[②] 其次，法律动力学将在方法上为理解我国的法律现象变迁过程提供帮助，实现从"西方"到"东方"、"小社会"到"大社会"的理论方法"共振"，也为研究历史中的法律事实与案件之外的社会变迁提供可行的方法。[③]

因此，对于法律动力学的"未来"，还需要有更加深入的研究。我们必须重视波斯比西的法律动力学对于法律的变革以及发展趋势上的研究意义，重视法律动力学所关注的社会变革中直接、生动、复杂的法律现象，这一点有利于我们深入基层了解大众的需求，直面实践中个体和社会层面对正式与非正式规范"内化"过程的检验，真正做到将"纸上的法律"变为"行动中的法律"。

---

① 参见王伟臣：《从规则到过程：法律人类学纠纷研究的理论进路与现实启示》，载《中央民族大学学报（哲学社会科学版）》，2020年第1期，第121页。
② 参见张晓辉：《波斯比西和"法律层次论"：对一种法律多元理论的考察》，载《贵州民族研究》，2021年第1期，第39页。
③ 参见刘顺峰：《从社会情境分析到扩展案例分析——格拉克曼法律人类学方法论思想研究》，载《民族研究》，2016年第1期，第58页。

书 评

《论法的成长：来自中国南方山地法律民族志的诠释》评介

何元博[*]

摘　要：《论法的成长：来自中国南方山地法律民族志的诠释》（On the Growth of Law: An Explanation of the Ethnography of Law in Southern China，后文简称《论法的成长》）一书是著名的学者张冠梓先生在其博士论文的基础上进行大幅度修改完善后而成，并于 2000 年在社会科学出版社进行出版，很受好评，其后分别于 2002 年、2007 年分别进行修订和再版。张冠梓是我国较早关注并致力于法人类学研究的学者之一，相较于其他法人类学者而言，他在学科背景上极具特色，曾在北京大学相继接受了历史学与法律思想史的严格训练，又在充分了解西方法人类学理论与脉络的基础上，对于我国的少数民族法史也有着深入的研究和知识积累，可以说作者的这些学术背景赋予了其得天独厚的法律民族志研究条件，并将这些特点深刻体现在了《论法的成长》一书之中。使其成为一本兼具法人类学的理论视角与民族习惯规则翔实史料的佳作，为写作具备中国特色的法律民族志进行了一次非常有意义的尝试。

关键词：《论法的成长》；中国南方山地法律民族志；书评

---

[*] 作者简介：何元博，男，河南大学历史文化学院 2023 级中国史专业博士研究生。

一、《论法的成长》概述

本文的讨论以 2007 年第三版《论法的成长》为准，该书共计有 54 万字左右，全书凡 541 页，除绪论外共有八章内容。以下依据本书的篇章顺序，简要介绍其内容：

首先在绪论中，作者便开宗明义地指出："长期以来，中国的史学界、人类学和法学界总是忽视或过于狭隘地看待中国南方山地的法律民族志资料对于研究法的起源、演化等重大理论问题所具有的深刻而丰富的学术价值。"[①] 并且认为学界的既有研究在这一领域上存在着重大缺漏，即大多很笼统或一般性地罗列汇集各个民族传统制度，或者剪裁某个民族传统规范的部分内容，编织成研究者自己心中已经预设好了的习惯法。应当说这一批评即使放在今天也是非常值得法律民族志学者予以重视的。

在第一章"概念、材料与方法"中，作者对于"法的释义"进行了阐释，认为有关于法是什么的话题，最值得信赖的证据首先是在各民族自己的文化中，法的语义指称到底表示什么特定的社会现象。并分别介绍了自然法学派、分析主义法学派、法社会学派对于法律不同的理解，用简洁的文字梳理清楚了学术史的源流。并且指出传统的西方法学仍是一种民族性和地方性的知识结构，因而分析非西方法律文化时往往会水土不服，而法人类学的出现为解决这一问题提供了思路。

作者将众多法人类学者对于法本质的观点归纳为三点：第一是法具有地方性和民俗特征；第二是法具有多元主义特征；第三是法具有权威、普遍适用的意图、当事人双方间的权利义务关系、制裁等四种基本属性，其中法属性的增加是衡量法律成长的基本标准。并认为正是法律人类学的理论方法"使法成为普遍的概念并具有跨文化比较的价值"，这也是本书的理论基础——以"法的成长"，即法的形成和演进作为研究主题；以 20 世纪上半叶

[①] 张冠梓：《论法的成长：来自中国南方山地法律民族志的诠释》，社会科学出版社，2007 年，第 7 页。

的中国南方山地民族的习惯作为研究时空范围；以法人类学理论作为研究方法；以大量的田野调查记录作为研究资料来进行的综合性研究。

在第二章"经济文化类型与法的自然演进"中，作者注重通过经济文化类型去观察固有法的意义。首先南方少数民族划分为山林刀耕火种、山地耕牧、山地耕猎、丘陵稻作等四种类型，并分别与民族固有习惯规则的不同发展阶段相对应。

其中独龙族、布朗族、佤族等族处于"俗成习惯规则"阶段，其特点是一般带有法律性质的习惯较少，随意性较大，且没有完整和系统的违法责任规则，遇到纠纷由家长及头人调解或共同协商解决，而没有独立、专门和经过甄选的习惯规则执行者。

凉山彝族则处于"约定习惯规则"的阶段，其特点是从内容到形式上浑然一体，没有现代意义民法、刑法等部门法的划分。但在内容上已经存在有关人身占有和保护、财产的所有和继承、租佃与典当债务、婚姻与家庭、抢劫盗窃及侵犯人身等方面的习惯规则。内容丰富，细节周全细密，具有很强的普适性和权威性，习惯规则超过于习惯本身而比拟于自然法则，开始大量运用神判法。

大瑶山瑶族为代表的南方少数民族是在"准成文法阶段"，其特点是开始出现部分文字形式保存的习惯规则，在法律的制定中通过自己独特、庄重而严格的程序，而且多数是以精密化的语言逻辑和命题组织起来的。同时与前两种相对独立发展的固有法不同，这些民族的法律形式受到了汉文化和中央政府更深层次的影响。

最后一种是以西双版纳傣族为代表的南方少数民族，其处于"初阶成文法"阶段。尽管其法律条文上还有体系凌乱、缺乏逻辑等不成熟的地方，但总体来看，其不仅具有权威和普遍意义的成文法特征，还具有几乎等同于国家的政权权威组织、较为规整的司法制度及其机构，并较多地注意权利与义务的某种程度的呼应，司法判决基本取代了神裁。这主要是受到了小乘佛教传入与中原汉文化双重影响的缘故，作者也将其称为初级形式的封建成文法。

在第三章"经济形式与法的变迁"中作者按照历史唯物主义的观点,在马克思"每种生产形式都产生出它所特有的法权关系、统治形式"的理论指引下,讨论了社会生产发展水平与固有法的变迁关系。在这一章中作者横向对比了许多不同民族的政治组织制度、经济形式与土地制度,并论证认为,南方山地民族的生产力发展水平直接地决定了他们的生产关系和经济制度,最主要表现在土地所有制的变化。而私有制度在社会中的所占份额有所差异,进而影响了他们的社会组织方式和控制形式,也深深影响着其法律的模式。并论证了权威的产生和发展根本上看也是源于经济活动和经济成果,通过群体内的协作分工,权威得以形成,法律职能也得以专门化;而在分工和商品交换的过程中,权利和义务意识开始形成和普遍化;并且南方各山地民族社会的法律内容中,又有相当一部分是有关于经济的事件和经济行为的约束性规范,并且构成了各民族固有法的核心部分。

第四章是"制度文化与法的变迁",在论述经济形式与法的关系之后,作者考察了政治制度,尤其社会组织、权力体系对于法的成长的影响。首先作者介绍了"无国家社会的政治:群体内部的秩序安排",南方山地民族中典型的多元社会组织导致了多层次的法律格局情况。其中头人不仅是创制和实施法律的重要参与者,也是法律的判决必须依赖权力的支持。而且头人的产生方法、组织结构、社会功能本身也是南方山地民族传统法律文化的重要内容。此外,武装冲突与调解的方式成为南方山地各民族解决族际间和群体之间各种纠纷的重要方式,也是这一地区各民族传统法文化的重要内容。

本章最特别之处有二,其一是在于通过史料对历史时期南方山地民族的多元法律主义传统进行了梳理,并以南诏国法律和瑶族石牌制度为例,尤其突出了随着中央集权的加强,国家制定法对各民族固有法的渗透与涵化。各民族间内生规则也因为强弱关系的不同而互相发生着影响。其二是通过大量例证讨论了20世纪下半叶的民族区域自治制度和本民族传统规范共存的多元法律现实例证,并逐个分析其优劣与潜在的问题。

第五章为"法律成长过程中的宗教性因素",在这一章中作者重点论述了宗教文化对于南方山地民族传统法律在形成和发展过程中所产生的影响。

其一是各民族自发宗教与其固有法的起源问题。一般来说各民族传统的原始宗教构成了其法律文化的精神基础或者因此而产生了大量禁忌。作者认为，作为一种最原始、最特殊的规范，禁忌类同于法律属性的初级社会控制形态，兼具神灵与世俗的双重保障。另外，在自发宗教与法律的关系中最有特色的一点在于神判制度，神判与后来产生的完整的法律形式共同具备了仪式性、传统性、权威性、普遍性，以及习俗、约束力等属性，共同具备了判断、惩治、震慑等社会功能，确定无疑地影响了法的变迁。

其二是外来宗教的传播与本民族固有法的改变问题，其中佛、道、天主等宗教都在一定程度上影响了南方山地民族的信仰与习俗文化，其中道教对于瑶族，佛教对于布朗族、德昂族及傣族在法律上所受的影响最为深远。其教义、教规逐渐被纳入各民族的固有法体系之中，变成其法律文化的一部分，并带动原有的习惯规则，使之影响力和实施范围更加巨大和扩张，确立和实施时更加符合"逻辑"与规范。

第六章为"从民间传承系统看法的演变"，在本章中，作者提到了第四种影响法的成长的重要因素——社会价值观、风俗习惯，乃至寄托人类文化和愿景的象征性实物。特别是对于南方山地民族的许多象征物如铜鼓、印玺等，在它们的传播过程中表达着一种关于法律精神和因素的暗示力，起着法律传播、导向和变异的作用。

第七章为"从南方山地民族的传统法律文化诠释法的一种成长模式"，这一章可以说是对前面四章的一个抽象和提炼，并且谈到了生态环境对于法律的密切影响，其中不仅有直接的影响，还通过经济形式得以间接却更加根本地影响了各民族的法律发展与表达。此外，作者分别从静态和动态两个角度去观察南方山地民族的法律文化结构特征与其民族法的逻辑演化。静态上，道德化与伦理化的法律价值观、法律规范和法律体系共同构成了南方山地民族三个不同层次的法律渊源。而在动态上，其法的属性随着民族经济类型的转变和族际互动存在一个不断增长和不断完善的过程。

第八章是本书的最后一章，也是全书的总结章，名为"简要的结论：法的成长——一个文化上的命题"。在本章中作者提出了四个结论：其一，法起源于早期人类社会行为规范方式的不断发展与分化,并且法在不同的族群有着不同的形成方式;其二,法的成长存在一般性规律,主要体现在法的四种属性对本民族经济文化的承继及受异文化法律传播的影响而逐渐累积与发展;其三,从南方山地民族的法律文化中也可以佐证法律多元理论主义;其四,内在和外在的各种因素交织在一起,加上每个民族特有的发展方式和选择,从而使得不同的文化背景下成长起来的法律文化都是一种独一无二的"知识现象"。文章的正文也到此结束。

二、《法的成长》的优长与遗憾

作者在文章中运用了大量的民族传统制度历史材料,包括习惯规则、裁判案例、契约文书等等,内容非常全面,涵盖极广,说服力强,其中能看出浓厚的史学色彩,这是文章最大的特色,也是其优长所在。

作为一本跨越法学、人类学/民族学、历史学三门学科的综合性研究,本书至少具备三个层面的重要意义:

其一是现实价值,如作者所言,本书的探索是以完善中国的民族区域自治法、实现依法治国作为目的,对于民族地区的法治建设作出贡献自然属于题中应有之义。其二是学理价值,在本书中,作者在融会贯通西方法律人类学理论的基础上,进行了本土化的创新。并以"建立一套中国自己的法哲学、法律解释学体系"[①] 作为自己的学术期待。其三是史学价值,本书在中国史和民族法的学科领域中填补了既往的研究空白,将大量当时外人稀见的20世纪中国南方少数民族调查资料进行整理、辨析、编排,并通过"法的成长"这条主线串联起来,是研究南方少数民族法史时很难绕开的一部大作。

在法律人类学的学术脉络中,《法的成长》主要借鉴了美国著名的法人

---

① 张冠梓:《论法的成长:来自中国南方山地法律民族志的诠释》,社会科学出版社,2007年,第8页。

类学家波斯皮士尔（Leopold Pospisil）提出的法的四属性说。[①] 并结合了大量社会调查和习惯法文献，将其用来考察中国南方山地民族中法的不同阶段及其演化进程，这在法人类学领域，尤其是中国方兴未艾的法人类学研究领域中，迄今为止仍属于较为新颖，同时也颇具有开拓性的一次尝试。

《法的成长》被认为是一本"规范主义范式"下的作品，该类范式通常有着两个明显的缺陷：其一是"忽略了作为规范的习惯，与其他规范之间的主次关系，以及这种主次关系对社会秩序建构的影响……二是无法呈现作为规范的习惯的变迁过程，以及这种变迁过程对社会秩序形塑的影响。"[②] 但是很显然，本书对于这两个常见的缺陷都是有所关照的，尤其是对于"作为规范的习惯的变迁过程"，可谓是本书研究内容的重中之重，使其反而成了自身的一大亮点。

当然，金无足赤，关于本书最大的不足之处作者早在序言中便坦率大方地承认，主要是"进行的田野调查不多、二手资料又存在理论预设以致影响了资料的客观性以及可能具有的非专业性缺陷等"，此外在理论方法上，作者亦谦虚地认为比较粗浅，可能存在误读。

应当说，一本法律民族志的作品缺乏足够深入的田野工作，这无疑是令人非常遗憾的事情；相较之下对理论方法的理解，以及如何因地制宜地运用理论则存在较大的主观性，只要不是明显的误读和生搬硬套，实际上并不能称作一个缺漏。

但客观来说，田野工作的缺乏应该也与本书的选题密切相关，从本书的副标题"来自中国南方山地法律民族志的诠释"可以发现作者是相当具有学术野心的，尽管应用的材料较为微观和零碎，但本书的旨趣皆在于很宏观的跨区域、跨民族的习惯规则比较，并非以单一地域和民族作为研究对象，因而这也注定研究者几乎不可能对于数量如此庞大、语言文化种类如此丰富的

[①] 据原书，请参见石泰峰：《跨越文明的误区：现代西方法律人类学》，山西高校联合出版社，1995年；Leopold Pospisil: *Anthropology of Law*, Harper and Row, 1971, P.44.

[②] 刘顺峰：《法人类学中的习惯：概念谱系与阐释范式》，载《民族研究》，2022年第6期，第69-70页。

南方少数民族群体进行深入的参与式观察。

这诚然是本书无法回避的缺点,但这更多还是研究的对象及旨趣所决定的,其实即便是一直被诟病的"书斋中的人类学家"中也不乏大量的经典传世,何况本书所依赖的基本也是大量可信度较高的田野调查资料。相较于对缺乏田野调查的批评,毋宁找准这本书在学术史脉络上的定位与意义。

这毫无疑问是一本在理论价值、史料价值和研究视角上很具开拓性的著作。对于大部分初入法律人类学或者民族学、民间法史研究的学子而言,通过阅读本书能迅速对中国南方山地少数民族的习惯规则有一个充分的认知,其中许多二手史料尽管不方便直接引用,但也提示了我们可以在什么著作中找到这些相关的资讯。而对于那些有志于将西方经典法律人类学理论通过中国话语予以在地化和乡土化的研究者来说,《法的成长》无疑也提供了一种宏观的范式,尤其是作者对于法律四个属性的考察,对于南方山地各民族经济形态与习惯规则不同阶段的对应情况,都极具有启发性。

因而笔者认为,本书在田野与理论这两大话题上存在的一些争论是完全可以接受的。不过书中仍有一些可供商榷的话题,下面浅谈其中三点:

第一,从史源上看,本书涉猎的民族区域过于广泛,因而作者对于不同民族的描述非常依赖前人的调研成果,直接引用居多,对史源进行考辨和争鸣较少,对于前人调研中较为粗糙或有争议的地方也一并承继了下来。并且在如此宏大问题的讨论之中很容易将某些特例作为一般现象,或者进行整体论述时忽略了特例的存在。

如书中提到凉山地区"每个黑彝家支都有自己的家支头人——德古和苏易,他们同时是贵族奴隶主阶级的政治代表"。[①] 实际上并非每个家支都有德古,一般来说苏易在更多时候会作为家族头人,代表家族进行活动;相较而言德古虽然也被认为是头人,却并非每个家支都有。胡庆钧在20世纪50年代对凉山彝族地区的多次社会调查中也发现"有的黑彝家支仅有苏易而没有

---

① 张冠梓:《论法的成长:来自中国南方山地法律民族志的诠释》,社会科学出版社,2007年,第81页。

德古"。① 据笔者 2020 年在凉山地区对德古进行的田野走访来看，德古身份的获得与经济、政治地位没有绝对关系，主要是根据他们的口舌伶俐程度、对于传统民间制度的了解以及最关键的一点，是否能秉持公正的态度，让矛盾双方都能满意。

再例如书中提到"扎套"是彝族中头人的称呼，② 但根据相关研究"扎套"应该是指"英雄、义士、死士、勇敢者"的意思。③ 一般来说是头人豢养的武士群体而非头人本身的固定称呼。

类似的还有"兹莫"，书中认为彝语中的"兹莫"即汉语中的"土司、土目、土舍，是受过封建王朝册封的世袭土官"。但蒙默早已指出二者的区别："土司是中央政权所封。受封则有土司之号，不封则无。兹莫是彝族固有的部落首领，不取决于中央政权的封授。"二者不能够混为一谈，事实上不少受封的土司并非兹莫，而是"黑彝家支甚至是白彝家支"。④

其实以上这些颇有争议的小问题相对于本书的研究主题而言并无太大的关涉，可谓无伤大雅。但其背后折射出的 20 世纪南方民族调查资料中所存在的一系列问题，的确值得更加重视。

第二，文章核心的"山地民族"的概念，其实尚有探讨的余地。尽管目前来看这些民族的确居于山间，通过耕、猎等方式来维持生计，但在历史时期中可能并非都是如此。许多民族演化成今天我们所看到的山地民族，有可能是过去遭受战争、瘟疫、赋税压迫、部族冲突等因素不得不上山避难所导致的结果。美国学者詹姆士·斯科特笔下由谷地或平原地区逐渐向山地内部转移，以逃避过去封建政权控制的赞米亚山地族群就是属于这样的情况。⑤ 某些今天看来的山地民族，其习惯规则中可能反映的恰恰是他们曾经生活在

---

① 胡庆钧：《凉山彝族奴隶制社会形态》，中国社会科学出版社，1985 年，第 260 页。
② 张冠梓：《论法的成长：来自中国南方山地法律民族志的诠释》，社会科学出版社，2007 年，第 256 页。
③ 涂宗涛：《释"苴却"》，载《周口师范高等专科学校学报》，2002 年第 1 期，第 93-94 页。
④ 蒙默：《凉山彝族"兹莫统治时期"初探》，载《社会科学研究》，1979 年第 4 期，第 87 页。
⑤ [美] 詹姆士·斯科特：《逃避统治的艺术——东南亚高地的无政府主义历史》，王晓毅译，生活·读书·新知三联书店，2016 年。

平原或山间谷地、坝子中的情形，这是研究者需要注意的一点细节。

以文章多次提到的苗族为例，根据历史文献记载和苗族口碑资料，一般认为苗族先民早期生活在东部黄河下游和长江下游之间的平原，先后经历了五次大规模迁徙后才逐渐进入南方山区生活。① 而苗族习惯规则中最重要的"议榔制"也在其本民族的集体记忆中被认为是苗族定居于黄河流域平原时期的产物。② 如《理辞》中有言"苗族的这种议榔制从什么时候开始的？苗族的《理辞》中就唱道：'规定父亲的古理约定儿子的榔规，古理黄水地方来，榔规浑河地方来。'"③ 由此观之，南方山地民族的成分和属性非常复杂，特别是对于其中历史较为悠久、民族文化较为丰富的苗、彝、白等族，这些民族在历史发展中可能存在生活区域范围的大规模变迁，或者随着某些地方性政权诸如南诏等国的兴衰，经历了民族法律文化发展的剧烈变化，需要具体问题具体分析。

第三，从本书的篇章结构来看，第六章与前文相比在规模和内容上看，似有微妙的不协调感。第六章所提出的影响法的发展的第四种因素"社会价值观、风俗习惯"等，其实与经济、政治、宗教等前三种因素存在一定的重合之处。因为很多价值观和风俗习惯本来就是受到经济发展情况和宗教等文化因素的影响而诞生的，比如书中举例提到的毛南族婚礼中敬神敬鬼的习俗，作者也认为其中掺杂着原始宗教的成分。还有论述小凉山彝族社会的社会价值观时，也认为是被许多宗教、历史方面的典籍所塑造，因而其实风俗与价值观很难和前面三种因素划分出实质性的区别。故而该章节在论述时已不见了前文中那种充盈的史料，导致其段落长度仅有二十余页，和前面几章在体量上的差距非常大。

三、《法的成长》的启发与余味

作为一本研究中国南方山地民族绕不开的法律人类学经典著作，本书以

---

① 石朝江：《苗族历史上的五次迁徙波》，载《贵州民族研究》，1995年第1期，第120-128页。
② 徐晓光：《苗族习惯法研究》，华夏文化出版社，第13页。
③ 杨永珍念诵、潘光华记译：《贾——纠纷的起讫》，贵州省民委·省民研会主编：《民间文学资料·苗族贾理词》（第61辑），1983年，第119页。

其宏大的视野与翔实的史料给予后来的研究者们许多启发,就文章中的某一部分观点或者史料都可以展开专门的探讨。

本书第六章第一节中提到了"观念的传播与法的跃迁"间的关系,这种关系既体现于汉族伦理道德观念在南方山地民族中的传播中,如一些明显带有儒家伦理思想的内容进入了白族、苗族和畲族的习惯规则里;① 也体现在不同山地民族间习惯规则的交流和互动中,这不一定与统属关系有关联,而是在族际间的贸易、盟约、矛盾纠纷与婚姻往来等民族交往过程中形成的习惯规范。以凉山地区为例,在冕宁县泸宁村和爱乡庙顶村中有 55 户藏族人家,由于其地交通不便,历史上很少和外人接触,因而传统制度的收集整理者认为他们的习惯规则中保留了很多"本民族的文化传统"。② 但其中盛行的姑舅婚,尤其是姑舅优先通婚权、结婚后不能轻易离婚,否则女方要倍偿男方花销等规定,相较于大部分藏族习惯规则说,反而与彝族的习惯规则较为近似。

正如《法的成长》一书中所总结的,"法的成长"是丰富而多元的,特别"受族际互动等因素的影响,某些民族的法可能会出现跳跃式的发展。在南方山地民族传统法律文化中,表现为法的跳跃式的发展形式和渠道一般有类似款型民族……和类似具有代偿关系的民族两种"③。

值得一提的是"法的成长"与历史发展的进程一样,并非线性的。有时我们认为处于"法的成长"历程中较为先进阶段的民族,或许也会受到那些"法的成长"较为滞后的民族影响——这种影响有好有坏,而不仅仅是只会跳跃发展。历史上那些一度甚至长期被游牧民族征服的农耕民族文化,例如西方经历蛮族入侵的罗马帝国,就法的成长阶段来说,因为大量原始的习惯规则和成文法混杂,乃至因此废弃了成文法,导致很长一段时间内该民族

---

① 张冠梓:《论法的成长:来自中国南方山地法律民族志的诠释》,社会科学出版社,2007 年,第 443—447 页。
② 张济民主编:《渊源流近:藏族部落习惯法法规及案例辑录》,青海人民出版社,2002 年,第 137—140 页。
③ 张冠梓:《论法的成长:来自中国南方山地法律民族志的诠释》,社会科学出版社,2007 年,第 517 页。

"法的成长"反而出现了倒退的现象。当然,其中也会有一些好的影响,比如张春海在对肃慎系民族的研究中,就敏锐地发现了古夫余族有着"倍偿"的固有习惯规则,后来这一规则不仅被高句丽吸收,还传入了朝鲜半岛和日本乃至被隋唐律吸收形成了唐律中的一项重要的"倍备"之法,影响非常深远。[1] 再如元代蒙古人从其原始习惯中带入中华法系里的"烧埋银"等制度,一般也被认为是较为良善的法律规定,并被明清在一定程度上所继承。[2] 尽管古夫余族也好,元代的北方游牧民族也罢,就法的成长阶段而言都较为落后,但是这并不妨碍他们将其中较为良善与先进的法律文化因素注入法律体系已较为完整的中原文化之中,并促使中华法系进一步发展。

此外,这种"法的成长"过程中双向互动的过程,同时也体现了南方山地少数民族在历史时期和汉族文化交流、交往、交融,相互借鉴的现象。在强调多元一体民族格局、凝聚中华民族共同体意识的当下,这一话题除了其自身的学术意义之外,大约也被赋予了更多的现实价值。

---

[1] 张春海:《论古夫余族"倍偿"之法对古代东亚法制之影响》,载《中央民族大学学报(哲学社会科学版)》,2006年第5期。

[2] 张群:《论元朝烧埋银的起源》,载《历史教学》,2002年第12期,第63-66页。

法律事实与文化价值的纠葛表达

——《法律与文化：一位法律人类学家的邀请》评介

欧玥皎[*]

摘　要：《法律与文化：一位法律人类学家的邀请》是美国法律人类学家劳伦斯·罗森的作品之一。该书以"将法律视为文化"的研究进路为视角，视过往的研究为田野调查对象，重新审视了从原始部落到现代城市的法律制度与文化系统交融的具体场景，并始终以一种价值中立的态度对待每一种文化之下的法律形态，提供了一种全新的法律人类学研究范式——法律-文化研究范式。作者以其特殊的经历与多元的视角邀请读者进入法律-文化的场域，在更大的范围中理解世界，打破了读者对专业的一贯迷信，也让法学回归生活有迹可循。这是一部结构、内容与理论都让人眼前一亮的著作，对法律人类学等交叉学科有一定的参考价值。

关键词：法律事实；文化；分类；表达

一、引言

《法律与文化：一位法律人类学家的邀请》（Law as Culture：An Invitation，下文简称《法律与文化》）由美国法律人类学家劳伦斯·罗森（Lawrence

---

[*] 作者简介：欧玥皎，女，西南财经大学法学院2024级诉讼法学专业博士研究生。

Rosen）所著。在该书中，罗森强调了一种"将法律视为文化"的研究进路，① 提供了一种新的研究范式，并试图邀请读者进入一个法律事实与文化价值交融的整体途径，和作者一起沿着这条路在部落与城市间来回穿梭，共同捡拾途中掉落的惊喜：跨越法庭与村落的社会控制、贯通神判与人判的事实建构、揭示隐喻与权力的理性推理与连接宇宙与法律的正义表达。这本书涵盖的内容十分广泛，与罗森本人的经历可能有很大关系：他曾是一名律师，求学时又曾师从人类学家克利福德·格尔茨，做过伊斯兰法的相关研究，② 也去摩洛哥进行过田野调查。③ 集人类学者与法律学者于一身的罗森就此可以叠加两个学科的双重"自负"，站在人类学的广阔视野中用法律的求知思维理解构成世界的一切。正因如此，这样一本万花筒式的作品，涉及法学、人类学与社会学的许多专业知识，强调文化多元的视角，将诸多经验范畴跨领域地重新缝合，并在此基础上重新思考跨学科研究何以带来理论贡献的问题；而这样一位跨界的学者，对社会理论加以关注的同时，对法律问题也情有独钟，并由此找到了属于他的跨界的意义，让我们得以从更大的范围来理解世界。总体来说，这是一本结构、内容与理论都让人眼前一亮的著作。

本文主体依照原文顺序分为四个部分，也试图邀请读者进入笔者阅读的途

---

① 梁治平先生在《法律的文化解释》一文中提及："格尔茨为法律所下的定义表明了一种由功能主义立场向解释学立场的转变。法律的'意义'之维就在这种转变中凸显了出来。这样，我们在法学的和社会学的（很大程度上也是人类学的）法律概念之外，又有了文化的法律概念。"（参见朱晓阳、侯猛编：《法律与人类学：中国读本》，北京大学出版社，2008年，第107页）大意说明文化的法律概念是独立于三个学科之外的一种新的概念，然而因罗森的法律人类学学者身份与其一直以来的研究，可能也可以将之视为是一种研究法律人类学的新进路。无论如何，这种法律文化的研究进路对于学科交叉的研究都有借鉴意义。

② 参见［美］萨丽·摩尔编：《法律与人类学手册》，侯猛等译，商务印书馆，2022年，第85页。及 Lawrence Rosen 的其余数本著作：The Anthropology of Justice: Law as Culture in Islamic Society, Cambridge University Press, 1989; The Justice of Islam: Comparative Perspectives on Islamic Law and Society, Oxford University Press, 2000; The Culture of Islam: Changing Aspects of Contemporary Muslim Life, University of Chicago Press, 2004; Varieties of Muslim Experience: Encounters with Arab Political and Cultural Life, University of Chicago Press, 2008.

③ Lawrence Rosen: Meaning and Order in Moroccan Society: Three Essays in Cultural Analysis (with Clifford Geertz and Hildred Geertz), Cambridge University Press, 1979. Lawrence Rosen: Islam and the Rule of Justice: Image and Reality in Muslim Law and Culture, University of Chicago Press, 2018.

径。本书内容如博物馆陈列一般,有鉴于此,本文希望一种"装修"式的时间顺序,从博物馆的选址、基建再到装饰,最后到馆系的定位,希望可以在叙与评的过程中尝试理解作者建构的法律-文化世界。最后是余论部分,就本书的研究途径与法律人类学等交叉学科是否应予以分界给予一个简要的评论。

二、区域划定:研究对象与理论

博物馆建馆之前,对本馆要坐落于哪一位置,面对哪些受众,又要展出何种展品的问题,都需要进行细致地考虑。这一位置不能过于偏僻,最好相对日常,可以保证平常稳定的客流量,也可以吸引光顾过类似展馆的人前来参观,相应的,展品要有一定的代表性,但又不可太过不近人情,让人望而生畏。普通法系或大陆法系国家范围太过限缩,冷硬的法律规则只能吸引少数专业人士,于是最后将地址暂时定在了这一整片作者本人或其他法律人类学家曾涉足过的田野大地,受众为所有对之感兴趣的人,研究的内容,向前追溯到家族起源,立足当下关注各地的纠纷解决;理论方面,则在与现有理论进行比较的基础上,揭示法律-文化理论的优势所在。

(一) 纠纷解决的方式

纠纷解决无论在法学、社会学还是人类学的研究场域中,都是一个老生常谈的话题。不同于生活在陌生人社会的许多现代人提到纠纷解决第一时间可能会想到诉讼的情况,在集体意识非常强烈的地方,如以色列,"非正式"机制在实践中非常受用,流言蜚语的威力远大于一纸诉状;因纽特人和柏柏尔人则会使用一种常人无法理解的"歌斗"方式来劝说旁观者站在自己这一边;① 菲律宾群岛的提汝瑞族的法律思维方式与领导力、政治影响和个人声望等并不应

---

① 参见 [美] 劳伦斯·罗森著:《法律与文化:一位法律人类学家的邀请》,彭艳崇译,法律出版社,2011年,第13-15页。流言蜚语与歌斗的形式其实都暗含着一种当事人对自己被公共谴责的"羞耻",同样的"羞耻"在朱晓阳老师的《小村故事》及西蒙·罗伯茨《秩序与争议——法律人类学导论》等著作中也有所提及。

该与法律挂钩的诸多要素紧密相连；赞比亚巴罗策人的王室法官裁判时会利用自己法官身份以外与当事人的特殊关系引导当事一方行动。[1] 在这些地方，共同的道德戒律高于一切，这样的解纷方式也不免冲击到现代社会的纠纷解决体系，但不能以此浅显地认为这种道德戒律仅仅出现在一些小众的部落之中。

在美国的商业共同体中，也有类似的"约定俗成的秘密"。冲突归冲突，但诉讼对于在同一个群体中的人来说还是太过冰冷，以至于似乎会破坏从今往后所有的友好交易关系，[2] 有鉴于此，即使在诉讼如此发达的美国，商业共同体中的当事人也不会愿意以诉讼解决纠纷。不过将英美的情况与部落的情况作一对比，还是不难看出英美的法官有一套自己的道德准则，他们不可能把自己的道德标准带入裁判，自然也不可能在明知与当事人有特殊关系的情况下还以此施压。但无论如何，此刻仍旧可以感受到，对道德准则的信仰将部落与城市联系在了一起。

由此可见，总有一些所谓的道德戒律是先于法院及其后的一切出现的。在审判中，法官可能射箭在前，画靶心在后，但在射箭行为之前，人类及其惯性，方向或是力度的把握，这一切都先于射箭这个动作本身。[3] 同样的，现存的各类看似奇怪的解纷方式，居于人类的起源之后，却先于诉讼而生，且长久有效。文化创造了一个有序又灵活的世界，这正是法律所追求的。但在创造这一整个文化之前，人首先归属于其家族，这些文化若有起源，也便是来自家族习惯。

(二) 家族习惯的起源

人的归属首先是其出生的一整个庞大的家族，现代人却常常与过去的人割席，只关注眼前存在的专业的术语和知识，却不愿意回头看一下一切的起

---

[1] 参见 [美] 劳伦斯·罗森著：《法律与文化：一位法律人类学家的邀请》，彭艳崇译，法律出版社，2011年，第18-19页。

[2] 参见 [美] 劳伦斯·罗森著：《法律与文化：一位法律人类学家的邀请》，彭艳崇译，法律出版社，2011年，第12页。

[3] 参见 [美] 劳伦斯·罗森著：《法律与文化：一位法律人类学家的邀请》，彭艳崇译，法律出版社，2011年，第22页。

源。就如美国律师很少知道买卖合同中显失公平的规定可能来自印第安夏安族的习惯,因该法典的起草者卡尔·卢埃林曾与人类学家亚当森·霍贝尔一起就夏安族法律展开过研究。[1] 从另一个角度看,显失公平中还蕴含着一种契约自由主义的精神。因为所有结合者都向整体让渡了包括人身在内的权利,此时面对同样的条件,没有人会希望有害于他人,[2] 则显失公平的情况本身就不一定会被接纳。那还有什么也属于显失公平的情形呢?以色列的最高法院作出过这样一个裁决:合同规定在墓碑上只能使用希伯来文日期,是显失公平的。显然如果单单注视着法律条文,一些显失公平的情形是非常让人难以理解的,但将法律与文化结合起来,一切都被合理化了。

回到家族习惯的讨论之中,在非洲南部茨瓦纳,缺少高度分化的规则和习惯给纠纷解决留下了灵活的空间;萨莉·福尔克·穆尔研究的部族群体等"法的半自治领域"中,秩序的实践更多依赖于群体文化;伊斯兰法将决策权直接赋予当地知识渊博的人,如果不站在伊斯兰的文化之中,是武断又怪异的。[3] 是文化,赋予了这些制度以生命。镜头转到近现代,分为大陆法、普通法与传统型法律秩序的法律制度在不同的地区发光发热,在伊斯兰,当地文化驱使人们寻求习惯和惯例的帮助,而在美国,日益增长的个人主义色彩让人们转向了寻求诉讼的帮助。[4] 缘何和解、调解机制似乎只在一些特定的地区适用?利比里亚的格贝列人将争端解决视作一场心理治疗;犹太人通过调解解决争端;苏联的非政治性审判花更多精力去教育犯罪人并避免其再犯的可能。[5] 似乎只有将法律置身文化之中,才能听出其中的弦外之音。

在法庭上相遇的两方可能会因为这场官司而逐渐疏远,但是通过文化流

---

[1] 参见 [美] 劳伦斯·罗森著:《法律与文化:一位法律人类学家的邀请》,彭艳崇译,法律出版社,2011年,第23页。
[2] 参见 [法] 让·雅克-卢梭著:《社会契约论》,芳生译,中国华侨出版社,2020年,第23-24页。
[3] 参见 [美] 劳伦斯·罗森著:《法律与文化:一位法律人类学家的邀请》,彭艳崇译,法律出版社,2011年,第27-28页。
[4] 参见 [美] 劳伦斯·罗森著:《法律与文化:一位法律人类学家的邀请》,彭艳崇译,法律出版社,2011年,第30-31页。
[5] 参见 [美] 劳伦斯·罗森著:《法律与文化:一位法律人类学家的邀请》,彭艳崇译,法律出版社,2011年,第32-35页。

传下来的情感与知识却不会被阻断,甚至远远压过这场官司带来的冷漠。在萨其荣桂老师拍摄的《敖包与忒弥斯》的民族志电影中,原被两方走出法院仍能坐同一辆车说说笑笑归家,仿佛什么都没有发生过,大概就是这种文化魅力的一种体现。这种文化让习惯有了承载,让法律有了情感。现在我们已经了解了文化与法律之间不可不说的联系,然而法律一路发展至今,这种联系是否也相应地发生了变化?不同的社会理论给出了相应的答案。

(三) 社会理论的缺陷

当下的社会理论繁多,曾在浏览微信公众平台时看到过题目为"社会研究必备100条理论"的文章。但正如罗森所言,这些理论很多都像不同型号的透镜,也许拿起其中一面透镜,只能看到某类事实特征,解释某类事物。[1] 他认为,一个统一的宇宙理论,必须具有特殊的说服力,[2] 所以视法律为文化的进路这面透镜,拥有的是万花筒一般的视野。但诸如进化论、自然法与怀疑论的进路,视野就相对狭隘了。

1. 进化论进路

进化论不过是一种合乎逻辑的理论,也碰巧能够在单一分析框架下,结合多种现象进行分析。如亨利·梅因所说,人类社会史是一种从身份到契约的发展变迁史;霍姆斯认为无论在市场还是正式领域,社会进化都有其内在动力,政府不应当加以干预;马克思和恩格斯也假定资本主义经由社会主义发展到共产主义的过程是一种自然进化。[3] 进化好似一个魔咒贯穿于世界发展的任何角落,然而这种自然发生一切的思想也受到了一系列的抨击:处于同一进化水平的社会即使并非于历史长河中的同一时间出现,也可以拥有相

---

[1] 参见 [美] 劳伦斯·罗森著:《法律与文化:一位法律人类学家的邀请》,彭艳崇译,法律出版社,2011年,第39页。
[2] [美] 劳伦斯·罗森著:《法律与文化:一位法律人类学家的邀请》,彭艳崇译,法律出版社,2011年,第39页。
[3] 参见 [美] 劳伦斯·罗森著:《法律与文化:一位法律人类学家的邀请》,彭艳崇译,法律出版社,2011年,第40页。

似的法律形态;① 文化变迁源于跨越血统和世袭的遗传而不是沿着同一路径进化的结果;"原始"和"简单"不代表低级,即使是这样的社会也照样拥有一个完整社会应当拥有的一切,它们同样高度组织化,同样有一套严密的逻辑。

"法律"这一术语不仅可以用在发达的现代社会,甚至可以用在尚无文字出现的社会,而许多美国学者并不相信这一点。他们活在自己的精英梦里,对法律不感兴趣的人类学家忽视诸如《法律无先例》《提汝瑞族的司法》《蒂夫人的司法与审判》《巴罗策的法理学》等等经典著作,对人类学不感兴趣的法学家仍每日研究那些生僻怪异的专业术语,因为他们认为,进化到这里的就是最好的。而法律人类学家对法律文化始终抱有一种积极的态度,② 罗森对进化论的批评可以说是对这些精英的强烈一击。

2. 自然法与怀疑论进路

是否真的有自然法的存在,自然法又是如何存在的?有如阿奎那在《神学大全》中的永恒法、自然法、神法与人法的四分坚定了自然法的道德约束力,又如格劳秀斯《战争与和平法》中自然法在上帝不存在的情况下仍有其相同内容。③ 其实自然法总会在某些时刻又有卷土重来的迹象,尤其是在极权主义摧残人类尊严的时刻。④ 但其实自然法也只是对某种文化体系公认常识的展现罢了,可以归于文化研究的范围内。罗森认为,只存在被自然化了的法律,而并没有所谓自然法这样的事物,⑤ 这恰如威廉·布莱克斯通《英国法释义》中所表达的给实证法披上自然法的合法性外衣的观点。⑥ 这些都

---

① 参见[美]劳伦斯·罗森著:《法律与文化:一位法律人类学家的邀请》,彭艳崇译,法律出版社,2011年,第42页。
② 参见张晓辉:《法律人类学的理论与方法》,北京大学出版社,2019年,第196-197页。
③ 参见[英]雷蒙德·瓦克斯著:《法哲学:价值与事实》,谭宇生译,译林出版社,2013年,第4-5页。
④ 参见柯岚:《法哲学中的诸神之争:西方法哲学流派述评》,商务印书馆,2021年,第19页。
⑤ 参见[美]劳伦斯·罗森著:《法律与文化:一位法律人类学家的邀请》,彭艳崇译,法律出版社,2011年,第48页。
⑥ 参见[英]雷蒙德·瓦克斯著:《法哲学:价值与事实》,谭宇生译,译林出版社,2013年,第5页。

使自然法脱去了神秘的外衣，回归了其作为文化的本质。

而怀疑论进路则是一种倾向于解构的进路，它试图分解法律制度的结构以探求其中哪一部分对知识和文化有着最强的控制作用。然而在无论是从人类学、经济学、社会学抑或其他交叉学科的研究，试图得出一个最终结论的过程之中，这些解构的手法都没有能带来真正的理论产出。怀疑论的质疑也一直牢牢控制着法律人，任何说明和论断都被"这是你的看法"所阻挠，怀疑论者会一直追问"你怎么知道？"[1] 然后缩回到自己的"我知道"中。有太多人自带偏见，又有太多人固执己见或者说墨守成规，以至于最终所有的努力都回到法学本身。

与上述二者不同，视法律为文化的研究进路已经将最庞大的体系，包括目的、事实的确定、人的本质和思想等等的范畴都缝合在一起了，于是能够在文化和法学范畴内都给出自己独一无二的贡献。[2] 读到这里，对于视法律为文化的理解又让我有些困惑，是否有种因为范围无限而包容一切以至于高于其中任何一个组成要素的意味在其中？只是暂时也想不到更好、更精确的解释方法。

据此，博物馆的区域已经划定好了，这样一所满含跨界情怀的博物馆相信可以吸引到不少慕名前来的游客。但它也面临着很大的困扰，如何能够支撑这样一所内容过多且过于厚重的场馆不会因为自身压力过大而不慎坍塌？如何能够保证每一个细节都顺着既定的方向体现其该有的效果和意义？这就需要一个相当稳固的地基，以及不可被动摇的建馆理念。

三、基础设施：文化与法律事实

博物馆建馆伊始，无数材料被堆积到选好的地址中，而哪一块归属于

---

[1] 参见［美］罗纳德·德沃金著：《法律帝国》，许杨勇译，上海三联书店出版社，2016年，第70-71页。

[2] 参见［美］劳伦斯·罗森著：《法律与文化：一位法律人类学家的邀请》，彭艳崇译，法律出版社，2011年，第49页。

哪里又是一个值得考虑的问题。这涉及一个社会人类学最原初最基本的关怀——分类。① 在此期间,将面临无数次建构又推翻的困境,因为在不同时代与不同地方生活的人,即使面对同样的事实,也很难对之抱有同样的信任或兴趣。与其想要搭建一个人人都满意的华丽建筑,不如尝试搭建一个人人都能从中窥见自己生活一角的,可能朴素却比较全面的收藏库,将经费用在收集而非装修之上。事实在其中有着不可动摇的重要位置,正如人类学家法勒斯指出的,一些人很少谈论法律,而是谈论事实,谈论切实发生了什么,而不是有什么法律在处理这些事件时显得非常重要。② 于是不断建构事实,进而怀疑事实,再去假设事实,最后填充事实。

(一) 文化建构事实

真理并非一种普适性的存在,而是因时因地,因人而异。在争端解决中,人们对裁决者的能力的相信是一个从无到有的缓慢过程,无论是在欧洲还是英美,其法律程序都表现为一种对可知事物分类的方式,其背后是文化的事实建构方式的影响。③ 对陪审团发展的考察可以很好地揭示这一点。

在陪审团这一特殊团体被创造出来之前,争端被解决似乎还是依靠一种道德上或者舆论上的强迫:盎格鲁-撒克逊人依赖誓言断讼;在非洲,对共同宣誓人的运用得以限制暴力发生;克里特岛,宣誓使相对完整的互惠关系重新得以建立。④ 而诺曼人带有宗教色彩的决斗裁判看来就相对残忍了,而且此时的衡平法院体系中,诺曼时期的大法官通常是一位僧侣,他自然也有

---

① 对分类展开研究的社会人类学著作有涂尔干、莫斯的《原始分类》,克洛德·列维-施特劳斯的《野性的思维》等。在哲学领域,米歇尔·福柯的《词与物》也体现了分类的运用。《原始分类》英译本导言中罗德尼·尼达姆对涂尔干与莫斯研究的理论意义之阐述也许也可以解释罗森为什么在《法律与文化》中多次强调分类的重要性:"它第一次把社会学探询的重点,投向了理解人类的思维和社会这一具有基础性重要意义的主体。"

② Lloyd A. Fallers, Law Without Precedent: *Legal Ideas in Action in the Courts of Colonial Busoga*, The University of Chicago Press, 1969, p. 320.

③ 参见 [美] 劳伦斯·罗森著:《法律与文化:一位法律人类学家的邀请》,彭艳崇译,法律出版社,2011年,第52页。

④ 参见 [美] 劳伦斯·罗森著:《法律与文化:一位法律人类学家的邀请》,彭艳崇译,法律出版社,2011年,第55页。

属于自己的一份文化坚持。① 在此基础上，诺曼人使用12人组成的团体，于宣誓后提出指控的模式代替原本的决斗，陪审团就此以一种更文明的形态登上了历史舞台。这里的陪审团的本质特点就是具有地方性，对地方事务情况的亲身了解性。② 1215年第四届拉特兰会议根本上改变了欧洲大陆和英国的法律程序，上帝退场，人登场。在英国，由陪审团发现事实，在欧洲，由审讯法官承担这项工作。③ 此时事实的建构工作已经都各有归属，只是从神判到人判的转变并非一蹴而就，难免招致怀疑。

（二）文化怀疑事实

人类如何能让人判拥有相当的合法性？在英国法院的审判中，只要当事双方都同意由陪审团对争端加以裁断，陪审团这一集体就会被赋予些许神明审判的力量。这种法庭运作，成本低而结果良好，逐渐成了审判主流；欧洲大陆虽没有严格意义上的陪审团制度，但有与之相似的审讯法官和书记员文化，这些独任法官就是神明裁判的平替；还有一些审判通过学者和立法者的文字及审讯法官的技巧得以进行。④ 这样一种神性的参与，为"事实"增添了一份神秘色彩的同时，也扫清了一部分怀疑。

然而在不同的世界，人们对真实的领悟也各不相同：在我们国家，证人证言中陈述的事实可信度远低于正式查证获取的"事实"；在阿拉伯世界，某人要先被证明可靠，他的发言才能得到信任；18世纪的英国，案件当事人因其作伪证的可能不能被视为证人。⑤ 事实发现的目的多种多样，它可以是

---

① 参见［美］马丁·夏皮罗著：《法院：比较法上和政治学上的分析》，张生、李彤译，中国政法大学出版社，2005年，第111页。
② 参见［美］马丁·夏皮罗著：《法院：比较法上和政治学上的分析》，张生、李彤译，中国政法大学出版社，2005年，第107页。
③ 参见［美］劳伦斯·罗森著：《法律与文化：一位法律人类学家的邀请》，彭艳崇译，法律出版社，2011年，第60页。
④ 参见［美］劳伦斯·罗森著：《法律与文化：一位法律人类学家的邀请》，彭艳崇译，法律出版社，2011年，第63-66页。
⑤ 参见［美］劳伦斯·罗森著：《法律与文化：一位法律人类学家的邀请》，彭艳崇译，法律出版社，2011年，第71页。

寻求真相，解决争端，或者只是需要维持已有的有效常识。在这个过程中，法律和文化是相互影响，不可分割的。文化确实可以使处在其力量辐射范围内的事实依照它的力量安排呈现出来，但是这里的真实显然已经是一种被假设后的真实了。这正是文化对抗怀疑的手段：对眼前事物进行合理假设，使之符合人们的内心状态。

（三）文化假设事实

文化根植于人们的内心状态之中，他所接触的宗教、受到的教育与遇到的每一个人都形塑了他为人处世的一套分类模式。在日本，社会和谐建立在社会等级差别之上，圈子的重要性非常明显。由于日本的法律最小化运动，传统的家长制度和权威统治系统得到了间接的加强；[1] 在阿拉伯社会，身份认同来自互惠关系建立的相互认同，人是人际网络中伸向四面八方的一个点；在伊斯兰法中，有一种内在可分的自我观念，"事实"也更多是对于个人人类本性与是否符合习俗的一种评价，根本不需要被纳入法律渊源的范畴，文化已然融合进了法律之中。[2] 这里的文化对事实有一个预先的假设，品格证据就是其中重要的组成部分。

内心状态的理解依托于对一个人充分的了解，此时对于事实的探求就成了对于一个人如何以及为何行动的研究。不仅是针对当事人，同样针对法官，法官一定程度上也是以文化假设下的分类去建构事实，虽然在现在看来这样的法官简直不可理喻，但其实如果将文化假设后的"事实"视作一种可能，也未尝于争端解决无益。此时的法官所做的判决已然超过当事人本人的利益，而是站在捍卫整个文化不受侵犯的角度来假设事实。[3] 文化对事实的假设不免让人重新陷入怀疑的境地之中，然而我们不能站在与对方完全不同

---

[1] 参见［美］唐·布莱克著：《社会学视野中的司法》，郭星华等译，法律出版社，2002年，第92页。

[2] 参见［美］劳伦斯·罗森著：《法律与文化：一位法律人类学家的邀请》，彭艳崇译，法律出版社，2011年，第73-76页。

[3] 参见［美］米尔伊安·R.达玛什卡著：《司法和国家权力的多种面孔：比较视野中的法律程序》，郑戈译，中国政法大学出版社，2015年，第145页。

的身份去评价他人的生活,就如同在今日了解历史不能把现代的眼光强加上去一样,这里对事实的文化假设,也需要设身处地去接近各类文化。我们也许很难做到这一点,而人类学家一直在努力做到,他们在努力的过程中发现了"共享符号"的存在,并以此将事实填充完满。

(四) 文化填充事实

在事实不确定的情况下,专家的意见成了非常重要的填充物。我们所熟知的专家证人一定是在某一方面有着特别的能力的人,专业知识是他们在法庭上的武器,甚至可以用专业知识去打破文化假设中的各类关系。只是专业知识其实也离不开社会文化生活等背景的积淀。① 于是最终仍然是文化得以对现实填充,这与前述文化假设下的事实可能会产生一定的冲突。

20 世纪 60 年代开始,文化人类学者将文化描述为一种"共享符号",② 然而,这种共享概念备受争议,因为确认共享需要进入社会场域,并在其中寻找共同点,其底层逻辑是人们共同拥有一种对共享的信任感。法律制度的建构需要的就是一种对相同合法性基础的接受,只有在特定文化假设之下,通过符号连接人们的日常生活与偶然的法庭生活才能增强这种信任感。

现在,博物馆的主体已经建设完成,但是你偶然间发现,慕名而来的游客不少,反复光顾的却寥寥无几。只是无限地陈列事实是否还是太过单调?很多人来过,找到自己想要的,知道与他人不同的,也就相信了这样事实的存在,但除此之外,还能带走什么?或者,还能创造什么,最后留下什么?这就需要在基建的基础上,施以一定的装饰来扩大场馆的吸引力。

四、细节装饰:理性及其共享

博物馆建馆数年,在观察了馆内客流量与受众组成成分后,你开始思

---

① 参见 [美] 劳伦斯·罗森著:《法律与文化:一位法律人类学家的邀请》,彭艳崇译,法律出版社,2011 年,第 95 页。

② 参见 [美] 劳伦斯·罗森著:《法律与文化:一位法律人类学家的邀请》,彭艳崇译,法律出版社,2011 年,第 95 页。

考：如何能让场馆更受欢迎？你发现文化虽然已深深渗透进每一个隔间里的事实之中，但事实却毫无生机，生硬死板。显然，场馆的吸引力想要更上一层楼，或许需要更明显的点缀，需要一些诗意的隐喻、理性的判断和炽热的权力。

（一）隐喻与推理

文学作品中总有许多隐喻，但隐喻其实是生活而非文学的一种产物。常见的隐喻如市场被"看不见的手"支配，某人的身体像一座"神殿"，"眼睛之所以是星星，是因为它们把光撒播在我们的脸上，恰如星星照亮黑暗一样，是因为盲人存在于世上，恰似目光敏锐的人生活在最漆黑的夜晚"。① 这些隐喻实际上与人进行推理的方式联系在一起，也与整个文化的推理风格相关。

这个时候，我们不可避免又要谈到分类。因为分类也是推理的一部分，不同的文化和社会具有不同的推理方式。盎格鲁-美利坚人通常遵循一种基于"事实"的分类方式。他们会寻找类似 DNA 一样不容置疑的证据，即使在没有确凿"事实"时也会根据种族差异来判决死刑；伊斯兰国家的法院更相信动态"个人"分类，他们更擅长观察人而不是感知事实；欧洲大陆的律师被法典的法律分类观驯化，可能已经成为为"箭"画"靶子"的那类人。② 这种文化推理方式上的显著差别，让人类学家提出了这样一个问题：生活于不同文化中的人，是否确实以根本不同的方式进行推理？③ 分类依旧是分类，只是方式和标准不同。例如：新几内亚人把动物按照它们的气味分类；非洲许多部落认为只有巫术才能对事件作出确切解释；特罗布里安岛的居民认为男人与生育无关，因为这里是母系社会；西方法律制度与宗教不可

---

① [法] 米歇尔·福柯著：《词与物：人文科学的考古学》，莫伟民译，上海三联书店出版社，2016年，第30页。
② 参见 [美] 劳伦斯·罗森著：《法律与文化：一位法律人类学家的邀请》，彭艳崇译，法律出版社，2011年，第105-107页。
③ [美] 劳伦斯·罗森著：《法律与文化：一位法律人类学家的邀请》，彭艳崇译，法律出版社，2011年，第110页。

避免地缠绕在一起。① 可见，文化推理模式可以视作是法律推理合法性的一部分，它们都源于生活，源于宇宙中的隐喻投射到人类社会的分类方式。然而推理毕竟仍属于一个过程性的动作，推理的结果得到信任还需要建立在作出推理的人，或者完成推理的方式的可靠性之上，理性与权力就是其中不可忽视的保障。

(二) 理性与权力

法律推理与文化推理间的关系同样可以通过陪审团制度加以阐明：在摩洛哥，陪审员不能与当事人各方针对案件直接对话，所以他们会常常发现自己对庭审时的一些案件信息充满茫然；在西班牙，1995年虽然重新引入了陪审团制度，却极少有案件被提交审理，他们觉得这种方式过于复杂；在俄国，人们尚在观察律师提出的关于被告品格的证据是否符合俄国陪审员的常识性认识；美国法庭上，陪审员被要求必须找出被告的罪过。② 这些不同模式的陪审团制度，以及对待陪审团制度不同的态度，也以法官和陪审员自身的文化知识为依托，在此基础上作出的事实判断已然加上了属于他们的理性与权力烙印。此外，首席大法官约翰·马歇尔也曾展现了文化知识的魅力。美国人的文化知识中烙印着对政府的忠诚与批判和"理想主义"的政治文化传统。③ 约翰·马歇尔通过这样的文化知识，运用公共舆论制衡美国政府领土扩张。这种推理中也蕴含着属于社会的一种共享理性。

平等社会的共享的理性在并不平等的两个团体中也会在权力的控制下强行被共享。我们总是强调殖民者对殖民地的影响之深远，但这种影响实际上是相互的，也带来了法律异化的现象：在约旦，以色列的阿拉伯人会像在以色列一样保存书面凭证；在北非，来自北非的穆斯林妇女比起从欧洲法庭获取证据更愿意回到本土以增大证据的意义和效果；自幼成长于欧洲的穆斯林

---

① 参见［美］劳伦斯·罗森著：《法律与文化：一位法律人类学家的邀请》，彭艳崇译，法律出版社，2011年，第110页。
② 参见［美］劳伦斯·罗森著：《法律与文化：一位法律人类学家的邀请》，彭艳崇译，法律出版社，2011年，第115-116页。
③ 参见刘瑜：《民主的细节》，上海三联书店出版社，2009年，第99页。

叛逆少年无论走到哪里都是一种"异乡人"的姿态。① 这种隐隐约约控制着他们的文化权力促使了这些行为发生并不断继续。

到现在为止,博物馆的一切已然走向正轨,只是它似乎永远填不满,也正是因为它的无限性,才吸引了无限的游客前来游览、讨论甚至留下自己的几件与之相关联的物品。慢慢地,这所场馆喧闹时如同范围扩展到全世界的罗马时期公民会议,大家在其中高谈阔论,各抒己见;安静时如同一张巨大的网络,每一个结点都扩展出无限的新的田野;更多时候,它更像一本立体书目,每一个词条都能成为一场活灵活现的舞台剧。你开始担心,这所场馆是否有边界?

五、知识边界:表达的宇宙

博物馆不断扩建,人们在其中各得其所,慢慢却发现了更为广阔和精深的天地。似乎只有根植于更博大的宇宙秩序之中,许多被放置的生活展品才有其意义。这一天,馆长把视角转移到了法律裁决的场所之中,他发现:何处不可裁决?何种诉求不可表达?世界连成了一个整体,宇宙是最大的承载物。在这个相异又相融的世界,有独属于神性的审视,有加之于人性的要求,更有自我与他者难以分离的交融。

(一)相异又相容的世界

文化赋予我们生活的意义可能远不止如法律贡献的维持秩序的能力。人类学家眼中的宇宙哲学与物理学家绝对不同,他们不关注天体的运动或者哪座星球上又出现了生命,他们更关注的是一个整体的经验领域,这个领域不仅可以被观察,而且应当被感知。

故事回到博物馆选址之前,相异的行为准则与异乡人的不适让你尝试重

---

① 参见[美]劳伦斯·罗森著:《法律与文化:一位法律人类学家的邀请》,彭艳崇译,法律出版社,2011年,第127页。

新了解这个世界。如何评价澳大利亚原住民姆达鲁巴用长矛刺死辱骂他的女儿，如果你也是原住民，或者你只是一个生活在异乡的陪审员；如何定位"二战"后期邻居举报制造失败主义言论的德国妇女出狱后的控告，如果你也经历过"二战"，或者你只是听说过这一时期的故事；如何安慰一个定居美国纽约在公寓楼中无人理睬的日本男子，如果你也是和他一样在这里不幸体会到孤独感的外来客，或者你是早已熟知人与人之间冷漠的当地人。① 这些故事都证明了文化对于理解行为本身的重要性，站在不同的立场你总会得出不同的结论。而这种空间上的差异在时间上同样适用，乱伦禁忌对于维持世界有序的作用不容小觑，对于乱伦的认识来自原始并持续到现在，在氏族那里，血被加以 tabu，② 而女性流血就被视作一种不可被靠近的禁忌，恐惧与崇敬共同造就了神圣的禁忌体系。③ 我们不能否认世界已经发生了极大的变化，但这个世界总有些天性般的原则始终无法改变。这个世界充满差异，却又在细节处惊人的重合，如果追溯到无限远的过去，这种相容的状态大概会有一个共同的信仰来源——神性。

（二）神性与人性的表达

如果将法律秩序的运行类比于宇宙的运行，散落在空间中的每一种法律都有它们不一样的形态和光亮。犹太法律将法律推理集结成一种纯类别的构建；英美普通法允许事实在类别中转化，并参照类似情形评价当前事件；伊斯兰法通过地方习俗和人际关系，利用文化上的公认规则处理事件；西藏的佛教徒将世界视为一个万象更新的场域为事件制造意义；非洲社会中将法律的作用比喻为治疗社会肌体疾病的良药。④ 似乎只有在更博大的宇宙秩序之

---

① 参见［美］劳伦斯·罗森著：《法律与文化：一位法律人类学家的邀请》，彭艳崇译，法律出版社，2011年，第1-5页。

② 波利尼西亚土语，原指不能被普通人接触的有超自然灵力的人、物、地。属于禁忌巫术（一种消极性巫术），要求人们不能接触某物或做某事，否则会带来不幸。

③ 参见爱弥儿·涂尔干著：《乱伦禁忌及其起源》，汲喆、付德根、渠东译，上海人民出版社，2006年，第52页。

④ 参见［美］劳伦斯·罗森著：《法律与文化：一位法律人类学家的邀请》，彭艳崇译，法律出版社，2011年，第134-135页。

中，神性的光才会发挥其应有的作用，而这种神性往往也就蕴含在文化之中。

在《金轭：佛教西藏的法律宇宙观》中，可以看出西藏的法律实践总是建立在一种佛教思想，也可以说是建立在一种神性之上。[①] 他们在陷入事实的困境，案件争端无法解决的状态中，会点亮一盏酥油灯，在垫子上坐定开始诵读经文，以此让自己变得清醒，也希冀从中获得指示。而在人性更受关注的美国，科学的真理替代神性为法律提供服务，如20世纪70年代美国妇女的找工作浪潮中，"科学"的文章为那些仍栖居在家中的妇女提供了自我合法化的理由：与孩子长久接触能够确保一种至关重要的亲密母子关系的形成。这些看似与法律并无关联的神性与神性要求，其实都是法律使自身合法化的手段。无论是神的旨意，还是科学的证明，这些超脱于人类无理性的事物都为人类的行为提供了值得信赖的参考。然而人生来就不会安于现状，总有一些相异的神，新的科学渴求相互之间的交流，于是自我总要与他者交融，形成新的规则。

(三) 自我与他者的交融

在涉及正义表达的领域，在法律的仪式和表现中，法律的宇宙哲学再一次在时间、空间与事件中找到了自己存在的意义：规范共同体的形成与发展、裁决场所的符号性与仪式感及罪刑相适应的倾向性。

在规范共同体的形成与发展方面，只有自我与他者相互交融，无论是主动还是被迫，才能够共同构筑这一共同体。如土耳其要废除死刑，并建立新的处理知识产权、消费者权益等等的法院，才被接受加入欧盟；随着互联网的发展，遍布全球的互联网将亚洲与西方国家联系在一起，在这里的场域里需要遵循共同的法律规范；在国际法领域，法院不可避免地对他国法律依授

[①] 来源于微信公众平台"一元法律"2022年7月3日发送的《金轭——佛教西藏的法律宇宙观（004：索南途径的大部分土地）》一文。

权进行援引。① 在裁决场所的符号性与仪式感方面，美国陪审团参与的审判中，法官身着黑色法袍高高在上；英国法官甚至坐得更高，俯视陪审团；法国刑事诉讼法要求陪审员在审判庭结构允许的情况下坐在法官旁边而非如美国法庭中坐在侧位；在德国，陪审团同样坐在法官附近，且要坐在光线前面，使得面孔在阴影里变得深不可测。② 在罪刑相适应的倾向性方面，斯堪的纳维亚法院依照违法者收入罚款；芬兰警察对百万富翁开出天价超速罚单。③ 除此之外，19世纪中国律学家还认为不应该对禁止性行为作出详细规定，因为"法令滋彰，盗贼多有"。④ 这些不需要法律维持的正义观跨越时空跨越等级的种种分歧，促成对这个世界的理解。

不需要边界了，也从没有人要求，博物馆一定要有一个边界。在表达的宇宙之中，每一件展品可能都有它们的来处：它们来自西藏佛教徒的虔诚日常，来自裹挟着地方观念的伊斯兰法，来自类型化评价案件事实的英美普通法，来自上帝，来自科学，来自正义，或者恰恰只是来自日常生活的每一个人的呼吸之间。表达的宇宙向来没有边界。

六、余论：不破不立，忘掉边界

综上所述，可见，法律从未远离过生活。正如罗森本人所说：如同艺术和文学一样，通过法律，我们试图对我们彼此之间的关系进行排序；如同宗教和意识一样，法律也许只是某种自私自利的借口；如同商业和政治一样，

---

① 参见［美］劳伦斯·罗森著：《法律与文化：一位法律人类学家的邀请》，彭艳崇译，法律出版社，2011年，第149-150页。
② 参见［美］劳伦斯·罗森著：《法律与文化：一位法律人类学家的邀请》，彭艳崇译，法律出版社，2011年，第139-140页。
③ 参见［美］劳伦斯·罗森著：《法律与文化：一位法律人类学家的邀请》，彭艳崇译，法律出版社，2011年，第146页。
④ 参见［美］劳伦斯·罗森著：《法律与文化：一位法律人类学家的邀请》，彭艳崇译，法律出版社，2011年，第147页。

法律也可以要求本质意义上的或普遍道德意义上的正当理由。① 所以如果不将法律与文化紧密联系在一起，对二者而言都是极大的损失，而将二者结合后得到的法律文化研究，真的如同博物馆一般让人眼花缭乱，也真的类似于万花筒，换一个角度便有一种新的解释。

如果罗森只是一名律师，他可能遵循着各个工作预设好的一切规定，只为了给自己的委托人带来最好的裁判结果；如果他只是一位人类学家，他走遍天下见过部落族群的种种不是法律胜似法律的制度，也就得出这样一个结论：原来这里的制度是这样，那里又是另一种样貌；如果他只是一名法学教授，他可能遵循教科书的安排，按部就班教授学术知识，也有着一种自视甚高的精英主义立场；可他集三者于一身，所以他注定拥有不平凡的视角，不庸俗的取向和让人羡慕的见识与人生。

可见，破除将某个学科推向神坛的迷信，破除所谓"专业"的束缚，不如先忘掉各个学科的边界，忘掉自己的身份。进入田野，就让自己暂时归属于这片田野……对法律下定义的追求已经耗费了多少学者的大量笔墨，而将法律描述为秩序化关系的法律文化研究范式却由此回避掉了这个问题。是时候忘掉边界了，用最简单也最原始的方法去应对这个复杂的世界，不失为一种返璞归真的胜利。

---

① ［美］劳伦斯·罗森著：《法律与文化：一位法律人类学家的邀请》，彭艳崇译，法律出版社，2011年，第152页。